新しい観点と実践に基づく

工業科教育法の研究
改訂版

中村豊久　島田和典　豊田善敬　棟方克夫　[共著]

実教出版

はじめに

　本書は，大学の教職科目「工業科教育法」のテキストとして編集しました。本書を読んでいただく対象者として，工業科教員志望者及び現職で若手の工業高校教員を想定したものです。

　本書の内容は，**工業高校の教科教育**を中心に展開します。その主な項目を分類し，下図に示します。

　なお，本書では，工業高校の教育を表すときは「**工業教育**」という言葉を使用します。

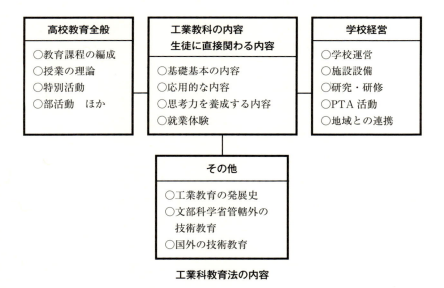

工業科教育法の内容

　図のように工業科教育法は，広範囲の内容を含んでいます。

　本書は，2006年5月の初版を改訂したものです。改訂理由は，初版からすでに12年経ており，実習の内容等が変わってきていること，また，2018年（平成30年）3月に文部科学省から高等学校学習指導要領の発表があり，それに沿う形に書き替える必要が生じてきたことがあります。今回の改訂で大きく変わったのは，「工業数理基礎」と「情報技術基礎」が削除され，新たに「工業情報数理」という科目が設置されました。また，

執筆者は，中村以外は，ベテランから新進気鋭の若手のメンバーに入れ替わりました。新メンバーの方々と検討し，章立てや内容も一部入れ替え，使いやすいように工夫しました。

　本書は，第1章の「工業教育の意義・役割・目標・内容」から工業高校とは何かという硬い内容から始まっておりますが，教える順序は章の順番にとらわれる必要はありません。なお，普通科高校出身者には，早い段階で工業高校の見学をお勧めします。また，**「工業技術基礎」をはじめ他の工業科の教科書を参考にされるとよいでしょう**。

　工業高校の教員になった後も自分の専門を深めることはもちろん，教育全般について広く・深く研鑽を積みたいと思うときに，参考にしていただければ幸いです。

　今後，AI等で代表される技術の進歩は，激しさを増すものと思われます。しかし技術は，所詮人の手と頭で進歩して来たことを肝に銘じておきたいものです。

　結びにあたり，本書の出版に多大なご尽力をくださいました実教出版(株)の鈴木和宏様，平沢健様，及び社員の方々に心から厚くお礼申しあげます。

2019年1月　執筆者一同

目　次

〈工業教育の意義・法令・歴史関係〉

第1章　工業教育の意義・役割・目標・内容・・・・・・・・・・・・・・・・・9〜23
　　　　1-1　工業教育の意義と役割　　　　　　　　　　　　　　　　9
　　　　1-2　工業教育の目標　　　　　　　　　　　　　　　　　　15
　　　　1-3　工業教科の内容　　　　　　　　　　　　　　　　　　16
　　　　1-4　工業高校生の目指す人物像（テクノロジスト）　　　　18
　　　　●　　参考資料　　　　　　　　　　　　　　　　　　　　　20

第2章　教育関係法令・・・・・・・・・・・・・・・・・・・・・・・・・・・・・・・・・・・24〜31
　　　　2-1　日本国憲法　　　　　　　　　　　　　　　　　　　　25
　　　　2-2　教育基本法　　　　　　　　　　　　　　　　　　　　25
　　　　2-3　学校教育法　　　　　　　　　　　　　　　　　　　　28
　　　　2-4　学校教育法施行令　　　　　　　　　　　　　　　　　28
　　　　2-5　学校教育法施行規則　　　　　　　　　　　　　　　　28
　　　　2-6　高等学校設置基準　　　　　　　　　　　　　　　　　29
　　　　2-7　産業教育振興法　　　　　　　　　　　　　　　　　　29
　　　　2-8　審議会について　　　　　　　　　　　　　　　　　　30
　　　　2-9　国と地方教育行政の組織及び運営の関係　　　　　　　30

第3章　工業高校発展の歴史と現状・・・・・・・・・・・・・・・・・・・・・32〜49
　　　　3-1　日本の工業と工業教育の概観　　　　　　　　　　　　32
　　　　3-2　工業教育の歴史（中等工業教育を中心に）　　　　　　34
　　　　3-3　工業高校への課題（今後の中等工業教育）　　　　　　47
　　　　●　　参考資料　　　　　　　　　　　　　　　　　　　　　48

〈教科・工業の内容関係〉

第4章　工業科の科目と原則履修科目・・・・・・・・・・・・・・・・・・・50〜72

4-1	工業の科目	50
4-2	工業技術基礎	51
4-3	課題研究	54

第5章 工業の各分野における基礎科目・・・・・・・・・・・・・・・・・73〜90

5-1	工業の各分野の基礎科目	73
5-2	実習	73
5-3	製図	87
5-4	工業情報数理	89

第6章 実践的工業教育・・・・・・・・・・・・・・・・・・・・・・・・91〜103

6-1	就業体験（インターンシップ）	91
6-2	資格取得	93
●	参考資料	98

〈教育課程・授業設計・教育実習・教育評価関係〉

第7章 教育課程の編成から単元計画まで・・・・・・・・・・・・・・・104〜119

7-1	教育課程の意義	104
7-2	教育課程の役割	105
7-3	教育課程の構成要素	105
7-4	工業教科における教育課程の特徴	106
7-5	教育課程の編成から単元計画までの手順の概略	106
7-6	教育課程の大枠を決めるときの配慮事項	107
7-7	工業教科における年次計画作成にあたっての配慮事項	108
7-8	年間指導計画（シラバス）の作成にあたっての配慮事項	109
7-9	単元指導計画と授業分析	110
7-10	教育課程の管理（カリキュラム・マネジメント）	112
7-11	教科書の選定	113
●	参考資料	114

第8章 授業設計，学習指導案，授業改善及び教育実習・・・・・・120〜133

8-1	系統的学習における授業構造	120
8-2	学習指導案	121
8-3	授業の改善	123

8-4	教育実習	124
●	参考資料	128

第9章 教育評価・・・・・・・・・・・・・・・・・・・・・・・・・・・・・・・134〜144
　9-1　学習評価の意義　　　　　　　　　　　　　　134
　9-2　新しい評価の3つの観点　　　　　　　　　　135
　9-3　形成的評価・診断的評価・総括的評価　　　　136
　9-4　ルーブリック評価　　　　　　　　　　　　　137
　9-5　評価・評定の実際　　　　　　　　　　　　　141
　9-6　工業高校の教育と評価方法　　　　　　　　　142
　9-7　評価と評定　　　　　　　　　　　　　　　　143

〈学習理論関係〉

第10章 学習と授業理論・・・・・・・・・・・・・・・・・・・・・・・・・・・145〜168
　10-1　はじめに　　　　　　　　　　　　　　　　　145
　10-2　教育論の歴史的展開　　　　　　　　　　　　147
　10-3　授業の方法　　　　　　　　　　　　　　　　152
　10-4　授業形態　　　　　　　　　　　　　　　　　153
　10-5　主体的・対話的で深い学び（アクティブ・ラーニングの視点）
　　　　　　　　　　　　　　　　　　　　　　　　　155
　　●　参考資料　　　　　　　　　　　　　　　　　158

第11章 教材と教具・情報機器の活用・・・・・・・・・・・・・・・169〜175
　11-1　教材と教具の違い　　　　　　　　　　　　　169
　11-2　教具の種類　　　　　　　　　　　　　　　　169
　11-3　魅力ある自作教具　　　　　　　　　　　　　170
　11-4　情報機器とその活用　　　　　　　　　　　　173

〈進路指導，学校運営，工業高校の展望〉

第12章 工業教育と進路指導・・・・・・・・・・・・・・・・・・・・・・・176〜191
　12-1　生き方の教育としての進路指導　　　　　　　176
　12-2　工業教育における進路指導　　　　　　　　　178
　12-3　工業教育における進路指導の取り組み　　　　178
　12-4　工業教育における進路指導の実際　　　　　　179

	● 参考資料	182

第13章　学校運営と教育力向上への取り組み・・・・・・・・・・・・・・192〜218
　　　　13-1　学校運営　　　　　　　　　　　　　　　　　　　　192
　　　　13-2　地域と工業高校（工業高校の発展的活動）　　　　　　198
　　　　13-3　学校の教育力向上・活性化を目指す取り組み　　　　　200
　　　　13-4　PTAと諸団体，関係機関　　　　　　　　　　　　　　202
　　　　13-5　教員の教育力向上を目指して　　　　　　　　　　　　204
　　　　13-6　教員に必要な対応力　　　　　　　　　　　　　　　　208

第14章　今後の工業教育・・・・・・・・・・・・・・・・・・・・・・・・・・・・・219〜231
　　　　14-1　工業高校の現状について　　　　　　　　　　　　　　219
　　　　14-2　新しい工業高校　　　　　　　　　　　　　　　　　　223
　　　　14-3　今後の工業教育　　　　　　　　　　　　　　　　　　228

資料編

第1章	専門学校	232
第2章	工学系短期大学及び厚生労働省所管の大学校・短期大学校	242
第3章	外国の技術・工業教育の紹介	247

資料集

資料1	共通教科・科目一覧表	268
資料2	工業教科における科目の標準単位数	269
資料3	学科別　学校数・学級数・生徒数・教員数	270
資料4	工業高等学校　進路状況	271
資料5	工業高等学校　国家資格受検状況	272
資料6	ジュニアマイスター顕彰に係る資格・検定等の区分表	273
資料7	生徒が参加できる大会	281
資料8	工業教育関係の主な学会・団体	282

索引・・・283

第 1 章　工業教育の意義・役割・目標・内容

- 工業教育を学ぶ適正年齢とは？
- 工業高校生が目指す技術者とは？
- プロジェクトXに見る工業高校生の活躍

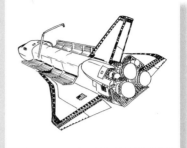

1-1　工業教育の意義と役割

1-1-1　工業教育の役割

　21世紀は，この青い地球をいかにして守り，健康的で文化的な生活環境をどのようにして維持するかが大きな課題です。20世紀のめざましい科学・技術の発達は，一方において人口の増加，環境破壊，エネルギーの消費をもたらしました。21世紀の工業教育は，技術一辺倒の教育ではなく，自然科学・人文科学・社会科学との調和のある教育の上に築かれなくてはなりません。地球環境を守ることは大切なことであり，人類と環境を救うことができるのは，科学技術であるといわれています。

　一方，科学と技術の発達は，生産の方法と組織に変革をもたらし，国民の社会生活の条件を根本的に変え，国民に対して新たな思考と行動のしかたを要求してきました。工業高校においても，現代に生きる教育制度の一翼を担う機関としての新たな機能と役割を再認識し，教育の目標，内容，方法などを再構築していくことが求められてきました。このような社会の公器としての工業高校の役割をまとめると以下の4点に要約できます。

　工業教育の第1の役割　青少年の諸能力を全面的に発達させ，技術教育を通して人格の育成を目指すことです。そのためには，工業教科だけではなく，共通教科，特別活動，部活動などの多面的な教育活動を通して，

技術者としての倫理観・職業観を備えた人物の育成が必要です。

工業教育の第2の役割　工業教科の知識と技術・技能の習得を通して，実践的な職業能力を与えることです。工業教育は青年の諸能力を発達させるとともに，職業として必要な技術や技能の知識と能力をつけさせることです。卒業生は専門の能力を生かし，日々の生活の糧を得るとともに仕事を通して社会に貢献します。

工業教育の第3の役割　工業教科を通して物事を論理的に思考し，合理的に処理する能力を身につけさせることです。そして自ら企画し，調査・研究し，さらに創意・工夫して，目的のものづくりができる能力を養うことです。

工業教育の第4の役割　工業技術の生産現場の体験（就業体験学習：インターンシップ）の場を与えることです。就業体験は，学校という限られた範囲から抜け出し，働く現場を直接体験することにより社会を見る目を養い，社会人としての礼儀・作法・言葉使いなどの常識を学ぶことです。さらに，学習することへの意欲を高め，働くことへの強い動機づけが期待できます。

1-1-2　若年からの工業教育の意義 [1),2)]

1873年（明治6年），時の政府によって招聘された**ダイアー**（Henry Dyer 1848～1918）は，工学寮（後の東京大学工学部）の都検（教頭の職務）として赴任し広く日本の工業教育の基礎を築きました。当時，西欧の国々の工業教育に取り組む姿勢にはドイツ，フランスの学理中心とイギリスの実技中心がありましたが，それらの考え方にとらわれることなく，真の工業教育はどのようにあるべきかを考え，日本において実践しました。現在でもその思想は日本の工業教育界に連綿と継承されており，大きな影響力を及ぼしています。彼の主張する代表的な2点を紹介します。

① 工業教育は16歳くらいから始め，予科，本科（基礎学，専門学，実地）などを順次積み重ねること（当時，予科と本科があった。第3章 p.36参照）。

② 講義と実技の時間の割合は同じくらいが必要であること。

この①に関しては現在の工業高校とほぼ同じ年齢であり，②は現在の工業高校でも生かされていることです。

技術教育を考えるとき，**適正年齢・適正教育**を考えなくてはなりません。

人類は，手を使うことにより大脳が発達し，火や道具を使い始めたことが技術・工学の出発であったといわれています。その後，科学・技術の発達に伴い，産業革命が起こり，今日の工業化社会が実現しました。しかしながら，人は生まれながらにして高度な知識・技術を身につけているわけではなく，生まれてから後の教育により人類の経験・知識・技術等の文化の財を伝えることで短時間に獲得させることができるようになりました。この文化の財を教えるときに，今までの人類が獲得してきた手順に従って教えることは，生徒にとってわかりやすい順序であり，理解を助けます。

　また，子どもの成長を考えるとき，教育環境が子どもの知的発達に大きく影響します。音楽教育は幼児期からの音感教育が必要であるといわれています。技術教育についても同様なことがいえましょう。小学校段階では，理科に興味と関心をもたせ，身の周りの現象を理解させ，自然界の不思議さに気づかせ感動を与えることが大切です。子ども達の理科離れが問題になっていますが，本来，子どもは理科の勉強が好きです。高学年になるに従い，理科離れを生じますが[3]，これを防ぐ一つの手段として，中学校段階までは実験の楽しさとものづくりの成就感を体験させることが肝要です。

　そして理科と技術に興味と関心をもった者が工業高校に進学し，15歳の多感な年代から「ものに触れ，ものから学ぶ」ことに重点を置いたものづくりの基本的トレーニングをしながら感性を磨き，さらに理論的に追求したい生徒が理論面に重点を置いて，大学で学ぶのが理想的な姿でしょう。このような教育システムによって「実技と理論・知識を共有した技術者」[4],[5]の育成が可能になると考えます。**技術教育を大学教育だけで考えるのではなく，人間の発達を考えた適正年齢・適正教育という観点から，大学以下の低年齢から実施することが大切です。**

　世界的には，1974年のユネスコで採択された「技術・職業教育に関する改正勧告」[6]で，技術教育は普通教育の本質的な構成要素であるという教育原理が確立されました。諸外国では小学校から高等学校までの各段階において，普通教育としての技術教育が実施され，拡充が図られています。

　しかし，わが国において中学校に技術・家庭科がありますが，その実状を調べると学習指導要領が改訂されるたびに技術の授業時間数が削減され，技術に親しむ機会が少なくなっており，諸外国とは逆の動きになって

います.さらに,日本の普通科高校においては,技術教育がほとんどされておりません.

このように,ものに触れものを作る経験が少なくなっている現在の大学生に,ものづくりのための法則から教えることは,人類の知識獲得過程からみても極めて不自然といわざるを得ません.教えられる側の立場に立てば,ものを見たり触れたりする機会がないままにものの法則を教えられることは理解に苦しむことになります.

したがって,技術教育を大学の4年間(専門教育は正味3年間が多い)で詰め込むのではなく,ものに触れる工業高校の3年間の上に,理論面を重視した大学の4年間とを合わせて7年間じっくりと時間をかけて技術者を育成していくことが望まれます[7]。

また,技能オリンピックの22歳という年齢制限をみてもわかるように,技能を磨くには,手先の柔らかい10代から始めることが肝要です.したがって技能の習得には,10代後半から20代前半までの訓練が大切になります.工業高校のように本格的な技術・技能の教育を15歳から受けるのは,適正年齢・適正教育の視点から理に適っているといえます.

工業に携わる技術者は,画一的な経歴ではなく,工業高校,工業高校-大学,普通高校-大学,高専,大学院といった多種・多様な経歴の方が,それぞれの経歴と経験をもとに発想することが大切なことと思われます.

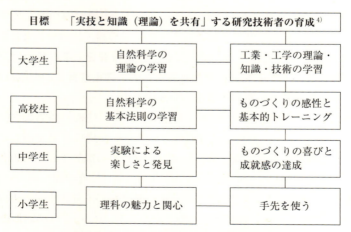

図1 適正年齢・適正教育に基づく「研究技術者の育成」

以上のことをまとめると，高校時代に必要なことは，「ものに触れ，ものから学ぶ」ことを通じて「センス・マナー・スピリット」（略称 S・M・S）を身につけることです。この適正年齢・適正教育の観点に立った技術者育成の概念を図1に示します。

1-1-3 「ものづくりマインド」とは

　工業高校卒業時に身につけておくべきこととして工業高校教員の間で従来からいわれてきたことの一つは，「ものづくりマインドの育成」です。さらにその中心となるキーワードは，「センス」「マナー」「スピリット」の3点です。この3つのキーワードの内容について記します。

センス：【S】

① CAD，CAM が導入される以前，社員200名余を抱える大手設計会社でも工業高校卒業者の描く図面には，大卒者は及ばなかったという。
② ある大学で建築科に工業高校卒が1名いると，そのクラスの製図は綺麗になるといわれている。
③ 工業高校の文化祭の飾りつけにおいて，建築科は他学科に比べ垢抜けている。

これらは専門教科を通してセンスが磨かれたためと考えられ，高校の多感で柔軟性のある年代で可能であり，大学から始めるのでは遅いといわれてきました。これらのことは，若年からものに触れものから学んできた感性は20歳からでは得られるものではないことを示しています。

マナー：【M】

① 実習・実験終了後は，常に道具や材料を整理・整頓し，実習室や工場は清掃し清潔に保つことを心がける。
② 技術者倫理の意識を徹底し，法令や企画書を遵守した製品の作製を心がける。
③ 道具や材料を使用する際は，使用目的やそれぞれの特性に配慮する。具体的には
　（ア）木材，金属，プラスチックなどを切るとき，適切な刃物の選択と正しい使用方法で行う。
　（イ）木材を使用するとき，腐食しやすい場所には，栗，檜等，構造材は檜，松，けやき等，衣装用家具は防虫性をもつ桐の使用など，材料の性質を知った上で使用すること。

以上のような点は，在学中に身につけておきたいマナーです。

スピリット：【S】

「課題研究」に取り組んでいると，しばしば難しい問題に突き当たります。問題を解決するためには，粘り強く創意・工夫しなくてはなりません。その問題点を克服した暁には，大きな自信となります。

発明王エジソンは，「発明は，99％の汗と1％の閃きである。」また，本田宗一郎は，「工夫発明というと，とかく特別な能力のある人間の仕事と考えがちだが，これはまちがいである。たいがいの場合，夢に見るほどまで苦しみ，考え抜いたあげく，やっと探し出したアイデアとか，発見であるのが大半である。」と述べています[8]。このような経験を積むことによりチャレンジ精神や自信がつき，**スピリット**が養われると考えています。

なお，「課題研究」の進め方や問題点を克服した生徒の感想については，第4章の4-3節「課題研究」を参照してください。

この3つのキーワード【S】【M】【S】をみると，いずれも実技科目が大きく関わっています。すなわち工業教育には，「実習」，「製図」，「課題研究」は，欠くことのできない重要な科目です。

1-1-4 キャリア・アンカーの育成

(1) キャリア・アンカー（錨）とは？

この言葉は，アメリカの心理学者シャイン[9]（Edgar H. Schein）が提唱した概念です。彼が言う「キャリア・アンカー」とは，個人が選択を迫られたとき，その人が最も放棄したがらない欲求・価値観・能力などのことであり，その人の自己像の中心を占めるものとされています。

この「キャリア・アンカー」の考え方は，個人の職業や職業経歴を基本的に方向づけたり拘束したりするものが存在していることを示しています。工業高校における工業の知識・技術・技能の習得が，卒業生にとっての「キャリア・アンカー」となるような工業教育と進路指導の展開を期待したいものです。

公益社団法人全国工業高等学校長協会（以降「全工協会」と略記）のパンフレット[10]によると，東海地区の調査では，学校卒業3年後の離職率は，高校全体が39.2％，大学が31.0％，工業高校が17.3％です。工業高校がこのように少ないのは，工業高校3年間の教育，特に実技科目を通してものづくりの原理の習得と製作に励み，空理・空論ではなく，地道に工

業教育に取り組んできた証であり，心にアンカーを灯せたもので，定着率がよい結果に繋がっていると思われます。

(2) キャリア・アンカーの心理学的視点から

ヘックマン＝カウツの心理学的研究[11]によれば点数化できる「**認知スキル**」（認知能力）と点数化できない「**性格スキル**」（非認知能力）があり，性格スキルは幅広く学歴・職業で共通して重要であり，その欠如が職業人生の失敗に強く結びついているといいます。かつての徒弟制度では，若者が大人と信頼関係を結びながら指導や助言を受けました。その中で技術のほかに仕事をさぼらない，他人とうまくやる，根気よく仕事に取り組むといった貴重な性格スキルを教えられたので，徒弟制度がうまく機能していたと考えられています。現在，徒弟制度が消えていく中で，ヘックマン＝カウツの唱える性格スキルに相当するものとして，実技科目である「課題研究」にその役割が求められています。

また，「課題研究」は経済産業省が提唱している「社会人基礎力」[12]の育成に通じるものがあります。このように「課題研究」は，人を育てるための要素を多く含む科目であり，重要な科目です。

1-2　工業教育の目標

学習指導要領にみる工業教育の目標　　学習指導要領は，昭和26年の試案に始まり，昭和31年，昭和35年，昭和45年，昭和54年，平成元年，平成12年，平成22年，平成30年，おおよそ10年ごとに改訂されてきました。学習指導要領に示されている目標も時代により変化しています。その代表的な例として昭和26年試案と平成30年改訂の目標を比較してみましょう。

〈昭和26年試案〉[13]

> 高等学校における工業教育の一般的な目標
> 　高等学校における工業教育は，将来，日本の工業の建設発展の基幹である中堅技術工員となるべきものに必要な技能・知識・態度を養成するもので，次の諸目標の達成を目指すものである。
> (1)　工業のそれぞれの分野において，工業の基礎的な技能，すなわち計画設計および製図の技能，材料加工および組み立ての技能，工業製品の製造の技能，一般に使われる工具および機械の使用調整，修理試験の能力を習得

する。
(2) 工業技術の科学的根拠を理解し，これを科学的に高めるために必要な知識を習得する。
(3) 工場事業場の運営に必要な各種の知識技能を習得する。
(4) 工業の経済的構造とその社会的意義を理解し，工業労務者の立場を自覚する。
(5) 計画的・合目的・実験的な活動を行い，創造力を伸ばし，工業技術の改善進歩に寄与する。
(6) 集合的，共同的に，責任ある行動をする態度を養う。
(7) 各自の個性・能力・適性を知り，職業選択の資をうる。

〈平成 30 年改訂〉[14]

　工業の見方・考え方を働かせ，実践的・体験的な学習活動を行うことなどを通して，ものづくりを通じ，地域や社会の健全で持続的な発展を担う職業人として必要な資質・能力を次のとおり育成することを目指す。
(1) 工業の各分野について体系的・系統的に理解するとともに，関連する技術を身に付けるようにする。
(2) 工業に関する課題を発見し，職業人に求められる倫理観を踏まえ合理的かつ創造的に解決する力を養う。
(3) 職業人として必要な豊かな人間性を育み，よりよい社会の構築を目指して自ら学び，工業の発展に主体的かつ協働的に取り組む態度を養う。

　この 2 つの学習指導要領の目標を比較すると，大きく変化していることがうかがわれます。その理由は，工業技術の進歩により産業構造が変化し，工業高校卒業者のへの期待像が変わってきたためと考えられます。

1-3　工業教科の内容

　工業教科の詳細な内容は，高等学校学習指導要領解説「工業編」に示されていますが，ここでは大まかな考え方について述べます。工業教科の内容を分類すると下記の 4 つの分野に分けることができます。この 4 つの内容について，電気系の内容を例にとり具体的に記述すると次のようになります。

　第 1 の「基礎・基本の内容」（不変的な内容） は，電気の学習における

オームの法則，キルヒホッフの法則など基本的な法則であり，技術が進歩しても変わらない内容です。

　第2の「**実際の技術に関わる基礎的内容**」（進歩・改善に伴い変化する内容）について述べると，昭和20年代までラジオはほとんど真空管が使用されていました。当時の工業高校においては三極管を中心にして，実習及び理論を学習してきました。その後，ダイオード，トランジスタ，LSIと新しい技術が出現し，それらの実習を行い，理論を学ぶようになりました。このように技術は時代により進展しますので，その時代に使用されている技術の基礎的な内容を学習することになります。

　第3の「**科学的・技術的な思考力を養成する内容**」（問題解決型学習）は，平成元年の改訂から新設されたもので「課題研究」という科目で実施されています。この科目の目標は，「工業の課題を設定し，その課題の解決を図る学習を通して，専門の知識と技術の深化，総合化を図るとともに，問題解決能力や自発的，創造的な学習態度を育てる。」となっています。これは，**デューイ**（John Dewey）が唱えた問題解決型学習です。

　第4の「**工業技術に関する就業体験学習**」（インターンシップ）は，平成12年の指導要領改訂以後に学校で設定できる科目です。その主な目的は以下のような内容です。① ものを作る体験をさせること，② 現在の生産現場において，技術がどのように生かされているか理解させること，③ 勤労の大切さを認識させること，④ 労働を基盤として成立する社会的諸関係，人間関係，人としての礼儀・作法等を理解させること，⑤ キャリアの形成を促す効果です。就業体験学習は，勤労観・向学心を植えつけてモチベーションを高めるという効果があり，普及が期待されています。

　さらに，平成22年改訂の高等学校学習指導要領で注目されたのは，必修の「工業技術基礎」の内容です。その中身は，① 人と技術と環境，② 基礎的な加工技術，③ 基礎的な生産技術の3項目です。この中の一つの「人と技術と環境」は，このとき新しく設けられた内容で，21世紀に生きる技術者として環境問題を認識し，技術者としての倫理観や勤労観・職業観について考える内容でした。

　以上に述べたように，工業教科の内容は，大きく分けると4つの分野から成り立っていますが，基礎・基本の重視という視点から，第1と第2の内容が，工業教科の全体の80％以上を占めます。

表 1 主な工業科目の学年別，系統別の表示

学年	科　　目			
	共通基礎科目系	純専門科目系		共通的基礎科目（学年には関係しない）
		実技	講義	
一年	基礎・基本の内容			工業情報数理 工業技術英語 工業材料技術
	工業技術基礎	実習 製図	基礎的な内容 各教科の科目	
二年	実際の技術にかかわる基礎的な内容			工業管理技術 就業体験学習 （インターンシップ）
		実習 製図	応用的な内容 各教科の科目	
三年	課題研究	実習 製図	応用的な内容 各教科の科目	

　表 1 に工業教科の主な科目の学年配当例を示しました。なお，詳しくは第 4 章，第 5 章，第 6 章を参照してください。

　　注：「総合的な探究の時間」と「課題研究」について
　　　「総合的な探究の時間」は必修ですが，課題研究を 3 単位以上実施していれば，代替科目として認められます。ただし，「課題研究」が「総合的な探究の時間」と同様な成果が期待できる場合においてです。

1-4　工業高校生の目指す人物像（テクノロジスト）

　テクノロジストとは　　日本では，従来からエンジニア（技術者）とテクニシャン（技能者）の区分はありましたが，テクノロジストという概念はあまりありませんでした。しかし近年，極めて多くの知識労働者が，知識と肉体労働の両方を行っており，このような人たちを特にテクノロジストと呼びます。テクノロジストは，一般には「知識と実践力を兼ね備えた技術・技能者」と定義されますが，ドラッカー（Peter F. Drucker）[15] は「テクノロジストとは，高度な専門技術や技能をもったナレッジワーカー（知的労働者）のことである。」と定義しています。

　また，ドラッカーは，彼の著書『ネクスト・ソサエティ』の中で，たびたび「ネクスト・ソサエティ」は知識を基盤とする社会であり，「テクノロジスト」が社会と政治の中核となるともいっています。

　日本の工業高校は，実技系で技能・技術を教え，かつ，講義において基

礎的な理論も教えています。これは，ドラッカーが提唱した，まさに「テクノロジスト」です。また，ドラッカーは，今後，多くのテクノロジストが必要になることを指摘しています。

また，日本の工業高校卒業生の活躍について綿密に追跡調査した加藤忠一[16]は，今後，工業高校卒の進むべき道としてテクノロジストの育成を提言しています[17]。その理由として，現在の大学では技能教育をほとんどやっていないので，工業高校で技能の基礎力を身につけた生徒が大学に行き，「高度テクノロジスト」を目指してほしいと指摘しています。このようなことから工業高校が目指す人物像は，高度テクノロジストです。

以上のことをまとめると，高校時代に必要なことは，「ものに触れ，ものから学ぶ」ことを通じて「センス・マナー・スピリット」（略称S・M・S）を身につけ，かつ，最終的にはキャリア・アンカーを心に灯せる人材を育成することです[18]。

これらのことを普通高校-大学，工業高校-大学の教育課程概念図で示すと，図2のようになります。

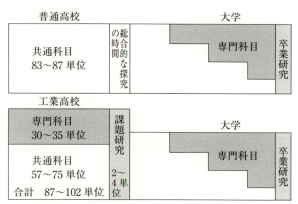

普通高校-大学の場合，大学2年生まで，学習する対象物や機械に触れることも見ることもなく，専門の理論を学ぶことになります。
　それに対して，工業高校では1年生からものや機械に触れながら高校-大学の7年間をじっくりと学びます。
　したがって工業教科の内容が身につくことになります。
　工業高校教育の特徴は下記の6点です。
　① 適正年齢・適正教育　　④ 課題研究を通して「性格スキル」の訓練
　② ものに触れものから学ぶ　⑤ キャリア・アンカーの育成
　③ S・M・Sの育成　　　　⑥ 多様な価値観をもつ

図2　普通高校-大学 及び 工業高校-大学 の概念図

参 考 資 料

1 過去にも多くのテクノロジストと呼ぶべき技術・技能者たちが活躍

(1) 戦後の復興・経済成長を担った技術・技能者

京都大学経済研究所長（当時）の佐和隆光氏は，『週間 教育資料』「潮流」の中で，日本の戦後復興や高度成長を担った技術・技能者たちを次のように紹介しています。「NHKの人気番組の1つに『プロジェクトX』がありました。日本の企業の技術者たちが，新製品開発にいかに精魂を傾けてきたかを物語ってくれる番組でした。新製品の開発に従事した技術者たちは，決して有名大学の理工系学部の卒業生とは限らず，工業高校出身者が多数派を占めていました。彼らが，寝食を忘れて新製品の開発に打ち込んでくれたおかげで，日本はこんなに豊かになったのです。彼らは経済的な報酬を目当てにしてではなく，仕事自体に生き甲斐を感じて技術開発に没頭したのです……」と。

(2) 研究の支援者としての技術・技能者

NHKの『プロジェクトX』の数多い番組の中でも，VHS※の研究・開発を進め，これを世界規格のビデオデッキとし，ミスターVHSと呼ばれた高野鎮雄氏と，彼のアイディアを実現させた部下の梅田弘幸氏（宮城工業高校卒）と大田善彦氏（港工業高校卒）の2人，自動改札機の研究・開発でこの分野のパイオニアとなった立石電機の立石一真氏の夢を実現させた部下の浅田武夫氏（都島工業高校卒）の活躍が特に感動的でした。

このように，昔から著名な開発の成功の歴史の陰には，必ず優れた技術・技能者の存在があり，金や名誉のためでなく技術開発に生き甲斐を感じて懸命の努力を尽くす姿に，共感と感動が集まるのでしょう。

※：VHSとは磁気テープに記録する方式のこと。家庭用ビデオの規格。

2 テクノロジストの育成と工業学校

(1) 工業学校（戦前）と高等工業学校（戦前）

工業学校と高等工業学校は，明治以後一貫して日本の工業発展の原動力として，多数の技術・技能者を輩出してきました。すなわち，工業学校の伝統は，戦後しばらくして，新制の工業高校に引き継がれ，前掲の『プロジェクトX』の主役となった優れた技術・技能者を世に送り出したのです。

(2) 「工業学校」→「高等工業学校」の継続教育

また戦前にも，この「工業学校」を卒業してさらに専門の教育の継続を希望する者は，「高等工業学校」に進学し，さらに技術の向上を目指し，エンジニアを目指しました。

戦前の「工業学校」では適正な年齢の5年間に充実した教育を受け，技術・技能者としての資質を磨き，さらに「高等工業学校」での密度の高い技術教育を継続して受けることによって，「工業学校」では技術にも強い技術・技能者，「高等工業学校」では実践や理論に強く技能にも堪能なエンジニアを育成する教育が実現されていたのです。

前掲のVHSの開発のリーダー，高野鎮雄氏は浜松高等工業学校卒のエンジニアであり，また自動改札機の開発を指揮した，立石一真氏は熊本高等工業学校卒のエンジニアでした。

このことは，当時の「高等工業学校」の卒業者がいかに実践に強い技術者であったかを示すと同時に，前記の技術・技能者たちとの連携の見事さを示す例といえるでしょう。

(3) 今後のテクノロジストの育成

ここで，21世紀には科学技術創造立国を目指す日本の，今後における最大の課題になると考えられるテクノロジストの育成について考えてみたいと思います。

テクノロジスト育成の機関としての「工業高校」　明治期からの日本の近代工業化を支え，戦後の復興に大きく貢献した中堅技術者，ここでいうテクノロジストの教育機関であった旧制「工業学校」・新制「工業高校」の教育をもう一度見直してみると，その骨格をなすものは適正年齢からの密度の高い専門教育にあることに改めて気づくのです。

技能の習得には，適正な年齢からの実技の訓練と密度の高い専門科目の履修が必須であることは先に掲げたとおりですが，このような教育は，現在の教育体系の中では「工業高校」の充実・拡充なしには考えられないものです。

大学入学後，あるいは大学の2年生になって初めて専門の学習に，しかも実技的な学習にはわずかしか触れないのでは，技能の習得もキャリアの形成も身につかないのではないでしょうか。

技術の進歩がめざましい今日では，「工業高校」の勉強だけでは十分でない場合も少なくはありません。高等教育への進学者が増えるのは当然でしょう。しかし，テクノロジストを目指す進学の道程には，「工業高校」があるべきだと思うのです。適正年齢からの継続教育，長期間にわたる密度の高い技術・技能教育こそが世界に誇りうる日本のテクノロジストの育成プログラムであると考えるからです。

「工業高校」を受験体制の高い位置に押し上げ,科学技術の実践者,テクノロジスト・スペシャリストへの重要な道程としての誇るべき位置に据え直す必要があります。

ここでは,望ましいテクノロジストの育成の道筋を,下記のように考えてみたいと思います[19]。

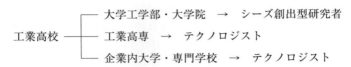

次世代の工業の基礎を支え,技能・技術の空洞化を防ぎ,人的基盤の安定した科学技術創造立国の構築を可能にする,有能なテクノロジストの育成を目指すことが大切であると考えます。

注:シーズ創出型研究者とは,知識マネジメント型職業人と定義され,知的財産に関する専門家,技術移転に関する実務家,研究開発に基づく企業家などを指します。

❖ 参考文献 ❖

1) 三好信浩,明治のエンジニア教育,中公新書,pp.15～50,1983 年
2) 中村豊久,工学教育,Vol.43,pp.20～25,1995 年
3) 代表 小林一也,日本工業技術教育学会,専門高校生の進路,1996 年 3 月
4) 中村豊久,工業技術教育研究,Vol.2,pp.28～40,1997 年
5) NIRA 総合研究開発機構,モノ作り技術・技能の将来展望に関する調査・研究,1994 年
6) UNESCO, Revised Recommendation concerning Technical and Vocational Education adopted by the General Conference of UNESCO at its eighteenth session, Paris, 19 November 1974, p. 9
7) (公)全国工業高等学校長協会,産業技術大学推進委員会報告第 3 報,1994 年
8) 本田宗一郎,得手に帆あげて,三笠書房,p.287,1985 年
9) エドガー・H・シャイン,キャリア・ダイナミクス,白桃書房,pp.142～200,1991 年
10) (公)全国工業高等学校長協会,パンフレット「きらめく工業高校」,2014 年
11) 鶴光太郎,日本経済新聞コラム「経済教室」,2014 年 1 月 20 日
12) 経済産業省ウェブサイト,2017 年
13) 文部省,高等学校学習指導要領 昭和 26 年
14) 文部科学省,高等学校学習指導要領 平成 30 年
15) P・F・ドラッカー,テクノロジストの条件,ダイヤモンド社,2005 年 7 月
16) 加藤忠一,高度成長を支えた昭和 30 年代の工業高校卒業生,ブイツーソリューション,2014 年 5 月

17) 加藤忠一，日本工業教育経営研究会　会報第 50 号，pp. 6〜11，2016 年 5 月 10 日
18) 中村豊久，石坂政俊，長田利彦，工藤雄司，田中正一，豊田善敬，仲道嘉夫，工業高校の未来を拓くテクノロジストの育成，工業技術教育研究，Vol. 23, pp. 9〜21, 2018 年 3 月
19) 研究代表者 矢野裕俊，知の創造・活用を目指す体験的教育の開発に関する総合的国際的比較研究，平成 15 年度〜17 年度科学研究費補助金，pp. 54〜61，平成 18 年 3 月

◎この作品を見たとき
どう思いますか？

作品名：枠と球
立方体から汎用旋盤で加工。材料はサイコウッド（ABS 樹脂）。
大阪府立淀川工科高等学校教諭　中西淳一先生より提供

第2章　教育関係法令

- 教育の憲法といわれる内容は？
- 学習指導要領の法的位置づけは？
- 教育基本法の新・旧の違いは？

　学校教育に関係する法律は，日本国憲法をはじめとして，教育基本法，学校教育法などがあり，さらに学校の教育活動に直接関係する法令として，学習指導要領があります。また，職業教育に関係する法令もあり，ここでは，それらの法令を抜粋し紹介します。下記に示す法令は常識として知っておく必要があるでしょう。

〈主な関係法令〉

1　日本国憲法
2　教育基本法
3　学校教育法
4　学校教育法施行令
5　学校教育法施行規則
6　学習指導要領
7　産業教育振興法
8　地方教育行政の組織及び運営に関する法律（教育委員会の設置等）
9　日本スポーツ振興センター給付事業（旧　学校安全会）
10　その他　通達

2-1　日本国憲法

> **第3章　国民の権利及び義務**
> **第26条**　［教育を受ける権利，教育を受けさせる義務］
> 　すべて国民は，法律の定めるところにより，その能力に応じて，ひとしく教育を受ける権利を有する。
> 　②　すべて国民は，法律の定めるところにより，その保護する子女に普通教育を受けさせる義務を負ふ。義務教育は，これを無償とする。
>
> 　　　　　　　　　　　　（昭和21.11.3　内閣総理大臣　吉田　茂）

2-2　教育基本法

　教育基本法は，教育の憲法といわれており重要なものですので，項目と大切な文章を記載します。

> 　我々日本国民は，たゆまぬ努力によって築いてきた民主的で文化的な国家を更に発展させるとともに，世界の平和と人類の福祉の向上に貢献することを願うものである。
> 　我々は，この理想を実現するため，個人の尊厳を重んじ，真理と正義を希求し，公共の精神を尊び，豊かな人間性と創造性を備えた人間の育成を期するとともに，伝統を継承し，新しい文化の創造を目指す教育を推進する。
> 　ここに，我々は，日本国憲法の精神にのっとり，我が国の未来を切り拓く教育の基本を確立し，その振興を図るため，この法律を制定する。
> **第1条　教育の目的**
> 　教育は，人格の完成を目指し，平和で民主的な国家及び社会の形成者として必要な資質を備えた心身ともに健康な国民の育成を期して行われなければならない。
> **第2条　教育の目標**
> **第3条　生涯学習の理念**
> **第4条　教育の機会均等**
> 　注：①　人種，信条，性別，社会的身分，経済的地位又は門地により差別されないこと。
> 　　　②　障害のある者が，その障害の状態に応じ，…教育上の必要な支援を講じなければならない。

③ 奨学金制度の根拠。
第5条　義務教育
第6条　学校教育
第7条　大学
第8条　私立学校
第9条　教員
　注：① 研究と修養に励むこと。
　　　② 身分の尊重，待遇の適正，養成と研修の充実。
第10条　家庭教育
第11条　幼児期の教育
第12条　社会教育　　　注：図書館，博物館，公民館等の設置根拠
第13条　学校，家庭及び地域住民等の相互の連携協力
第14条　政治教育　　　注：政治教育・活動の禁止
第15条　宗教教育　　　注：公立学校における宗教教育の禁止
第16条　教育行政
　教育は，不当な支配に服することなく，この法律及び他の法律の定めるところにより行われるべきものであり，教育行政は，国と地方公共団体との適切な役割分担及び相互の協力の下，公正かつ適正に行われなければならない。
第17条　教育振興基本計画
第18条　法令の制定

新教育基本法と旧教育基本法の基本的な違い

旧前文

　われらは，さきに，日本国憲法を確定し，民主的で文化的な国家を建設して，世界の平和と人類の福祉に貢献しようとする決意を示した。この理想の実現は，根本において教育の力にまつべきものである。

　われらは，個人の尊厳を重んじ，**真理と平和**を希求する人間の育成を期するとともに，普遍的にしてしかも個性ゆたかな文化の創造をめざす教育を普及徹底しなければならない。

　ここに，日本国憲法の精神に則り，教育の目的を明示して，新しい日本の教育の基本を確立するため，この法律を制定する。

教育基本法の新，旧の違いについて

1. 前文

表1　新教育基本法と旧教育基本法の比較

新教育基本法（平成18年）	旧教育基本法（昭和22年）
第1条　教育の目的	第1条　教育の目的
第2条　教育の目標	第2条　教育の方針
第3条　生涯学習の理念（新設）	第3条　教育の機会均等
第4条　教育の機会均等	第4条　義務教育
第5条　義務教育	第5条　男女共学
第6条　学校教育	第6条　学校教育
第7条　大学（新設）	第7条　社会教育
第8条　私立学校（新設）	第8条　政治教育
第9条　教員	第9条　宗教教育
第10条　家庭教育（新設）	第10条　教育行政
第11条　幼児期の教育（新設）	第11条　補則
第12条　社会教育	
第13条　学校，家庭及び地域住民等の相互の連携協力（新設）	
第14条　政治教育	
第15条　宗教教育	
第16条　教育行政	
第17条　教育振興基本計画（新設）	
第18条　法令の制定	

　新：「真理と正義」　旧：「真理と平和」
2. 新第16条及び新第18条と旧第10条との違い
　新：**第16条の1**「教育は，不当な支配に服することなく，この法律及び他の法律の定めるところにより行われるべきものであり，…」
　新：**第18条**「この法律に規定する諸条項を実施するため，必要な法令が制定されなければならない。」
　旧：**第10条**「教育は，不当な支配に服することなく，国民全体に対し直接に責任を負つて行われるべきものである。」

注：新16条及び新18条と旧10条をみると明らかな違いがわかります。特に第16条の注意点：「この法律及び他の法律の定めるところにより」とあるのは，他の法律の運用により如何ようにもなる可能性があり得ます。

2-3　学校教育法

> **第1章　総則**
> **第1条**　この法律で，学校とは，幼稚園，小学校，中学校，義務教育学校，高等学校，中等教育学校，特別支援学校，大学及び高等専門学校とする。
> **第5章　中学校**
> **第6章　高等学校**
> **第50条**　高等学校は，中学校における教育の基礎の上に，心身の発達及び進路に応じて，高度な普通教育及び専門教育を施すことを目的とする。
> **第51条**　高等学校における教育は，前条に規定する目的を実現するため，次に掲げる目標を達成するよう行われるものとする。
> 　1　義務教育として行われる普通教育の成果を更に発展拡充させて，豊かな人間性，創造性及び健やかな身体を養い，国家及び社会の形成者として必要な資質を養うこと。
> 　2　社会において果たさなければならない使命の自覚に基づき，個性に応じて将来の進路を決定させ，一般的な教養を高め，専門的な知識，技術及び技能を習得させること。
> 　3　個性の確立に努めるとともに，社会について，広く深い理解と健全な批判力を養い，社会の発展に寄与する態度を養うこと。

2-4　学校教育法施行令

　第4章第32条から第33条にかけて，技能教育のために施設指定の申請，技能教育担当者について記載されています。

2-5　学校教育法施行規則

> **第83条**　高等学校の教育課程は，別表第三に定める各教科に属する科目，総合的な学習の時間及び特別活動によつて編成するものとする。
> 　注：別表第三とは，

> (一) 各学科に共通する各教科
> (二) 主として専門学科において開設される各教科
>
> を示します。
>
> **第 84 条** 高等学校の教育課程については，この章に定めるもののほか，教育課程の基準として文部科学大臣が別に公示する高等学校学習指導要領によるものとする。
>
> 注：この第 84 条は，学習指導要領が，法的拘束力をもつ根拠です。

2-6　高等学校設置基準

高等学校を以下のとおりに分類しています。

> **第 5 条**　高等学校の学科は次のとおりとする。
> 1　普通教科を主とする学科
> 2　専門教育を主とする学科
> 3　普通教育及び専門教育を選択履修を旨として総合的に施す学科

工業高校は，**2** に分類されます。近年では，**3** の総合学科を設置する高等学校が増加しています。

2-7　産業教育振興法

この法律は，昭和 26 年 6 月 11 日に「わが国の産業経済の発展及び国民生活の向上」のために制定されました。概要を示します。

第 1 章　総則
　目的，定義，国の任務，実験実習により生ずる収益，教員の資格等について記してあります。

第 2 章　地方産業教育審議会
　設置，所掌事務，委員等について記してあります。

第 3 章　国の補助
　公立学校，私立学校への補助等について記してあります。

産業教育振興法の対象になる学校　　具体的には，中学校，高等学校の施設，設備の基準を示し，産業教育の振興を図るための法律です。高等学校は，農業，工業，商業，水産，家庭，看護学校がその対象になっています。

この法律は，しばしばアメリカのスミス=ヒューズ法に比較されます。スミス=ヒューズ法は，職業教育振興に関する国庫補助法として1917年に制定されました。その後，ジョージ=ディーン法，ジョージ=バーデン法等により補助対象は拡大され，補助金も増大され，高等学校以下の職業教育に対して連続的に連邦資金が支出されています。

　産業教育振興法は，明治27年に制定された実業教育費国庫補助法の精神を継承し，さらにこれを発展させたものですが，その財政的援助の考え方については，スミス=ヒューズ法より先駆けしているところが注目されます。この法律が職業教育の振興に果たした役割は計り知れないものがあります。

2-8　審議会について

　文部科学省には，中央教育審議会（中教審）のほかに各種の審議会が設置されています。これらの審議会は文部科学大臣の諮問に応じて，答申します。学習指導要領の改訂も，中央教育審議会の答申を受けて文部科学省が告示します。

2-9　国と地方教育行政の組織及び運営の関係

　国の教育行政機関は「文部科学省」があり，地方には「教育委員会」があり，教育行政を管轄しています。

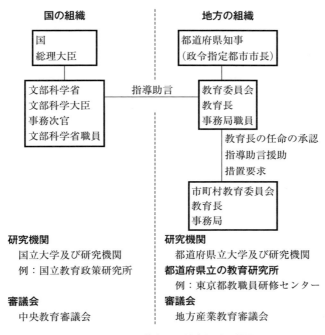

図1　国と都道府県の教育行政の概要

参考：学習指導要領（法律の一種）
　　　学習指導要領解説（各教科別に編集）
　　　地方行政法（都道府県別にあるので確認する。）

第3章　工業高校発展の歴史と現状

- 西欧の技術に追いつかねば
- これからの中等工業教育は？
- 週6日制時代の卒業単位数は？

3-1　日本の工業と工業教育の概観

3-1-1　日本の工業の近代化と工業教育

　明治維新前夜に西欧諸国の近代工業技術に接して驚嘆するばかりであった日本人が，維新後にその近代工業技術を西欧諸国に学び，先進国並みの技術力を備えるまでには，一世紀近くの時間を必要としました。むしろ一世紀足らずの間に，西欧の先進工業国に肩を並べる工業国へ変身を遂げたといったほうがよいのかもしれません。

　すなわち，日本人は明治維新以後の約一世紀の間に，国を立てることのできる工業技術力と，優れた技術・技能者育成の教育を作り上げることに成功したからです。

　第二次大戦の敗戦による荒廃の中からの日本の復興と発展は20世紀の奇跡と呼ばれていますが，これを支えたものは世界的に優れた工業の技術や技能の力と勤勉な国民性にあったといわれています。

　この復興を成し遂げたものが，外国にならった技術と技能の力ではなく，その一世紀の間に培った新しい技術の開発力と，技術や技能に向かう真摯な姿勢にあったことに注目すべきでしょう。そして，この復興と発展を担った人々を育てた教育，日本の工業教育が世界的に高い評価を受けたのです。

このような歴史に学び、これからの工業教育の在り方を探ることは、工業科教員として大事なことと考えています。

3-1-2　世界をリードした日本の工業技術と工業教育

日本の工業の歴史は、明治維新以後の近代工業技術の導入・定着の時代と、第二次大戦後の再生・発展の時代の2つに大別できるのですが、この2つの時代の工業とその技術には、際だった違いがみられます。

すなわち、第二次大戦までの日本が目指したものは、国の近代化と富国強兵の政策によって国を守り、覇権を争おうとする軍国主義への道でした。工業の中核にあったのは軍需産業であり、工業は、戦争が産業・経済の発展を可能にするという産業構造の中にありました。実際に、日清・日露の戦争や第一次大戦の後に、製鉄・機械、軍需産業などの重工業が発展の時期を迎えたことも事実です。

そして、この時代の工業を担った人材は、旧制の大学工学部、専門学校（高等工業学校）と工業学校の卒業生達であり、工業の技術と技能はほとんど先進工業国からの輸入技術・技能でした。

しかし、第二次大戦後の復興を支えた日本の工業は、その目的とするところも、技術や技能も、人材育成のための教育制度も、戦前のそれとはまったく違ったものとなりました。高度成長を可能にした産業、すなわち、成長の前半を担った繊維・鉄鋼・造船、後半をリードした自動車・エレクトロニクス・工作機械・メカトロニクスなどは、いずれもいわゆる平和産業です。

そして、世界に名を馳せた made in Japan の工業製品は、明治維新からの約一世紀の間に、外来の技術を消化・吸収し、独自の技術・技能を開発して挑んだ「日本独自の技術力」による製品でした。

日本の大学・大学院の工学部、工業高専、工業高校、あるいは企業内教育は、世界が模範とする工業技術の教育を作り上げました。国民は、技術力を磨き額に汗して働くことによって、立派に文化的で平和な国を立てていくことが可能であるという自信をもつことになりました。

この自信が、世界に向けての、「科学技術創造立国」の宣言となったのではないでしょうか。

3-2　工業教育の歴史（中等工業教育を中心に）

　江戸期，日本は鎖国の状態にありましたが，幕末には外国の文化に触れる機会が増え，近代化を進める必要に迫られていました。特に，工業技術の習得，技術者の育成は最大の課題でしたが，その教育の制度化は明治政府になっても簡単には進みませんでした。

挿話-A．近代工業導入の前夜

触発された出来事	→ 技術開発の内容，開発に関わった人
○ プチャーチンの蒸気機関車 　ペリーの蒸気機関車	→ 蒸気機関車の制作　1853 　中村奇輔，田中久重，石黒寛二
○ ディアナ号の遭難	→ 戸田号の建造　1855 　江川太郎左衛門，上田寅吉，鈴木七助ら
○ 舶来綿糸の上陸	→ 鹿児島紡績所 1867，島津斉彬，石河正龍
○ 黒船来航	→ 長崎造船所　1861，横須賀造船所　1866 　ハルデス，小栗上野介，ヴェルニー 　伝習生の技術教育

3-2-1　工業教育の歴史―1（明治・大正・昭和前期：戦前の工業教育[1]）
◎　明治期の工業教育

　明治政府がスタートしても，中等教育，特に中等工業教育の制度が整うまでには 30 年もの年月を必要としました。**学制の時代**（明治 5～12 年）に制度の整備が進んだのは初等教育（小学校教育）と高等教育（大学教育）であり，中等教育の制度が整えられ始めたのは**教育令の時代**（明治 12～19 年）に入ってからのことでした。

　教育令の時代に設立された東京職工学校（明治 14 年，1881 年）が，本格的な工業教育の学校の発足とされていますが，同校は現在の東京工業大学の前身であり，当初から高等教育機関として構想されていたもので，明治 34 年（1901 年）には東京高等工業学校となり，昭和 4 年（1929 年）に大学となりました。続く**学校令の時代**になって初めて，草創期の中等工業教育の学校が現れました（参考資料 1 を参照してください）。

　近代工業の学科をもつ工業学校が設置されるようになったのは，**実業学校令**の時代にさしかかる頃からのことでした。日清・日露の戦争後には，日本経済の膨張が紡績・鉄道・採鉱・製造工業などの工業の発展をもたら

し，学校教育の需要が急速に拡大しました。そして中等工業教育でも，それまでの軽工業の学科中心の教育から，機械・電気・化学・建築などの近代工業の教育への変革が始まりました。この時代に，わが国の中等工業教育の伝統校と呼ばれる学校の多くが設立されています。

出来事・社会的背景，教育制度 → 技術・技能の教育

○ **明治政府成立直後**
 ○ 工学寮 → 日本初の工学教育　明治 4 年（1871）
         山尾庸三，ダイアー
 ○ 岩倉使節団の欧米視察 → 欧米の先進文化に触れる　明治 4 年
 ○ 富岡製糸場 → 「工女」に洋式製糸技術の教育
              明治 5 年
 ○ 京都府フランス留学生の派遣[2) → 近藤徳太郎

○ **学制時代（明治 5～12 年）**
 ○ 太政官布告 → 学制の頒布　　　　明治 5 年
 ○ 東京開成学校製作学教場 → ワグナー　　　　　　明治 7 年

○ **教育令時代（明治 12～19 年）**
 ○ 東京職工学校開設 → 工業教育の発足　　明治 14 年
 ○ 東京商業学校附設商工徒弟講習所 → （現）東京工業大学附属科学技術高校
              明治 19 年
 ○ 草創期の工業学校の発足 → 京都染工講習所　　　明治 19 年
         八王子織物染色講習所　明治 20 年
         金沢工業学校　　　　明治 20 年

○ **学校令時代（明治 19～32 年）**
 ○ 実業補習学校 → 文相　井上　毅　　明治 26 年
 ○ 実業教育費国庫補助法 → 〃　　〃　　　　明治 27 年
 ○ 徒弟学校 → 〃　　〃　　　　明治 27 年

○ **実業学校令時代（明治 32～明治末）**
 ○ 実業学校令の制定 → 第 2 条「実業学校ノ種類ハ工業学校農業学校商業学校商船学校及実業補習学校トス」　明治 32 年
 ○ 工業学校規程の制定 → 工業高校の伝統校の多くが，この時期に設立された。
 ○ 専門学校令の制定 → 東京高等工業学校，大阪高等工業学校（少し早く明治 34 年に）明治 36 年
 ○ 徒弟学校規程の改正 → 小学校の種類とされていた徒弟学校が，工業学校の種類に　明治 37 年

3-2　工業教育の歴史（中等工業教育を中心に）

参考表-1 三重県立工業学校　応用化学科の教育課程（明治35年）

　日清戦争後の産業の拡大の時代に設立された三重工業学校の日本最初の応用化学科のカリキュラムです。当時の「工業学校」は，高等小学校卒を入学資格とすると同時に，小学校卒業から2年制の予科を通るコースを併設する学校も多く，後の5年制の工業学校の姿が見えています。

●工業学校　予科　学科課程の週当たりの時間数

	第1学年	毎週時数	第2学年	毎週時数
修身	人倫道徳の要旨	1	同左	1
読書作文及習字	漢文交り文，日用文	6	同左	6
英語	綴字，読方，読解，書取，会話，文法，習字	6	読方，読解，書取，会話，作文，文法	6
算術	整数，小数，分数	5	比例，百分算，開立，求積	6
理科	植物，動物，鉱物 物理，化学	4	同左及生理，衛生	4
地理及歴史	日本地理 日本歴史	2 1	外国地理 日本歴史	2 1
図画	自在画	2	自在画	2
体操	普通体操兵式体操	3	同左	2
合計		30		30

●工業学校　本科　学科課程の週当たりの時間数

	第1学年	毎週時数	第2学年	毎週時数	第3学年	毎週時数
修身	人倫道徳の要旨	1	同左	1	同左	1
読書作文	購読，文法，作文	2	同左	2		
数学	代数，幾何	4	同左	4		
英語	読方，読解，書取，会話，文法，習字	4	同左	4	同左	3
物理	普通物理学	3	同左	2		
化学	無機化学，有機化学	4	同左	2		
応用機械学					力学，材料強弱，機械学，水力学，発動機	2
応用化学			燃焼，燃料，築窯，石炭乾燥及其副生物の製法，アルカリ顔料，脂肪類，石鹸，塗料等	4	前学年の続及製紙砂糖，澱粉，醸造，柔革，色素，電気鉱金，鋳造の性質効用等	4
分析実習		17		16		
応用化学実習						23
図画	自在画及用器画	2	同左	2	同左及製図	4
体操	普通体操兵式体操	2	同左	2	同左	2
計		39		39		39

◎ 大正期の工業教育

第一次世界大戦後の産業界，特に工業界の発展，国民生活の向上，自由思想，進学志向の拡大の中で教育の検討が行われました。そして，重化学工業のめざましい発展と生産技術の高度化に伴って，工業の高等教育機関の大拡張が行われましたが，中等工業教育関連では次の諸点についての改変が行われました。

出来事・社会的背景，教育制度	→	技術・技能の教育
○ 実業学校令の改正	→	水産学校が入る　　　　　　大正9年
○ 実業補習学校規程の改正	→	実業補習学校の充実策　　　大正9年
○ 工業学校規程の改正	→	小学校卒業後に5カ年の工業教育を行う学校が主流に，この時期に旧制工業学校の形が整った　　大正10年
○ 工業の専門学校数の倍増	→	工業の高等教育機関 大正9～13年の4年間に2倍に

◎ 昭和初期の工業教育

昭和に入っては，工業学校の増設が一時停滞したことがありましたが，昭和6年からの満州事変，12年からの日華事変，16年からの太平洋戦争（第二次世界大戦）と，一路戦争への道を進むこととなり，軍需産業としての工業技術の進歩・拡大が図られたことから，工業学校の数は急速に増えることになりました（参考表-6の表1を参照してください）。

出来事・社会的背景，教育制度	→	技術・技能の教育
○ 工業学校規程の改正	→	高等教育機関の拡大，徒弟学校の廃止により，実践的技術・技能者の不足が危惧され，乙種工業学校の普及が図られた　　　　　　　　昭和5年
○ 実業学校規程の公布	→	農業学校規程，工業学校規程，商業学校規程の一本化　　昭和18年
○ 修業年限の短縮が図られた	→	中等学校を4年制に　　　　昭和18年
○ 工業学校の学科の統一も図られた	→	機械科，航空機械科，造船科，電気科，電気通信科，工業化学科，紡織科，色染科，建築科，土木科，採鉱科，冶金科，金属工業科，木材工芸科，金属工芸科

○ 時局（戦局）の急迫

次に，日本の工業教育の基礎を築いた指導者の足跡と，明治政府が導入し，学ぼうとした先進国の工業技術教育の歴史を，調べてみましょう。

> **挿話-B. 日本の工業教育（特に中等工業教育）を築いた指導者**
>
> ◎ **ワグナー（Gottfried Wagener）**
>
> ドイツ人のワグナーは，明治政府が招聘した多数の外国人教師とは多少異なる経歴の持ち主でしたが，大学南校のお雇い教師となるや，ウィーン万博・フィラデルフィア万博の政府顧問として成果を上げる一方で，東京開成学校製作学教場の教師，あるいは京都舎密局の教師，さらには内務省勧業寮の顧問として，日本の産業の振興，人材の育成に尽くした彼の功績は，他の外国人教師とは比較にならないものでした。
>
> 明治17年に東京職工学校の主任教授として迎えられると，日本初の中等工業技術教育の確立のために尽力をしました。日本人とその文化を愛し育てた彼は，生前の希望によって青山墓地に葬られています。
>
> ◎ **手島精一**
>
> 手島精一は，明治3年に皇族の留学の随員として渡米，大学で勉強中に岩倉使節団の渡米があり，学業を途中に使節団の通訳としてアメリカ・ヨーロッパの各地を回ることとなりました。
>
> その後，さまざまな教育関係の仕事に携わっていましたが，明治9年にフィラデルフィア万博の視察に文部大輔の随員として渡米した際に「ロシア法」に出会い，工業教育の必要性を痛感したといいます。明治11年には，文部大書記官の随員としてパリ万博を視察，フランスの工業教育に感銘を受けました。
>
> 明治23年から27年あまりの間，「東京職工学校」と「東京高等工業学校」の校長として，生涯を工業教育の充実に努めました。
>
> ◎ **ダイアー（Henry Dyer）**
>
> ダイアーは明治7年から工学寮（明治10年からは工部大学校となる）の都検として来日，学校の創業時から学科課程（今日のカリキュラム），諸規定の制定から施設・設備の計画にいたるまで，日本初の本格的な工業教育の学校の設立・運営にあたりました。
>
> ダイアーは，直接に中等工業教育に携わったわけではありません。しかし，ダイアーの工部大学校での教育思想・制度は，その後の日本の中等工業教育にも手本として受け継がれることになりました。工部大学校の教育は実技重視の教育が有名でした。理論と実技の比重を同じくする彼の教育の方針は，今日でも日本の中等工業教育の基本です。また，工部大学校でも行った予科の設置による基礎教育の充実は，16歳を最適とする工業教育の開始年齢とともに，参考表-1，2にみるような旧制「工業学校」の教育課程に生きていました。

◎ 井上　毅

　井上毅（こわし）は，工業教育，特に中等工業教育の振興に関しては，歴代文相の中で最大の功労者であったといえます。

　明治憲法や教育勅語の草案・起草者といわれているように，参謀的な存在と目されていた彼が，明治26年3月に文相に就任するや大方の世評を覆して，"国の発展は実業教育の振興にある"との信念のもとに，優れた指揮官として，実業教育，殊に，工業教育の振興に手腕を発揮したのです。

　病によって文相の職を辞した明治28年8月までのわずか1年半の間に，実業補習学校・徒弟学校の制度化，実業教育費国庫補助法の制定と，その後のわが国の工業教育の発展を決定づける画期的な施策を次々と成立させました。これらの教育施策が，その後の日本の近代工業化を支えた中等工業教育の成立を可能にしたといっても過言ではありません。

挿話-C.　日本が学んだ先進国の工業技術教育[3]

◎ メカニック・インスティテュート（機械工講習所）

　グラスゴーのアンダーソン研究所の物理学教授であったバークベック（George Birkbeck）が，1800年に，機械工業に携わる労働者に科学に関する講義を始めたことから広く行われるようになり，1824年にバークベックがロンドンに「機械工講習所」を開設してから，たちまち全国に広まり，1841年にはイギリスの主要都市に計200あまりの「機械工講習所」と25,000人の参加者を数えるようになったといわれています。この産業革命時のイギリスに発生した「機械工講習所運動」(mechanics institute movement)は，諸外国にも波及し，特にアメリカでは多数の講習所が生まれました。

◎ ロシアのオペレーション法

　革命前のロシアで考案され，工業・技術教育の先駆をなすものとして重要です。ロシアの機械技師ソビエトキンの考案（モスクワ帝国技術学校長デラ＝ボスとする説も）といわれるこの技術教育の方法は1870年に全ロシア織物博覧会で最高賞を受け，その後の国際博覧会で発表されると「ロシア法」(Russian system)と呼ばれ，諸外国の注目するところとなりました。

　この方法は，まずロシア国内の学校で急速に採用され，次いで諸外国に普及したものですが，技術指導に一斉指導を導入したもの（技術指導の科学化）として注目されました。後にアメリカに導入されて「作業分析」(job analysis)として普及しました。

> **参考表-2** 兵庫県立兵庫工業学校 機械科5年制課程（昭和12年）の教育課程本科

戦前の5年制中等工業教育完成期の典型的な教育課程です。1・2年で課される実習の16教授時数が印象的で，技術・技能教育の適正開始年齢をよく考えた教育課程となっています。

● 本科　機械科　課程及毎週教授時数表

学科目	第1学年	毎週教授時数	第2学年	毎週教授時数	第3学年	毎週教授時数	第4学年	毎週教授時数	第5学年	毎週教授時数
修身	国民道徳の要領作法	1	同左	1	同左	1	国民道徳の要義作法	1	同左	1
公民科							公民の心得	2	同左	2
国語	購読，作文，習字	5	同左	4	同左	4	同左	3	購読，作文，習字	2
歴史	国史	1	同左	1	東洋史	1	西洋史	1	国史	1
地理	日本地理	1	同左	1	外国地理	1	同左	1	地理概説	1
数学	算術，代数，珠算	6	代数，幾何	4	同左	3	幾何	3	三角法	2
英語	書取，作文，読方，訳解，会話，習字	5	同左	5	作文，文法，読方，訳解，会話，書取	3	同左	3	同左	2
理科	博物	2	物理，化学	4	同左	4	物理	2		
図画	自在画	2	同左	1						
音楽	基本練習歌曲	1	同左	1						
体操	体操，教練，武道	4	同左	4	同左	4	同左	3	同左	3
材料及工作法					材料及工作法	2	同左	2		
機械工学					力学	2	材料強弱	2	機構学	2
熱機関					蒸気缶	1	蒸気缶	2	蒸気タービン，内燃機関	2
水力機械							水力学	1	水車及水力機械	2
電気工学							電気総論	1	電気機械及電力応用	2
工場要項									工場管理及経営	1
機械製図	用器画	2	用器画，製図	4	製図及設計	4				
特別講義									紡績，製紙	2
実験実習	木工，金工	4	同左	6	木型，鋳工，仕上	8	製図及設計，鍛工，実験	11	同左，木型，鋳工，実験	13
合計		34		36		38		38		38

3-2-2　工業教育の歴史―2（戦後の工業高等学校の発展・拡大）

昭和20年の敗戦以後，日本の民主教育が，憲法，教育基本法及び学校教育法の制定をみて，昭和23年に6・3・3・4の新制の学校制度としてスタートしました。

(1)　工業高等学校の発足と発展・拡大

6・3・3・4の新学校制度の中で，旧制の「工業学校」は，「中学校」・「高等女学校」や他の「実業学校」，すなわち他の中等学校と一緒に新制の後期中等教育である「高等学校」としてスタートしました（単線型教育制度）。

中等教育の学校に「高等学校」の名称が用いられたことについては，当時の教育刷新委員会（現在の中央教育審議会の前身）が，この後期中等学校の教育を，旧制の高等学校の教育に近づけた中等教育（米国教育使節団報告書の提言には「上級中等学校」と示されている）にと想定していたものといわれています。

(a)　新制度のスタートと混乱

戦後の教育は民主教育の建設という理想のもとに，新制高等学校は昭和23年から，新制大学は24年からスタートしましたが，高校における職業教育の場合は，いわゆる高校3原則（総合制，男女共学，小学区制）の実施という問題の中で多少の混乱がありました。すなわち，昭和25年には単独工業高校と総合制高校がほぼ拮抗した数となったのでした。

しかし，総合制は当時の日本の実情に合わなかったことから，26年頃からは次第に単独工業高校に戻るものが多くなりました。

(b)　産業教育振興法の成立

普通高校に比べて施設・設備に多くの費用を必要とする工業高校は，戦災や徴用で荒廃・疲弊したままのものが多く，加えて実業教育費国庫補助金が昭和25年に打ち切られ，各職業高校は苦しさに喘いでいました。この状況を憂慮した職業教育関係者は，結束して職業教育法の立法化運動を展開し，その結果，昭和26年6月に「日本のスミス=ヒューズ法」と呼ばれる「産業教育振興法」が制定され，その後の工業高校の充実に大きく寄与することになりました。

参考表-3 長崎県立長崎工業高等学校 造船科教育課程（昭和33年）

　戦後の荒廃から立ち上がり，わが国の復興を担った産業の一つに，造船があげられます。この教育課程からは，終戦直後の工業高校が戦前の旧制5年制課程の流れを大切にした技術・技能重視の教育であったことがわかります。すなわち，週2日が7時間授業，専門教科と普通教科の履修時間数の拮抗した教育課程となっています。

● 造船科

教科科目		1年	2年	3年	計	教科科目	1年	2年	3年	計
国語（甲）		3	3	3	9	実習	4	2	4	10
社会	人文地理	3			9	製図	3	6	4	13
	世界史		3			船舶構造	2	2	1	5
	社会			3		船舶艤装		1	2	3
数学	数学Ⅰ	6			11	船舶計算	2	2	2	6
	応用数学		3			応用力学		2	1	3
	幾何			2		船舶工作			3	3
理科	物理	5			8	機械電気		2	1	3
	化学		3			溶接			2	2
保体	保健		1		9	工事関係法規			1	1
	体育	3	2	3		計	11	17	21	49
外国語（英語）		4	3	3	10	特別教育活動	2	2	2	6
計		24	18	14	56	総計	37	37	37	111

　県立長崎工業高校造船科は，旧制の工業学校の時代からの学科ですが，特に原爆投下の際の爆心地に近かった同校は，職員・生徒合わせて235名の犠牲者を出しており，文字どおり厳しい環境の中から，造船業の復興にかけた期待が強く感じられる教育課程です。

(c) 日本経済の高度成長と工業高校の増設

　戦後の日本の産業・経済の急速な発展ぶりは，昭和34年度には経済成長率16％を記録し，35年には池田内閣が「国民所得倍増計画」を閣議決定し，高度成長政策を積極的に展開しました。

　この計画の推進のためには，多数の工業高校出身の技術・技能者が必要なことから，急速に工業高校の増加が図られました。

　明治以後の「工業学校」，「工業高校」の歴史の中でも，当時の増加ぶりは，ひときわ目立つものです。この時代の工業高校の卒業生が，技術・技

能者（中堅技術者）として戦後日本の復興を担ったといっても過言ではありません。

その後の産業・経済の拡大は，繊維・化学・鉄鋼・造船の復興に続く重化学工業・機械産業の発展，1970年代に入ると自動車・エレクトロニクス産業の拡大へと世界が目をみはる発展を遂げました。

その後も産業は加速度的な伸びをみせ，1968年にはGNPが西ドイツを抜いて世界第2位[4]に，1980年には鉄鋼・自動車の生産がアメリカを抜き世界第1位，同じ1980年にVTRが世界独占を果たし，1986年には半導体の生産が世界の第1位を占めるという実績を上げるにいたりました。

参考表-4 香川県立坂出工業高等学校　自動車科教育課程（昭和53年）

1970年代に入り，学校数が600校を超える時期になると，工業高校の教育課程の卒業単位102（土曜日の4時間授業を除いては毎日が6時間授業）の中でさまざまな工夫が試みられる時代を迎えました。

下の表も自動車整備士養成の基準や，女子生徒の参入への対応などを考慮した教育課程となっています。

●自動車科

教科	科目	1年	2年	3年	計	教科	科目	1年	2年	3年	計
国語	現代国語	3	2	2	7	工業	自動車実習	3	6	6	15
	古典1甲		1	1	2		自動車製図		3	3	6
社会	倫理社会			2	2		自動車設計	2	2	2	6
	政治経済			2	2		自動車工作	2	2		4
	世界史		3		3		自動車構造		2	2	4
	地理A	3			3		自動車整備		2	2	4
数学	数学I	6			6		自動車電気			2	2
	応用数学		3	2	5		自動車法規			1	1
理科	物理1	3			3	小計		7	17	18	42
	化学1	3			3						
保健体育	体育	2	2	3	7	教科外の教育活動	ホームルーム	1	1	1	3
	保健	1	1		2		クラブ活動	1	1	1	3
芸術	音楽1	1	1		2						
外国語	英語A	3	2	2	7						
家庭	家庭一般			女2	女2						
小計		25	15	14	54	総計		34	34	34	102

しかし，このような産業の急激な発展は，繊維・自動車・鉄鋼・半導体などの貿易摩擦を生み，国内の人件費の高騰の問題とも重なって，企業は自動車や工作機械，電気製品の海外生産という方式をとるようになり，このことが，やがて技術・産業の空洞化を招くことになりました。

日本の産業は，一転して難しい立場に置かれることになりました。

この社会変化に伴う就業構造の変化，高学歴志向，人件費の高騰などの問題が，工業高校の立場をますます難しくしています。

(2) 工業高校の凋落的傾向

このように成長・発展を遂げてきた日本の工業教育，特に工業高校の教育が，いま難しい局面を迎えています。

工業高校に不振の兆候が見え始めたのは，1965～1969年頃の，ちょうど高度成長の頂点にさしかかる時期でした。経済状況が飛躍的に改善されると，国民の高学歴志向が明瞭な形となって現れ，高校進学率が80％を超え（現在は約98％），大学等への進学率も40％（現在は約70％，工業高校からの進学率は約30％）を超えようとした時期でした。

その後も高等教育志向は止まるところを知らぬ勢いが続き，受験に不利な職業高校は，ますますの地盤沈下を余儀なくされる状況に陥りました。

また，このような変化に伴って，工業高校自身の在り方が徐々に中等工業教育の特色を失いつつあることも否めない事実です。工業高校の教育の優れた特色であるべき技能・実技重視の教育が，年を追って希薄になりつつあります。

すなわち，戦前の5年制工業学校の完成型（参考表-2）の教育課程，その伝統が生きていた終戦直後の3年制工業高校の教育課程（参考表-3）と，近年の工業高校のそれを比較してみましょう。

高度成長期の後の極端な大学志向の時代に入り，工業高校の低迷が続くようになると，工業高校の教育課程も普通科のそれに接近した形となり，総単位数の減，ひいては実技科目の大幅な減少を示すようになり，工業高校としての特色が徐々に希薄化してきたのです。

参考表-5 千葉県立千葉工業高等学校 電子機械科・情報技術科教育課程（平成6年）

高度経済成長の時代を過ぎる頃から，メカトロニクスやIT産業が工業の主流の一つを占めるようになりました。また，大学・短大などの高等教育機関の拡充により，工業高校の卒業単位数も100を割るような方向が定着してきました。

●電子機械科

科	目	単位数	学年別 1	2	3
国語	国語I	5	3	2	
	現代語	2			2
地理歴史	世界史A	2	2		
	日本史A	(2)			(2)
	地理A	(2)			(2)
公民	現代社会	4		2	2
数学	数学I	4	4		
	数学II	3		3	
	数学III	2			2
理科	物理IA	3		3	
	物理II	(2)			(2)
	化学IA	3	3		
保体	体育	7	2	2	3
	保健	2	1	1	
芸術	美術I	2	2		
外国語	英語I	5	3	2	
	オーラルコミュニケーションB	2			2
家庭	家庭一般	4		2	2
	小計	52 54	20	17	15 17
	工業基礎	3	3		
	実習	6		3	3
	製図	6	2	2	2
	工業数理	3	1	2	
	情報技術基礎	2	2		
	課題研究	3			3
	電子基礎	2	2		
	電子機械	4		4	
	電子機械応用	(2)			(2)
	機械工作	4	2	2	
	機械設計	3			3
	小計	(38) 36	10	13	(15) 13
	ホームルーム	3	1	1	1
	クラブ活動	3	1	1	1
	合計	96	32	32	32

●情報技術科

科	目	単位数	学年別 1	2	3
国語	国語I	5	3	2	
	現代語	2			2
地理歴史	世界史A	2	2		
	日本史A	(2)			(2)
	地理A	(2)			(2)
公民	現代社会	4		2	2
数学	数学I	4	4		
	数学II	3		3	
	数学III	2			2
理科	物理IA	3		3	
	物理II	(2)			(2)
	化学IA	3	3		
保体	体育	7	2	2	3
	保健	2	1	1	
芸術	美術I	2	2		
外国語	英語I	5	3	2	
	オーラルコミュニケーションB	2			2
家庭	家庭一般	4		2	2
	小計	52 (54)	20	17	15 (17)
	工業基礎	3	3		
	実習	6		3	3
	製図	2			2
	工業数理	3		1	2
	情報技術基礎	3	3		
	課題研究	2			2
	電子基礎	4	4		
	プログラミング技術	3		3	
	ハードウェア技術	8		6	2
	コンピュータ応用	(2)			(2)
	電子計測制御	2			2
	小計	(38) 36	10	13	(15) 13
	ホームルーム	3	1	1	1
	クラブ活動	3	1	1	1
	合計	96	32	32	32

地理と歴史の欄　日本史A(2)と地理A(2)は3年で選択
理科・物理II(2)と工業の各科(2)は3年で選択

> **参考表-6** 最近の工業高校の一般的な教育課程にみる共通科目・専門科目の時間配分などの例

平成14年度から完全実施された学校週5日制の「ゆとり教育」の中での工業教育，殊にその技能教育はさらに密度の低いものとなっています。中等工業教育と技能教育についての，十分な検討が必要と思われます。

学年	総単位数	共通科目	専門科目（講義）	専門科目（実習）	ロングホームルーム
1	30	22	4	3	1
2	30	13 (6)	11	5	1
3	30	11 (6)	11	7	1
計	90	46 (12)	26	15	3

注：( ) は選択の単位数

戦前の工業学校と戦後の工業高校の学校数の推移をみると，戦前の「工業学校」の増加は，日清・日露の戦争，第一次・第二次大戦と残念ながら戦争に連動して増設がなされていますが，第二次大戦後の工業高校の増加は戦後の復興，平和産業の発展のめざましさを示す数字となっています。工業高校の増加ぶり

表1　工業学校・工業高校の学校数の推移

年度		校数	備考	年度		校数	備考
1887	M.20	4	軽工業の学科	1949	S.24	285	新制工業高校
1894	〃27	5		1954	〃29	296	産業教育振興法
1899	〃32	22	実業教育国庫補助法(M27)，日清・日露戦争後の産業拡大	1959	〃34	334	所得倍増計画
1904	〃37	35		1964	〃39	551	工業高校の増設
1909	〃42	52		1969	〃44	584	大学進学率上昇
1914	T.3	68		1974	〃49	614	情報技術の進歩
1919	〃8	85	第一次世界大戦後の経済の拡大	1979	〃54	619	
1924	〃13	110		1984	〃59	620	
1929	S.4	126	満州事変，軍需産業への傾斜，日中戦争，太平洋戦争，敗戦	1989	H.1		工業高校の不振改革に向けての模索
1934	〃9	136		1995	〃7	695	
1939	〃14	192		1999	〃11	676	
1944	〃19	261		2004	〃16	645	

（遠藤俊平：『工業高等学校』などより作成）

は工業学校時代とは桁違いの数字を示しました。

3-3　工業高校への課題（今後の中等工業教育）

3-3-1　工業高校の在り方

　工業教育の歴史を振り返ってみると，さまざまな試みは今後の「工業高校」の在り方を模索する一つの取り組みであったと考えるべきでしょう。最近では，第14章に掲げるようなさまざまな特色のある中等工業教育の在り方が模索されています。

　また一方では，「工業学校」からの伝統である実技尊重，技能スペシャリスト育成の一層の充実を目指す学校も増えてきています。特に最近は資格・認定試験，技能五輪やジュニアマイスターへの挑戦などに熱心に取り組み，学校の活性化，生徒の士気の高揚を目指す事例が増えています（第13章13-3節「学校の教育力の向上・活性化を目指す取り組み」を参照してください）。

　どのような中等工業教育を想定すべきかは，学ぶ生徒，卒業生を受け入れる産業社会や学校，国の経済的環境などの動的な条件によって異なるものと思います。

　しかし，どのような学校を目指そうとも，われわれ教員の務めは，生徒が技術・技能教育の適正年齢にあること，科学技術立国を目指すわが国の将来を担う貴重な人材であることを常に念頭におき，技術・技能教育の学習を楽しみ，技術・技能をもって社会に役立つことを目指す生徒を育成できる教育を構築することにあるでしょう。

　これらの取り組みなどについては，第13章13-3節「学校の教育力向上・活性化を目指す取り組み」を参照してください。

3-3-2　高等専門学校の誕生

　工業高校の大増設の時期には，大学の工学部も増設，定員増の状況にあったのですが，その中間的な存在として高等専門学校（以降「高専」と略記）が，実践的技術者の養成を目指し5年一貫の高等教育機関として，昭和37年（1962年）に発足しました。当時から，工業高校と大学工学部の中間的な存在としての，程度の高い技術・技能者の育成が要望されていたといえます。

　現在，高専の総数は57校（国立51校，公立3校，私立3校：うち56

校に専攻科が設置されている）で，学生数57,600人を有する教育機関となっています。

高専の教育に対する産業界の評価は，高いものがあります。

参 考 資 料

1 工業学校の発足

本書では，工業学校・工業高等学校の歴史についての考察の主眼を第二次大戦後においたために，明治初期の「工業学校」草創期の記述を少なくしましたが，わが国においても産業の近代化の尖兵的役割を果たしたのは軽工業の繊維産業でした。

したがって草創期の「工業学校」としては，東京商業学校附設商工徒弟講習所職工科（現在の東京工業大学附属科学技術高校：明治19年1月創設），「京都染工講習所」（京都市立洛陽工業高等学校：明治19年9月創設），「八王子織物染色講習所」（東京都立八王子工業高等学校：明治20年3月創設），「金沢工業学校」（石川県立工業高等学校：明治20年7月創設）が飛び抜けて古いのですが，栃木県工業学校（栃木県立足利工業高等学校：明治28年4月創設も前身の足利織物講習所は明治18年創設）を最古とする説もあります。

これらの学校は，日本各地から生徒が集まり，工業学校というよりはむしろ大学といった存在で，校長には中村喜一郎（染色：八王子工），近藤徳太郎（織物：足利工）といった当時の斯界の第一人者が赴任するような学校でした。

なお，繊維産業は昭和30年代半ばまでは日本を代表する産業であり（昭和9年に生糸の生産世界第1位，13年に紡績糸の生産が世界第1位），工業学校の学科としても昭和初期までは第1位の数を占めていました。

また，「工業学校」・「工業高等学校」の詳細な歴史については，遠藤俊平著『工業高等学校』東洋書店，小林一也著『資料 日本工業教育史』実教出版[5]を参照してください。

2 専門学校の発足と発展

専門学校が含まれる専修学校が制度化されたのは，比較的新しく，昭和51年（1976年）になってからのことです。昭和40年代後半からの第三次産業発展の時代を迎え，高等学校を卒業する若者が多様な職業を志向するようになると，驚異的な発展を遂げ，創設以後10年にして学生数が短大を抜き，大学に次ぐ第

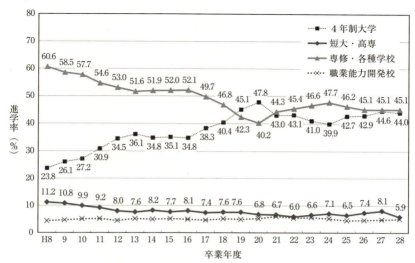

図1　工業高校新卒者の進学率の推移[6]

2の高等教育機関となりました。

　なお，専門学校については，資料編　第1章に詳しく述べています。

❖　**参考文献**　❖

1) 遠藤俊平，工業高等学校，東洋書店，1989年
2) 田村喜子，京都フランス物語，新潮社，pp.32〜52，1984年
3) 小林一也，教職「工業」の教育，実教出版，pp.80〜82，1994年
4) 神田文人，昭和・平成　現代史年表，小学館，p.92，2000年
5) 小林一也，資料　日本工業教育史，実教出版，2001年
6) 公益社団法人全国工業高等学校長協会進路対策委員会報告，2017年

第4章　工業科の科目と原則履修科目

- 原則履修科目とは？
- 工業技術基礎とは？
- 自己教育力を育てる「課題研究」とは？

　第1章で工業科目の概要を説明しましたが，この章においては具体的にどのような科目があるのか紹介します。

4-1　工業の科目

　工業に関する科目は，表1に示すように59科目あります。
　〈原則履修科目〉について　　平成30年7月[1]に発行された高等学校学

表1　工業に関する科目

教科	科　　目
工業	工業技術基礎，課題研究，実習，製図，工業情報数理，工業材料技術，工業技術英語，工業管理技術，工業環境技術，機械工作，機械設計，原動機，電子機械，生産技術，自動車工学，自動車整備，船舶工学，電気回路，電気機器，電力技術，電子技術，電子回路，電子計測制御，通信技術，プログラミング技術，ハードウェア技術，ソフトウェア技術，コンピュータシステム技術，建築構造，建築計画，建築構造設計，建築施工，建築法規，設備計画，空気調和設備，衛生・防災設備，測量，土木基盤力学，土木構造設計，土木施工，社会基盤工学，工業化学，化学工学，地球環境化学，材料製造技術，材料工学，材料加工，セラミック化学，セラミック技術，セラミック工業，繊維製品，繊維・染色技術，染織デザイン，インテリア計画，インテリア装備，インテリアエレメント生産，デザイン実践，デザイン材料，デザイン史

（平成30年3月告示の高等学校学習指導要領より）

習指導要領解説「工業編」では,「工業技術基礎」と「課題研究」の2科目は,原則履修科目として指定され,各学科において原則としてすべての生徒に履修させる科目です。この原則履修の2科目について目標,内容等を記します。

4-2 工業技術基礎

4-2-1 工業技術基礎が設定された背景

現在の技術は,IC基板に代表されるように,ブラックボックス化しており,外から見えにくくなっています。現在の小中学生には,ものを作る現場を見たり,ものづくりを体験する機会が少なくなってきました。そのうえに,中学の教科「技術・家庭」の時間が大幅に削減されてきました。そのような生徒に,初めから工業の高度な専門教育を教えるのは適切ではありません。中学校教育との関連を図りつつ,生徒が専門教育に抵抗なく取り組むことができるような指導が必要です。また,技術を総合的に体験させる必要があること,人類の大きな課題として地球環境保全の問題があることなど,配慮すべき課題が増えています。技術教育は単なる「つくる技術」の教育から,環境に配慮した技術,さらには,広く技術者の倫理問題にも触れる教育への改善が求められています。このような背景のもとに「工業技術基礎」が設けられました。

4-2-2 目標

工業の見方・考え方を働かせ,実践的・体験的な学習活動を行うことなどを通して,工業の諸課題を適切に解決することに必要な基礎的な資質・能力を次のとおり育成することを目指します。

① 工業技術について工業のもつ社会的な意義や役割と人と技術との関わりを踏まえて理解するとともに,関連する技術を身につけるようにします。

② 工業技術に関する課題を発見し,工業に携わる者として科学的な根拠に基づき工業技術の進展に対応し解決する力を養います。

③ 工業技術に関する広い視野をもつことを目指して自ら学び,工業の発展に主体的かつ協働的に取り組む態度を養います。

4-2-3 内容

4-2-1項に示した資質・能力を身につけることができるよう,次の〔指

導項目〕を実施します。

〔指導項目〕

| (1) 人と技術と環境
　ア　人と技術
　イ　技術者の使命と責任
　ウ　環境と技術 | (2) 加工技術
　ア　形態を変化させる加工
　イ　質を変化させる加工 | (3) 生産の仕組み
　ア　生産工程
　イ　分析と測定技術 |

4-2-4　内容の取り扱い

① 内容を取り扱う際には，次の事項に配慮するものとします。

　ア　〔指導項目〕の(1)のアについては，産業社会，職業生活，産業技術に関する調査や見学を通して，働くことの社会的意義や役割，工業技術と人間との関わり及び工業技術が日本の発展に果たした役割について理解できるよう工夫して指導すること。イについては，安全な製品の製作や構造物の設計・施工，法令遵守など，工業における技術者に求められる職業人としての倫理観や使命と責任について理解できるよう工夫して指導すること。

　イ　〔指導項目〕の(2)及び(3)については，相互に関連する実験や実習内容を取り上げるよう留意し，工業の各分野に関する要素を総合的に理解できるよう工夫して指導すること。

② 内容の範囲や程度については，次の事項に配慮するものとします。

　ア　〔指導項目〕の(1)のアについては，工業の各分野に関連する職業資格及び知的財産権についても扱うこと。ウについては，環境に配慮した工業技術について，身近な事例を通して，その意義や必要性を扱うこと。

　イ　〔指導項目〕の(2)については，日常生活に関わる身近な製品の製作例を取り上げ，工業技術への興味・関心を高めさせるとともに，工具や器具を用いた加工及び機械や装置類を活用した加工を扱うこと。アについては，塑性加工など，形態を変化させる加工を扱うこと。イについては，化学変化など，材料の質を変化させる加工を扱うこと。

　ウ　〔指導項目〕の(3)のアについては，工業製品の製作を通して，生産に関する技術を扱うこと。イについては，工業製品の製作を通し

て，生産に関わる材料の分析及び測定技術を扱うこと。

4-2-5　実施単位数

これ以降のすべての調査結果は，長谷川らの調査[2]を引用しました。調査校数は，機械科 70，電気科 71，建築科 47，土木科 41，工業化学科 39，情報技術科 28，電子機械科 24 でした。3 単位実施していたのが，建築科及び土木科を除いて 72％以上でしたが，建築科は 47 校中 3 単位実施したのが 53％，土木科は 59％でこの 2 学科は少ない単位数でした。

4-2-6　実施形態

実施形態の内容は，大きく分けて下記の 3 種類があります。

①　各科共通テーマ　②　一部共通テーマ　③　各学科別テーマ

がありますが，調査した 76 校のうち，③が 67 校（88.2％）で最も多く，①は 2 校，②は 7 校でした。

4-2-7　指導内容

テキストは，自作教材と検定教科書利用との割合は，187 学科対 188 学科でした。ここでは実教出版教科書『工業技術基礎』（平成 28 年 1 月 25 日発行）で取り上げられている「番号と項目」で説明します。

①　「基本操作編」では，「1. 工業技術基礎を学ぶにあたって」「4. 事故防止と安全作業の心がまえ」「5. 実験・実習報告書の作成」の 3 項目が特に多い。

②　機械系：「6. 旋盤の使いかた」「8. 溶接の方法」「5. 手仕上げの方法」「2. 寸法のはかりかた」「3. 工具の扱いかた」が多い。

③　電気系：「11. 回路計・オシロスコープの取り扱いかた」「10. 直流・交流回路の実験」「12. プリント配線について学ぼう」が多い。

④　建築系：「1. 図面の表しかた」「3. 工具の扱いかた」「4. 材料について学ぼう」が多い。

⑤　土木系：「19. 測量について学ぼう」「1. 図面の表しかた」「18. 橋梁のしくみについて学ぼう」が多い。

⑥　化学系：「17. 化学実習の基本操作について学ぼう」「3. 工具の使いかた」「2. 寸法のはかりかた」が多い。

⑦　情報技術系：「10. 直流・交流回路の実験」「13. 論理回路の基礎について学ぼう」が多い。

4-3 課題研究

4-3-1 課題研究が設定された背景

　工業科の内容は，時代により大きく変化してきましたが，そのたびに教える内容が増える傾向がありました。系統的な学習方法で，かつ，教員が一方的に教える方法では，高校3年間ですべてを教えることには無理があり，重点化，精選化をしても限界がありました。必要な知識・技術は，自ら獲得し，問題解決する方法を身につけなければなりません。このように教育方法の変更が必要になってきました。そこで，昭和58〜61年度にかけて東京工業大学附属科学技術高校が文部省の研究指定を受けて「課題研究」の研究開発を行いました。そして，原則履修科目になったのは平成元年告示の高等学校学習指導要領からで，比較的新しい科目です。

4-3-2 「課題研究」の意義と役割

　この科目の役割は，第1章「工業教育の意義・役割・目標・内容」で述べたように，「科学的・技術的思考力を養成する内容」に相当します。また，教育学的視点からは，デューイの「learning by doing」のプラグマティズムの流れにあり，問題解決型学習です。

　「課題研究」の設定以前は，実習，製図などの実技科目は，ほとんど教員の一方的指導で展開していたといえます。

　すなわち「課題研究」の設定は，従来の授与型授業から生徒が自主的に問題解決を図るという獲得型授業形態への転換でした。また，これにより思考能力を養うことを目指しました。

　製作型テーマは，目的物の企画→設計→製作→評価→まとめ→発表→報告書と展開します。

　生徒は，目的物の製作を通して，失敗を経験し，問題解決に向けて創意・工夫をし，その間に多種の貴重な経験をすることになります。

　さらに，問題解決に際しての楽しさや苦しさ，感動を通して，協調性や友情を育むことができ，社会人基礎力[3]に通じた内容を修得することができます。また，このような経験を通して，副次的に人間として成長することが期待されます。このことは，生涯学習の必要性が叫ばれている時代に，生涯学習の基盤として将来に向けて学習を継続する芽を育てることにつながりましょう。

4-3-3 「課題研究」のねらい[1),4)]

「課題研究」は，次のようなことを目標にしています。
① 生徒が主体的に課題を設定して計画を立て，課題を解決する学習方法により，計画性，実践力及び問題解決能力を養うこと。
② 自主的，継続的に学習する姿勢と探究的，創造的な態度と能力を養うこと。
③ 各教科・科目で学習した個々の知識・技術を関連づけ総合化を図るとともに，学習の深化を図ること。
④ 課題解決により，成就感と自信をもたせ，自己実現を図る能力と態度を養うとともに自己の進路希望などの意欲を高めること。
⑤ 結果をまとめて発表できるプレゼンテーション能力や態度を育て，生徒に自信をもたせること。さらに，報告書としてまとめることの大切さを学習し，まとめるという作業を通じて，企画から完成までの良かった点，未完成の点などの全体を見直し，いたらなかった点を気づかせ，精神的な成長を促すこと。

これらのねらいに基づく学習により，生徒が変化の激しい社会の中で主体的に生き抜く力と，社会生活で直面する多くの課題に対する解決力を身につけていくことが期待されています。

4-3-4 「課題研究」の教育課程上の位置づけ

「課題研究」の教育課程上の位置づけを図1に示します[4)]。

図1に示すとおり高校教育全般に広く関わります。たとえば，特別活動

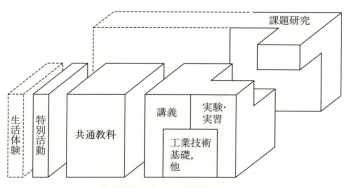

図1 「課題研究」の教育課程上の位置づけ

の文化祭や学校行事及びクラブ・部活動等は，テーマを探すときのヒントを与えてくれます。もちろん各学科の講義・実習・製図等の専門科目と深く関連しています。したがって「課題研究」は，高学年において履修させることが望ましい科目です。

「課題研究」は工業科の中の1科目ですが，これを通してこれからの進路選択について考える機会を与え，生き方・在り方までに関連する総合的な科目であり，図1に示すように高校生活全般に深く関わるものになります。さらに，地域社会との連携を深めることにもつながる科目です。

4-3-5 「課題研究」の分類[1),5)]

「課題研究」の内容は下記の4種類に分類されます。分類の内容について説明します。

① 作品製作・製品開発

作品製作は，これまでに各科目で学習した知識や技術を活用し，さらに新しい知識や技術を学びながら作品を完成させます。作品製作の事例は，ロボットのような原材料を加工し形態を変化させた作品，コンピュータプログラムやシステムの開発，デザイン制作や模型製作などです。

② 調査，研究，実験

調査，研究の事例は，歴史的建築物の調査・研究，有名建築家の建物の調査・研究，環境保全と技術の研究などです。実験の事例は，コンクリートの強度について混合する素材成分を変えて比較する研究，反応条件による化合物の特性比較の研究，石鹸製造のように原材料を質的に変化させた化合物の合成などです。

③ 産業現場等における実習

産業現場等における実習事例は，生産工場における組み立て作業，教育センターにおける研究補助，建築事務所における測量など，多種多様な内容です。

これらの実習を通して，勤労の厳しさ，ものを作り上げるための苦労や感動，責任の重さなどを体得するとともに，各学科に関連する知識と技術を総合的，発展的に学習します。

④ 職業資格の取得

職業資格の取得は，生徒自らが希望する職業資格や各種検定試験の学習を通して，これらを取得するための学習方法を体得し，専門的な知識や技

術を習得するとともに，この学習を通して自らの進路意識を高めます。

職業資格や検定の事例としては，自動車整備，ボイラー技士，電気工事士，電気主任技術者，情報処理技術者，毒物劇物取扱責任者，公害防止管理者，測量士補，施工管理技術者，インテリアコーディネーター，製図検定，レタリング検定，工業英語検定，情報技術検定など多種多様なものがあります。

どのような内容の研究を行うかは，生徒の自主的な設定を原則とします。一般的には機械系，電気系，情報系は，作品製作が多く，化学系は実験が多い傾向です。また，グループの人数は，機械系，建築系のように大型のものを作る場合には多くなります。逆に情報系の作品制作では一人のことが多いといえます。

4-3-6　展開手順

3年生で1年間かけて，3～4単位で実施する場合を例に述べると図2のようになります[6]。

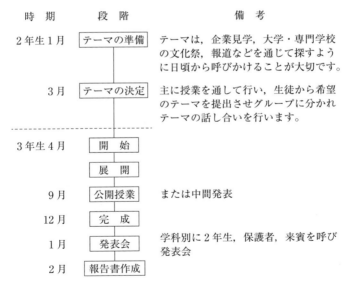

図2　進行段階と時期

4-3-7　評価の視点

評価については，あらかじめ担当教員間で，評価方法の基準を明確にし

て共通理解を図るとともに，テーマ間の評価に極端な差が生じないように配慮する必要があります。

そのためには，下記の評価方法が適切でしょう。

① 生徒による自己評価方法：ルーブリック評価

具体的には，第9章の9-4節「ルーブリック評価」に記載してありますので，参照してください。

② グループで取り組んだ場合の評価方法

テーマによっては，グループで取り組む場合があります。その場合，そのグループ内での貢献度は，担当教員でも把握しかねます。その場合の評価方法の例を示します。

例：5人で取り組んだ場合です。一人一人に持ち点7点を与えます。その7点について自分を除いた4人に貢献度を考慮し配分します。5人が評価した結果を教員が回収・集計します。総点数は，5名×7点＝35点になります。その結果は教員が評価するときの資料にします。

③ 3観点法による評価

一般的な評価のポイントの項目として，「熱意・意欲」「主体性」「創造性」「計画性」「目的意識」「積極性」「着想性」「創意・工夫」「協調性」「資料分析力」「探究心」「考察力」「完成度」「表現力」「理解力」「責任感」「協調性」「実行力」，など18項目ありますが，学科で15以上選び出しその項目に従い生徒一人一人を5段階法で評価します。

以上の①～③の評価を総合して，評定とします。

なお，課題研究については，各種の研究会で多くの報告がありますが，文献に示した本を参考にされるとよいでしょう。

4-3-8 実験型テーマの指導とノウハウの実例

以下，東京工業大学附属科学技術高等学校が，文部省の研究開発校として指定され，取り組んだ1983年度（昭和58年度）～1999年度（平成11年度）まで17年間の実践記録の一部を紹介します。分類としては，4つの分類の「② 調査，研究，実験」型に相当する化学系です。

(1) テーマの達成度と時間

課題研究の各テーマについて，達成度と時間の関係を示すと，第1段階が初期段階，第2段階が発展段階，第3段階が仕上げ段階に分けることが

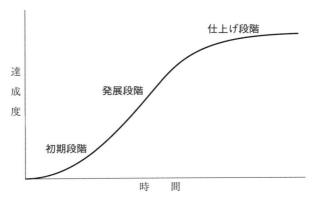

図3 達成度と時間の関係

できます。これを達成度と時間の関係を表示すると図3のようになります。

(2) 課題研究の進行段階と実施内容及びPlan-Do-Check-Actionの関係

図4は、「作品製作、製品開発型」は（以後「作品製作型」と略記）、「調査、研究、実験型」は（以後「実験型」と略記）を例にして進行段階に従い、実施内容及び図3の初期段階、発展段階、仕上げ段階をまとめたもの

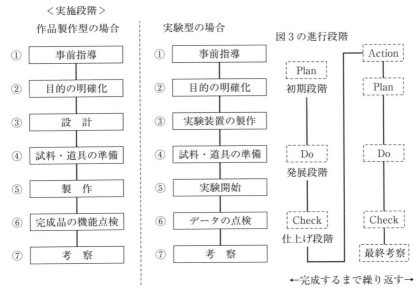

図4 作品製作型及び実験型の実施手順とPlan-Do-Check-Actionの関係

4-3 課題研究

です。

　作品製作型の進行過程は，一般的に図4の実施手順で行われます。作品製作型では，完成した製品が，設計したとおりに機能しない場合には，設計から完成品の機能点検までやり直します。完成後，考察になります。

　それに対して，実験型も，図4に従い進行します。目的のデータや再現性のあるデータがとれない場合は，実験装置の製作からデータ点検までやり直します。完成後，考察になります。

(3) 研究の達成度と年数の間には，3つの型があります
① 1年間で終了するテーマ
② 2年から数年間で行き着くテーマ
③ 半永久的に継続可能なテーマ

①の1年間で終了するテーマと③の半永久的に継続するテーマは，図3の達成度と時間の関係を順次体験することになります。②の場合の3年間で仕上げ段階に達したとしますと，初年度が初期段階，2年度が発展段階，3年度が仕上げ段階に相当します。4年度以降は時間をかけても高校生では限界があり，進歩が期待できにくくなります。生徒の熱意の程度によっては，前年より後退する場合もみられました。

　なお，過去17年間に筆者自身が指導したテーマ数は66，生徒数は153名，年平均9名でした。

(4) テーマ設定とその発展

　ここでは代表的な実践例をあげ，どのように展開してきたかを2つの視点，（ア）テーマの継続と発展，（イ）**創造性教育**を中心にして述べます。また，どのような点で壁に突き当たり，それをどのようにして克服してきたか，その際に**創造性教育**がどのように絡んでくるか考察してみます。なお，授業時間と時期は，週4時間で4月から9月までの半年間，2単位（1993年（平成5年）からは3単位）で実施しました。年間計画は表2のようになります。過去の代表的なテーマを示します。

① 1年で終わるテーマ
　　例　分析系テーマ
② 2年から数年で行き着くテーマ
　　例　草木染
③ 毎年続く可能性のあるテーマ

表2 課題研究の月別進行状況

月	事　　項
1 3	2年生 　テーマの募集 　テーマの決定とグループ分け
4 5 7 9	3年生（正規授業開始） 　開始 　実験 　実験は原則として夏休み中に終了 　下旬　発表（正規授業終了）
11	レポート提出（レポート執筆は授業時間外）

　例　七宝の釉薬の分析と調合，温泉の分析と調合，センサの製作，複合酸化物皮膜の生成

　継続させるためのポイントは，視点を変えて発展させたり，改良の余地の残っていることです。

　注：創造性教育については，田浦武雄の『創造性の教育』[7] を読まれることをお勧めします。デューイ（J. Dewey），ブルーナー（J. S. Bruner），フロム（E. Fromm），ドラッカー（P. F. Drucker）ら20世紀の著名な教育者，思想家の論旨がうまくまとめられています。

(5)　継続・発展のさせ方の例：草木染の場合

　継続・発展させたテーマ例として草木染について述べます。草木染は生徒の申し出によるもので，第5年次から始まったテーマです。

1)　事前準備

　このテーマの申し出を受けたとき，簡単には引き受けませんでした。その理由は染色・繊維系の学科のテーマであることや，筆者自身が染物について無知であったこと，趣味の範囲から「課題研究」という学問的な形で展開させるためにはどのようにしたらよいか考えなくてはならなかったこと，それに伴う測定器が必要であることなどのためです。その結果，測定器として色差計と積分型分光光度計が必要であることがわかりました。積分型分光光度計は学科内で所有しており，色差計は筆者の勤務校の建築科で所有していたので借用することにしました。その見通しが立った後に引き受けることにしました。実施するときの条件としては，

　①　媒染剤，耐光性，堅牢性等を検討すること

② 最後に染めたもので作品を製作すること
を生徒に指示しました。

2) 第5年次から第13年次までの主な経過

事前準備を十分にしてスタートしたテーマですが，それ以後の数年間続きました。その経過を表3に示します。

3) テーマの発展と到達度

5年間を初期段階，発展段階，仕上げ段階に分けて述べます。

〈初期段階〉

第1，2回目が初期段階に相当します。この期間は，身近にある染色材料を探して布地に染色し，媒染剤，耐光性，堅牢性の関係を調べました。

表3　草木染めの経過

生徒の動き	教員の動き
1987年1月第5年次　2名 　（第1回目） 草木染の申し出があった 草木染研究開始 　材料：玉葱の皮，蜜柑の皮， 　　　　柳木の皮 　布　：木綿 第6年次　4名（第2回目） 　材料：緑茶，玉葱の皮，藍， 　　　　梅の搾り汁，紅花 　布　：木綿，ポリエステル， 　　　　羊毛，絹 第7年次　2名（第3回目） 　材料：藍（葉）を80℃で還 　　　　元剤使用 　布　：木綿 第8年次　1名（第4回目） 　材料：藍染発酵建て成功せず 　布　：木綿 第9年次　2名（第5回目） 　材料：藍染発酵建て成功する 　布　：木綿 　　　　型染の作品完成 第13年次　1名（第6回目） 　材料：乾燥紫蘇葉 　布　：木綿，絹，羊毛	◎草木染の技術及び測定方法の勉強 　指導ポイント 　　草木材料による違い 　　媒染剤による染色の違い 　　布による違い 　必要な測定器具を揃える 　　積分型分光光度計，色差計 　測定項目 　　耐光性，堅牢性 　藍の栽培を始める ◎徳島の伝統的染色法で発酵 　建てのノウハウを教わる 　・紫蘇の栽培始める 　・型染めを教わる

1回目は，草木染の本に書いてあることをそのまま再現することから始まりました。2回目は，4名と多いこともあり，生徒は計画をきちんと立てて自主的に進めました。草の材料，布，媒染剤などの組み合わせは数多く行われ，初期段階としては終了近くになりました。

〈発展段階〉

染色の関係者によると，染色は「藍に始まり藍に終わる」といわれているほど，面白さと難しさが同居しています。簡単な玉葱の皮から始めましたが，やはり藍染に行き着くことを予測し，そのために1回目から藍の栽培を始め，材料の確保に乗り出しました。2回目と3回目は温度とpHを管理し[8]，発酵を試みましたがよい色には染まりませんでした。3回目は，還元剤を使用する方法[9]で何とか藍染らしい風味を出すことができましたが，本来の自然発酵ではありませんでした。その意味において3回目と4回目は藍染の初期段階ともいえます。天然の発酵染ができずに悩んでいる折り，徳島に出張した機会に藍染の老舗を訪ねました。今までの方法を話したところ，発酵の課程を改良すればいいことを指摘されました。

〈仕上げ段階〉

5回目（第9年次）はその指示に従い，自然発酵で天然藍の風味を出すことができました。また，藍染の研究，型染めについて造詣の深い佐藤先生[8]に伝授していただきました。それを生徒に教えたところ，生徒は素晴らしい作品を作製しました。生徒の芸術的センスに感激しました。一番難しいといわれていた天然藍，型染と一応の技術をマスターすることができました。それ以後の年度は，前年度までの報告書を読めば工夫する余地が少なくなり，創造性が発揮できにくくなり，課題研究の目的が薄れることになります。このように数年してテーマの達成度が完成に近づいたものは，その後取り上げないことを原則としてきました。

それにもかかわらず第13年次に行ったのは，希望した生徒が1名ということがあり，以前から取り上げてみたいと考えていた紫蘇の葉に取り組むことにしました。乾燥した紫蘇の葉でも生葉のように赤く染まるものと思い込んでいました。赤色を出すために媒染剤や染色条件を検討しましたが，赤色が出ても洗濯すると色落ちし，使用に耐えるものではありませんでした。その間，創意・工夫し何回も試みましたが目的とする赤は出ませんでした。それらは成果としては書けない部分ですが，むしろこの経験が

課題研究にとって必要な部分です。改めて文献を調べると、生葉は赤くなるが、乾燥葉は赤色にならず、緑色になることがわかりました。緑色で染色した物で、堅牢性、耐光性を調べ完成しました。

〈Fさんの感想〉 1995年度 第13年次生

　初めのうちはなかなか染まらず、試行錯誤の繰り返しでした。思っているような色も出ずに染まっているのか、いないのかわからないような布を見ては落胆し、少しでも濃く染めることができたら喜んで、一喜一憂の実験でした。しかし、結果的にはきちんとまとめることができて本当に良かったです。実験を始める前は草木染なんてどこかのカルチャーセンターでやっているじゃん…などとあなどっていました。でも実際にやってみると奥が深く、のめり込んでしまいました。（後略）

(6) イオンセンサの製作の場合

イオンセンサは過去において7回実施してきました。実施年度、テーマ、評価等を表4に示します。

1) アンチモン電極の場合

1986年の「アンチモン電極の電極電位」は、教員側で提案したテーマでした。アンチモン電極は、pHメータのセンサとして使用できるといわれていましたが、その電位式は、学会でも決着しておらず[10),11)]、さらに1957年には「welcome discussion」[12)]で終わっていたので長年にわたり解明したかったテーマでした。1980年頃の課題研究が始まる以前に、選択の時間にこのテーマを取り上げましたが、うまくいきませんでした。そのときの反省から、アンチモンは純度のよいものを手に入れる必要を感じていました。幸い国産で純度99.999％のものを販売していることがわかり、比較のために99.9％のものと両方を購入しました。

電極を作製し、電位-pHの測定を開始しました。その結果、電位-pHの関係結果から純度99.999％の電極反応の平衡式は、熱力学データから調べた下記の反応式と一致しました。

$$Sb + 2H_2O = HSbO_2 + 3H^+ + 3e^-$$

$$E_{(NHE)} = 0.023 - 0.0591\,pH$$

この電位式と、脱酸素溶液中の実験結果の式とは完全に一致しましたが、学会誌に投稿するにはこの結果のほかに別の検証結果を示し、論証しなくてはなりません。この年度の結果は、理論値と一致した値が出ましたが、酸化・還元過程において理解に苦しむ挙動があり、その解析は熱力学、

表4　センサ系の研究と製作

年度	生徒数	テーマ	評価，備考
1986	2	アンチモン電極の電極電位	×理論面で難しすぎ
1988	3	ビスマス電極の電極電位とアンチモン電極によるpHメータの製作	◎
1990	2	アンチモン電極による簡易pHメータの製作	△
1992	2	硫黄イオンの電極電位	△
	2	イリジュウム電極によるpHメータの製作	×教員の事前調査の甘さ
1993	2	簡易溶存酸素センサの製作	◎生徒の能力によるところ大
1994	2	硫黄イオンセンサの製作	◎
1998	2	簡易塩素イオンセンサの製作と食品中の塩化物量の測定	◎

注：評価の欄で◎は課題研究として高いもの，△は中位のもの，×は不成功のものを示す。

速度論を学習していない生徒には無理でした。途中から生徒が受け身の形で進めることになり，課題研究としては，よくないパターンに陥りました。

なお，その後教員側で追跡し，学会誌に投稿し[13]，1957年以来のプールベックス（M. Pourbaix），ピットマン（A. L. Pitman）など[10]～[12]のアンチモン電極電位の論争に決着をつけることができました。課題研究はすばらしい結果が出ることも大切ですが，それよりも大切なことは生徒が創意・工夫して進めることができ，生徒が受け身ではなく能動的に進められることです。

2） 他のセンサの場合

表4に他のセンサの場合についてテーマとその評価を示しました。

このように，センサシリーズで内容を変えて発展・継続させてきました。種々のセンサが考えられ，まだ継続可能なテーマです。

なお，pHメータの製作で注意することは，先に述べたように金属は純度の高いものを使用することであり，また，インピーダンスコンバータに使用するICは，入力インピーダンスが10^{15}Ω以上の抵抗が必要です。

(7) 半永久的に継続可能なテーマ

「温泉の分析と調合」は、生徒の申し出で第7年次生から始まったテーマでした。温泉の泉源が違えば成分も異なるので、温泉の数だけテーマ数がある研究です。前年度までの報告書を読んで利用できる部分は、分析方法については、ある程度同じ方法を踏襲可能です。しかし、温泉源が異なれば成分が異なりますので、温泉の素を再現する場合は、自分たちで創意・工夫をしなければなりません。したがって、半永久的に継続が可能なテーマです。

この研究は次の点を条件としました。
① 温泉水は自分で集めてくること
② 分析をして試薬から再現すること
③ 自分で調合して風呂に入れて入ること

陽イオン分析は原子吸光で分析できるので比較的容易ですが、陰イオン分析は勤務校には当時イオンクロマト器がなかったために、主に排水検査のJIS規格に準拠して分析しました。この規格の操作は非常に複雑で、筆者自身も勉強になりました。分析が終了した後、実験室の試薬から「温泉の素」の調合になりますが、試薬を調合しても、沈澱をしたり、pHが合わなかったりします。濃度計算、沈澱生成の理論などの分析化学理論がわかっていないと苦労することになります。そしてできあがった「温泉の素」を風呂に入れ、元の温泉と同じ感じになると、初めて成就感にひたることができます。分析化学系のテーマとしては、適切なテーマといえます。

〈S君の感想〉 1990年度　第8年次生

半年間、温泉の分析と調合の実験を通して、原子吸光や吸光分析の原理、取り扱いについて深い理解を得ただけでなく、それぞれの温泉の成分を分析することにより温泉に対する関心がわいた。実験の中で一番苦労したのは、水上温泉の調合で何度やってもpHが合わず、結局調製しきれなかったのが残念だった。実際に自分で調製した温泉に入ってみたが、とても良い気分であった。

このような継続型テーマをもっていると、教員一人当たり4～5テーマもつ場合に、他のテーマをみる余裕ができます。

(8) 難しい実験・研究型テーマの与え方とキーポイント
1) 指導のポイント

この種の指導方法のキーポイントを述べます。

① 希望する生徒は挑戦する姿勢の生徒であること。失敗する可能性もあるので，教員側から無理強いしないことで，挑戦する姿勢の生徒でないと受け身になり，教員側の指示待ちになり成功しません。幸いなことに，筆者の学科には毎年1～2の希望グループがありました。

② 方向転換を余儀なくされることがありますが，方向転換の後の見通しを立てておくことが大切です。その場合，教員側で改めて実験し，見通しを立てることが必要になります。これまでの経験では，方向転換をする最終的な時期は1学期の中間試験の頃になりました。見通しを立てるために，中間試験の間に必死に実験を行うことがありました。その結果から教員は素知らぬ顔でヒントを与え，生徒に自信をもたせることです。このようなとき，教員は黒子に徹する心構えが必要です。その実例を下記の「2)難しいテーマの例」で述べます。

③ 課題研究の指導上で注意すべき点は，さまざまな問題点が出てきますが，その問題が生徒の努力で越えられるか否かを見極め，越えられる問題については，越えさせて自信をつけさせることです。その過程を経て，自信がつき，創造性が育まれるものと考えています。

④ 実験が定量化まで到達し，その結果から法則や知見が得られれば大成功ですが，到達しない場合もあります。その場合にどのようにまとめるかは難しい問題で，教員の力量に負うところとなります。

一般的に教員の力量と生徒の学力の関係について述べますと，プログラミング，インターネットなどの情報処理は，夢中になる生徒は教員より速い速度で習得していきます。実験・研究的な内容だと，専門に対する総合的な知識・判断力や経験が求められます。これが教員の指導力であり，生徒との違いでしょう。課題研究は，苦労することが多いが得られることも多い分，楽しみも多いといえます。

2) 難しいテーマの例—その1—$Bi_8Pb_5O_{17}$電析の場合

例として $Bi_8Pb_5O_{17}$ の場合について述べます。このテーマは絶縁材料 $BaPbO_3$ 被膜の電析を目標に始めました。しかし，できる可能性がないことがわかり，途中で Bi 系に変更しました。この研究の段階別進行状況と Plan-Do-Check-Action の関係を述べます。

〈準備段階〉 Plan
2月～3月 Bi 系の調査と予備実験を教員側で行う。

〈初期段階〉　Plan，Do
4月～5月　Planを立てる。
　　　　　　実験開始
　　　　　　電気化学的実験手法の習得
　　　　　　X線回折習得
　　　　　　SEMの習得など，

　この種の研究は，生徒が今まで学習したことのない電気化学的手法のほかに，新たな分析機器を使用します。それらを習得するのに2，3回はかかり，さらに研究条件や進め方をマスターするのに2カ月近くかかりました。したがって初めのうちは手取り足取りで教えなくてはなりません。Ba系で5月頃まで行いましたが，$BaPbO_3$は成功する見込みがないことがわかってきました。その場合，指導が難しいのは，やる気のある生徒ほど成功させようと夢中になってしまうことであり，方向転換がむずかしくなることです。2人一組で行っていたので，1人の生徒にBi系に転向することを勧めました。6月頃になると細かなことを教えなくても，生徒は自主的に創意・工夫し，進められるようになります。Bi系に変えてから，1人の生徒は毎日放課後，条件探しの実験を繰り返していましたが，それにはBa系のときの経験が十分生きており，慎重に進めていきました。糸口がつかめれば，被膜のできるおおよその条件を探り出せます。そして被膜の電析条件が判明しました。

　課題研究の指導では難しいことに挑戦させることが大切です。この場合，Bi系は2月の教員側の予備実験で容易にできることがわかっていました。容易にできるのでは，創造性を育むことや課題研究の真の楽しさ（楽しさは苦労してはじめてわかるもの）がわからない可能性があり，先に難しいことに挑戦させることが大切と考えていました。

〈発展段階〉　Do
6月～7月　実験条件の確立：生徒自身で進められるようになる。
　　　　　　定量化の実験：法則や被膜の生成機構の解明。

　期末試験が終わり夏休みに入る頃に研究は佳境に入り，その後は一気に定量化に進んでいきました。夏休み中は，午後2時頃から始め遅いときは夜8時頃まで実験をしていました。夏の暑い折，体力的にも疲労が出，エリッヒ・フロムのいう「集中力」[7]が要求されます。

〈仕上げの段階〉 Check, Action

8月に入り実験結果を検討し，不備なデータの実験や測定ミスと思われる値を再実験しました。さらに，通過電気量と被膜成分の関係を追究することにより，新しい知見が得られる見込みがあり追究しました。それらの結果から，被膜の生成機構が判明しました。

そしてその成果は，1996年3月の表面技術協会の年会において生徒と連名で発表することができました[14]。その後もこの種のテーマは化合物を変えて継続していました。

〈K君の感想〉 その1 1995年度 第13年次生

初めのうちは要領が悪く，進行が遅かった。でも，毎日同じ様なことの繰り返しだったから日が経つにつれて，てきぱきとやれるようになった。鉛とビスマスの複合酸化物を作ったとき，白金板上に黒いものが着いていたけれど，この中に鉛とビスマスが混じっているなんてとても思えなかった。X線回折で調べたり，原子吸光で調べ，本当に鉛とビスマスが入っていることがわかったときはすごいなと思った。実験して行くにつれて，ここをこういうふうに変えるとこういった結果が得られる，などと予測し実験をしてみて予測が間違っていると，何故そうなったのだろうと考えて結論を出したりして実験をしていくのがとても楽しみだった。

〈S君の感想〉 その2 1996年度 第14年次生

この課題研究を通して，未知なるものへの探究心，チャレンジ精神を再確認させられたような気がする。中学生活3年間を夏休みの自由研究に費やしていた。研究テーマは「雨後のミミズ大量死の謎を探る」で，…（中略）…高校進学を決める際，自分のスタイルに合っていて，さらに磨きをかけられるような学校はないかと進路関係の本を読みあさった。…（中略）…気になったのが「課題研究」であり，これをやりたいためにこの学校に入学したと言っても過言ではない。…（中略）…今回の研究は非常に楽しかった。特に結論が出たときは，今までの疲れが一気に吹き飛んだ。やはり自分にはこのスタイルが合っていると再確認ができた。これも「課題研究」というシステムがあったからだと思う。

(9) 難しいテーマ—その2—特許申請した例：酸化物超電導体の製作

「酸化物超電導体（$Pb_{0.5}Tl_{0.5}Ca_2SrCu_3O_x$）」は，化学式から見ても金属元素を5種類含む複雑な酸化物です。この酸化物は水銀系に次いで，2番目に高温で超電導現象を示す酸化物です。一度は挑戦したいテーマでした。PbとTlは，陽極酸化法で水溶液中から電析することは，今までの結果からわかっていました。Cuは，高温では拡散速度（移動速度）が速い

金属として知っていたので，原料としてイオンの形ではなく，銅板の使用でよいと考えていました。

ところが Ca, Sr をどのようにして入れるかが問題でした。この方法がわからず，数年が経っていました。表面技術協会の学会に参加したとき，「分散メッキ法」という方法で，フッ素樹脂を被膜に分散させ，防食板の作製に成功したことを知りました。この方法で Ca, Sr を入れることにして課題研究で挑戦してみることにしました。難しい問題を含んでいるので，3年間をかけることにしました。

このテーマは，教員側が提案した代表的なものです。これを選択する生徒には，成功するとは限らないこと，今までの製造方法とは異なること，3年間で完成を目指すことなどを伝え，生徒が受け身にならないことを注意しながら進めました。

初年度は，電着被膜の中に Pb, Tl, Ca, Sr の4種類の金属を銅板の上に付着させることを目標にしました。2年目は，電析物を高温加熱し，目的の超電導体を作製することでした。温度条件，加熱時間等の条件探しに時間がかかるであろうと予測していました。3年目は，前年に引き続き再現性のある加熱条件を探すことでした。初年度の生徒は，Ca, Sr をどのようにしたら銅板に厚く付着させるかということに創意・工夫をし，成功しました。3年目は，加熱温度・時間・冷却速度の条件探しでした。そのために生徒は，放課後に加熱速度・加熱保持時間・冷却速度をプログラムし，翌日の始業時間前に電源を入れスタート。放課後生成した被膜を取り出し，X線回折結果で調べ，翌日の加熱条件をプログラムするという操作を繰り返しました。そのような繰り返しの中で，再現性のある条件を探し出しました。この温度条件については，生徒がすべて試行錯誤で出したものでした。

難しいテーマの場合，それぞれの年度で目標を設定してあげれば，生徒は必死で取り組み，成功させることがわかりました。

この結果は，特許庁に出願し受理されました[15]。また，連名で表面技術協会の大会で発表をしました[16]。この発表を知った超電導学会では，『超電導コミュニケーションズ』に大々的に取り上げられました[17]。

4-3-9　おわりにかえて

紹介したのは17年間に実施したテーマであり，指導力不足で目的まで

辿り着かなかったテーマもありました。この17年間を通して得た課題研究を成功させるための条件3点をあげます。

> 1 生徒が興味・関心をもつテーマの設定
> 2 生徒と教員が試行錯誤しながら一緒に取り組む
> 3 発表会を設定し，ある種の緊張感を与えておくこと

この中の「生徒と教員が試行錯誤しながら一緒に取り組む」は，具体的には次のようなことです。

第1に教員自身が課題研究を楽しむ姿勢が必要なこと。

第2に生徒自身がテーマの有意義性を認め楽しむこと。

第3にそのテーマを行うことにより，教員自身の教育活動の幅を広げること。

教員自身が面白いと思いながら取り組んでいれば，生徒にも伝わるものであり，その逆の姿勢もまたしかりでしょう。

また，「発表会を設定し，ある種の緊張感を与えておくこと」では，発表会に保護者，2年生を参観させ，講評者として地域企業の社長にお願いするなどの工夫をする必要もありましょう。

生徒にとり，課題研究は，難しさと苦心するところがありますが，それを経験した者ほど，後の人生に豊かな経験となっているようです。

課題研究が，工業高校の活性化に役立ってほしいと願っています。

❖ 参考文献 ❖

1) 文部科学省，高等学校学習指導要領解説「工業編」，2018年
2) 長谷川雅康（代表），工業教科（工業技術基礎・実習・課題研究・製図）内容に関する調査報告 2015，科学研究費補助金・基礎研究（C）「高校工業科における実習教育の内容等の歴史的分析と教員養成に関する実証的調査研究」（平成27～29年度，課題番号15K00965）中間報告書，2017年2月
3) 経済産業省ウェブサイト，社会人基礎力，2017年度
4) 文部省編，課題研究の指導—高等学校職業教科指導資料，一橋出版，1992年
5) 実教出版編修部編，「課題研究」の理論と実践—工業，実教出版，1993年
6) 東京工業大学工学部附属工業高校編，工業科「課題研究」指導の手引，実教出版，1988年
7) 田浦武雄，創造性の教育，福村出版，p.178，1970年
8) 佐藤弘幸，昭和58年度科学研究奨励研究報告書，1984年
9) 浅田宏子，鳥本昇，高岡昭，化学と教育，Vol.39，p.74，1991年

10) F. Hovorka, G. H. Chapman, J. Am. Chem. Soc., Vol. 63, p. 955, 1941 年
11) P. Delahay, M. Pourbaix, N. D. Rysselberghe, J. Electrochem. Soc., Vol. 98, p. 57, 1951 年
12) A. L. Pitman, M. Pourbaix, N. D. Zoubov, J. Electrochem. Soc., Vol. 104, p. 594, 1957 年
13) 中村豊久，日本化学会誌，No. 12，pp. 1972〜1977，1989 年
14) 中村豊久，小杉章，藤沢哲，表面技術協会第 93 回講演大会要旨集，pp. 186〜187，1996 年
15) 中村豊久，特願平 10-378407，発明の名称「分散めっき法と陽極酸化を併用した酸化物超伝導体の製造方法」，特許庁，1999 年 2 月 16 日
16) 中村豊久，河合正昭，河喜多祥義，佐藤晃，表面技術協会第 101 回講演大会要旨集，pp. 285〜286，2000 年
17) 中村豊久，電気分解を用いた超電導体の製作—水溶液から—，超電導コミュニケーションズ，Vol. 9, No. 5, 通巻，47 号，2000 年 10 月 25 日

第5章　工業の各分野における基礎科目

- 各分野における基礎科目とは？
- 他校はどのような実習をしているのかな？
- 継続していかなくてはならない実習は？

5-1　工業の各分野の基礎科目[1)]

　工業科に大切な科目は，第4章で記した「工業技術基礎」，「課題研究」は「原則履修科目」ですが，その次に大切な「工業の各分野における共通科目」は，「実習」「製図」「工業情報数理」「工業材料技術」「工業技術英語」「工業管理技術」「工業環境技術」の7科目です。このうち「実習」「製図」「工業情報数理」の3科目は，各学科における共通的内容で，かつ基礎的・基本的な内容で構成された科目です。また，「工業材料技術」「工業技術英語」「工業管理技術」「工業環境技術」の4科目は，各学科の特色や生徒の進路希望により選択して履修する基礎科目です。

　ここでは，基礎的科目として大切な「実習」「製図」について調査した長谷川ら[2)]の報告を紹介します。

5-2　実習

〈主な学科の実習内容〉

　この50年あまり，高等学校学習指導要領の改訂に伴い，科目は，新設，統合，分離，削除され，科目名も変更されてきました。それに対して，実習の内容は，高等学校学習指導要領の改訂よりむしろ技術の進歩からの影響を受けてきました。工業科の内容は，科目名よりむしろ実習のテーマ名

を見ればわかりやすいので，この章では比較的多くの学校で実施しているテーマ名，実施校数を項目別に整理したものを示しました。

この調査は，長谷川ら[2]が「工業技術基礎」「実習」「製図」「課題研究」などで行われている内容について，5回にわたり（第1回：1976年，第2回：1987年，第3回：1997年，第4回：2005年，第5回：2015年）調査してきました。ここでは，第5回目の調査を中心に学科ごとに紹介します。なお，詳細は長谷川らの文献を参照してください。

長谷川らの調査結果の報告を，下記の順で記します。

(1) 学科ごと，高校3年間の実習単位の合計数分布

(2) 実習の項目別実施テーマ

なお，以下の表において示すテーマは，長谷川らの報告で原則として60％以上の学校が実施している実習，実験のテーマを取り上げました。なお，実施テーマ数が校数より多い場合がありますが，2学年以上にわたり実施している場合には重複して数えているためです。

(3) 実習内容のコメント

長谷川らによる調査は5回行われてきましたが，第5回目の調査（2015年）を中心に第4回目と比較して今後の予測を含めてまとめた報告です。

5-2-1　機械科

(1) 3年間の実習単位の合計数分布

表1　機械科3年間の実習単位の合計数とその分布　調査校数66校

単位数	5	6	7	8	9	10	11	15	平均単位数
実施校数	3	22	7	16	15	1	1	1	7.5

3年間の平均単位数は，7.5で年度とともに漸減している。

(2) 実習の項目別実施テーマ

表2　機械科の主な実習項目と実施校数　調査校数66校

① 鋳造		テーマ総数　12	
テーマ名	校数	テーマ名	校数
基本解説	36	鋳込み	37
砂型の製作	39	融解（るつぼ炉，キュポラ）	27
砂落とし，鋳ばり，湯口除去	28		
製品	Vブロック，ハンドル，表札，小型万力，円筒鋳型，歯車ポンプ，トースン台，エルボ		

表2（続き）

② 手仕上げ		テーマ総数　8	
けがき作業	62	ねじ立て作業	57
やすり仕上げ	58	組立，調整	43
弓鋸による切断	32		

③ 切削加工(1)旋盤実習		テーマ総数　8	
旋盤作業の解説	112	旋盤・チャック作業	118
旋盤・センター作業	100	ねじ切り	36
製品	\multicolumn{3}{l	}{引張試験片，丸棒段付け，文鎮，ねじ，豆ジャッキ，歯車，ハンドル，限界ゲージ，一輪挿し，万力，印鑑入れ，風鈴，トースカン，ダンベル}

④ 切削加工(2)（平面加工，特殊機械加工等）実習		テーマ総数　11	
横フライス盤作業	39	ボール盤作業	66
立フライス盤作業	74	NC旋盤，NCボール盤，NCフライス盤など	41
歯切盤作業	31		
製品	\multicolumn{3}{l	}{万力，歯車，衝撃試験片，Vブロック，文鎮，歯車ポンプ，引張試験片，サイコロ，文字プレート，豆ジャッキ，六面体，ねじれ溝加工，ダンベル，ペーパーウエイト，トースカン，ペン立て，ブロックゲージ，こま，軸受け台，ブックエンド}

⑤ 塑性加工実習	テーマ総数　3
	鍛造，板金加工など

⑥ 溶接実習		テーマ総数　8	
ガス溶接	77	ガス切断	33
アーク溶接	82		
製品	\multicolumn{3}{l	}{溶接部の曲げ試験片，突き合わせ溶接，筆立て，ブックエンド，バーベキューコンロ，三角錐，花台，ちりとり，小物入れ}

⑦ 精密加工実習	テーマ総数　6
	放電，ワイヤ放電加工など

⑧ 総合実習	実施校　20校

⑨ その他		テーマ総数　12	
CAD実習	56	マシニングセンタ実習	53
NC旋盤	26		

(3) 実習内容のコメント

① 鋳造：1学年が多く，砂型による鋳造で材料はアルミニウムが多い。
② 手仕上げ：1976年以来，実施割合が最も多い，1学年での実施が圧倒的である。

5-2　実習

③ 切削加工（旋盤）：手仕上げと同様，実施割合が増加している分野。機械実習の根幹に据えていると考えられる。
④ 切削加工（平面加工，特殊機械など）：旋盤は全学年を通して実施されているのに対して，フライス盤は２学年が60％以上の実施率である。
⑤ 塑性加工：鋳造，板金加工ともに過去最低の実施割合であり，生産現場における重要性と乖離している分野の一つである。
⑥ 溶接：多くの学校でガス溶接とアーク溶接が行われ，これまでの調査で変化の少ない分野である。
⑦ 精密加工：放電加工が辛うじて残る程度で，分野として存続が難しい。

(4) 実験の項目別実施テーマ

表3 機械科の主な実験項目と実施校数　調査校数66校

① 材料実験		テーマ総数　16	
テーマ名	校数	テーマ名	校数
引張試験	61	衝撃試験	37
硬さ試験	52	金属組織試験	25
② 工業計測実験		テーマ総数　23	
ダイヤルゲージの性能試験	10	外側マイクロメータの性能試験	11
③ 熱機関実験		テーマ総数　12	
ガソリンエンジンの分解・組立	43		
④ 流体実験		テーマ総数　21	
三角堰による流量測定	20	ベンチュリ計 渦巻ポンプ	11 8
⑤ 電気実験		テーマ総数　23	
オームの法則	11	電流計・電圧計の取り扱い	12
⑥ 自動制御実験		テーマ総数　9	
電気シーケンス制御	29	シーケンスシミュレータ実験	9
⑦ 生産管理		テーマ総数　5	
安全管理	4	工場整備	3
⑧ 電子計算機		テーマ総数　8	
C言語	10	コンピュータ	13

表3（続き）

⑨ その他		テーマ総数 15	
リレーシーケンス	17	マイコン制御	12

(5) コメント

① 材料実験：引張試験，衝撃試験，硬さ試験が2年生を中心に多く行われ，2005年（第4回）調査と大きな変化は見当たらなかった。

② 工業計測実験：マイクロメータやダイヤルゲージによる計測が多く実施されている。けれども，それぞれ学年で10％未満の実施率であり，各校で多様な計測実習が実施されていると推測できる。

③ 熱機関実験：前回の調査に比較して減少している分野である。3学年を中心にガソリンエンジンの性能試験が40％，ガソリンエンジンの組立が56％の実施率で極めて高い。けれども，全体的に減少している実験分野である。

④ 流体実験：減少している分野である。三角堰やベンチュリ計による流量測定が行われているけれども，前回調査の3分の2に減少している。

⑤ 電気実験：多様な実験が実施されているが，前回に引き続き減少が止まらない。

⑥ 自動制御実験，⑦ 生産管理，⑧ 電子計算機
　　減少が続き適正に分析ができないままで実施率が下がっている。

5-2-2　電気科

(1) 3年間の実習単位の合計数分布

表4　電気科3年間の実習単位の合計数とその分布　調査校数 62校

単位数	4	5	6	7	8	9	10	11	13	平均単位数
実施校数	1	0	24	9	18	8	0	1	1	7.3

1976年の第1回調査では，平均単位数は11.2単位であったが，2015年は7.2単位に減少していた。

(2) 実習の項目別実施テーマ

表5　電気科の主な実習項目と実施校数　調査校数 62 校

①-1　直流回路の電圧・電流・電力		テーマ総数　9	
テーマ名	校数	テーマ名	校数
オームの法則の実験	53	キルヒホッフの法則の実験 抵抗による電圧降下	46 23
①-2　電気抵抗		テーマ総数　18	
抵抗の直並列回路実験 ホイートストンブリッジによる抵抗測定	39 52	分流器, 倍率器	46
①-3　電気の各種作用		テーマ総数　6	
直流電位差計による電池の起電力の測定	11		
②　磁気と静電気		テーマ総数　14	
磁束計による B-H 曲線測定	13	コンデンサの充放電特性	12
③　交流回路		テーマ総数　16	
直並列共振回路 交流の基本回路の実験 三相交流回路の電力・力率測定	43 25 25	単相交流回路の電力・力率測定	46
④　電気・電子計測		テーマ総数　14	
電圧計・電流計の取り扱い シンクロスコープの取り扱い	34 45	シンクロスコープによる周波数位相差測定	29
⑤-1　電子管と半導体		テーマ総数　12	
ダイオードの特性	46	トランジスタの静特性	54
⑤-2　電子回路		テーマ総数　23	
トランジスタ増幅作用	40	整流回路の特性	26
⑥-1　直流機		テーマ総数　13	
直流分巻電動機の始動及び速度制御 直流分巻電動機の負荷特性	55 35	直流分巻電動機の無負荷特性 直流分巻電動機の負荷特性	43 33
⑥-2　変圧器		テーマ総数　8	
単相変圧器の特性試験 単相変圧器の始動及び速度制御	55 43	単相変圧器の変圧比・極性試験	43
⑥-3　誘導機		テーマ総数　8	

表5（続き）

三相誘導電動機の起動と無負荷特性	42	三相誘導電動機の特性（円線図）	28
⑥-4　同期機		テーマ総数　5	
三相同期機の特性	35	三相同期機の始動特性	27
⑦-1　発電・送電・配電		テーマ総数　10	
模擬送電線の実験	27	誘導形過電流継電器の限時特性	18
⑦-2　その他の電力技術		テーマ総数　14	
高圧実験	39	球・火花ギャップによる絶縁破壊	27
⑧　通信技術		テーマ総数　8	
光通信	10		
⑨-1　自動制御		テーマ総数　13	
シーケンス制御	48	リレー・シーケンスの実験	44
⑨-2　コンピュータによる制御		テーマ総数　13	
マイコンによる制御	26	プログラマブルーシーケンサ(pc)による制御	39
⑩-1　ハードウェア技術		テーマ総数　16	
理論回路実習	49	マルチバイブレータ	25
⑩-2　ソフトウェア技術		テーマ総数　16	
C言語 表計算 CAD	39 51 25	ワープロ プレゼンソフト	35 46
⑪-1　機械加工		テーマ総数　7	
金属加工	14	旋盤・ボール盤	14
⑪-2　電気・電子工作		テーマ総数　45	
電気工事 テスタの製作	94 35	はんだごての扱い 金属管工事	28 25
⑫　その他		テーマ総数　5	
オリエンテーション 発電所・変電所・工場見学	47 78	安全教育	26

(3)　実習内容のコメント

○減少傾向にある分野：①-2 電気抵抗，①-3 電気の各種作用，②磁気と静電気，④電気・電子計測，⑤-1 電子管と半導体，⑤-2 電子回路，

⑦-2 その他の電力技術，⑩-1 ハードウェア技術，が減少傾向にある。
○増加傾向にある分野：⑨-2 コンピュータによる制御，⑩-2 ソフトウェア技術，⑪-2 電気・電子工作，⑫その他が増加傾向にある。また，ワープロ・表計算・プレゼンソフトの利用も増えている。その他の分野で，工場見学，現場実習が増加している。
○あまり変化がない分野：①-1 直流回路の電圧・電流・電力，③交流回路，⑥-1 直流機，⑥-2 変圧器，⑥-3 誘導機，⑥-4 同期機，⑦-1 発電・送電・配電，⑦-2 その他の電力技術。調査対象校すべてが電気主任者の認定校であったことを考えると認定基準の関係でこれらの分野が大きく変化していないためと思われる。

5-2-3　建築科
(1)　3年間の実習単位の合計数分布

表6　建築科3年間の実習単位の合計数とその分布　調査校数 42 校

単位数	2	3	4	5	6	7	8	9	10	11	平均単位数
実施校数	2	2	6	5	18	3	3	1	1	1	5.8

(2)　実習の項目別実施テーマ

表7　建築科の主な実習項目と実施校数　調査校数 40 校

①　測量実習		テーマ総数　7	
テーマ名	校数	テーマ名	校数
水準測量	38	距離測量	25
トランシット測量	33	平板測量	25
②　材料実習		テーマ総数　25	
木材圧縮試験	16	コンクリート圧縮試験	31
骨材ふるいわけ試験	15	コンクリート調合設計	26
セメント強さ試験	12	コンクリートスラブ試験	26
鉄筋引張試験	30		
③　構造実験		テーマ総数　41	
日陰曲線と隣棟間隔の測定	14	騒音測定	24
昼光率の測定	24	照度の測定	14
④　計画実習		テーマ総数　28	
パース着色	20		

表7（続き）

⑤　設備実習		テーマ総数　9	
給排水設備関係	7	空気調和設備関係	9
⑥　施工実習		テーマ総数　33	
木工機械	16	工具の手入れ	31
なわ張り，水盛りのやり方	20	墨付け	36
木工実習	13	木造加工（継手，仕口）	40
積算	17	鉄筋コンクリート加工・組立	11
見学（木造，鉄骨造，現場）	27		
⑦　CAD・CAM・PC関係		テーマ総数　15	
CAD	37	表計算	18
CAD 木造平屋住宅	17	ワープロ	17
CAD 木造2階住宅	18	CAD	39
⑧　その他		テーマ総数　16	
自由課題	25	卒業設計	16

(3)　実習内容のコメント

① 測量実習：測量実習に関するテーマ数は第4回に比べ若干減少傾向にある。

② 材料実習：第3回(1997年)調査を境として，大きく減少してきた。今回の調査結果は，数及び種類とも増加傾向にある。5割を超えている実習は，「スラブ試験」「調合設計」「圧縮試験」「鉄筋の引張試験」の4つのみである。鉄筋コンクリートの建物が増加していることの影響であろう。

③ 構造実験：「構造実験」に関する実験・実習は第5回の調査においても比較的少なかったが，今回はさらに減少している。

④ 計画実習：第4回の調査より相対的に大きく増加している。多く扱われているのは「騒音測定」であり6割が実施している。「パース着色」「透視図の作成」が増加している。

⑤ 設備実習：若干増加しているが，8つの実習分野では，最も少ない。

⑥ 施工実習：第4回調査時にも増加傾向であったが，木造実習の増加が顕著である。「工具の手入れ」「墨付け」「加工（継手，仕口）」の実施状況は6～7割である。

⑦ その他に関する実験・実習の実施状況:コンピュータを用いた文書入力や表計算,「3DCAD」を含めたCADソフトの利用が増加している。

5-2-4 土木科

(1) 3年間の実習単位の合計数分布

表8 土木科3年間の実習単位の合計数とその分布　調査校数36校

単位数	2	3	4	5	6	7	8	9	10	平均単位数
実施校数	1	2	4	2	14	3	5	3	2	6.3

(2) 実習の項目別実施テーマ

表9 土木科の主な実習項目と実施校数　調査校数34校

① 測量実習		テーマ総数　21	
テーマ名	校数	テーマ名	校数
平板測量	28	距離測量	25
トラバース測量	45	路線測量	19
トランシット測量	33	曲線設置	22
水準測量	52	体積・面積測量	17
トータルステーション測量	31	測量士補講習	20

② 材料実験			テーマ総数　32	
セメント	比重試験	12		
骨材	篩い分け試験	29	骨材	粗骨材の比重・吸水率試験	22
骨材	細骨材の比重・吸水率試験	23	骨材	単位容積重量試験	13
コンクリート	スランプ試験	30	コンクリート	配合の設計	28
コンクリート	圧縮強度試験	34	コンクリート	未だ固まらないコンクリートの空気量測定	15
鉄筋	鉄筋の引張試験	12		

③ 構造実験		テーマ総数　15	

④ 土質実験		テーマ総数　18	
土粒子の比重試験	21	土の塑性限界試験	22
土の含水量試験	23	突き固めによる土の締め堅め試験	18
土の粘性限界試験	22		

⑤ 水理実験		テーマ総数　15	

⑥ 施工実習		テーマ総数　12	
現場見学	21	木工, やり形設置	15

表9（続き）

⑦ 情報処理		テーマ総数　12	
CAD	31	ワープロ，表計算	29
プレゼンソフト	22	プレゼンテーション	22
⑧ その他		テーマ総数　8	
土木施工技術者試験対策	20		

(3) 実習内容のコメント

① 測量実習：増加傾向にある。これは測量技術を確かめるために，反復練習が必要とされているためと考えられる。著しく増加しているのが，「トータルステーション測量」である。これは，職場において増加しているためである。少ないながら「GPS測量」や「電子平板」を使用している学校が現れてきた。

② 材料実験：材料実験は，1，2学年の扱いが減少し，3学年の扱いが増え実施学年の移行がみられる。「セメント」「骨材」「鉄筋」という単体の実験が減少傾向にあり，逆に「コンクリート」の「スラブ試験」「圧縮強度試験」等の試験が増える傾向にある。

③ 構造実験：比較的取り扱いの少ない分野である。前回の調査より増えている。

④ 土質実験：土質実験は，5回の調査を通して大きく減少傾向にある。上記表にあるテーマは，代表的なテーマである。

⑤ 水理実験：「直角三角堰の検定実験」以外は大きく減少した。

⑥ 施工実習：施工実習は，増加傾向にある。上記表の2つのテーマのほかに「土木施工技術者試験対策」に集中している。

⑦ 情報処理：第4回の調査を境に増加し，今回の調査でも大きく増えている。「CAD」「ワープロ，表計算」「プレゼンテーション」は約6割の学校で行っている。

5-2-5 工業化学科
(1) 3年間の実習単位の合計数分布

表10 工業化学科3年間の実習単位の合計数とその分布　調査校数 38 校

単位数	9	10	11	12	13	14	15	16	21	平均単位数
実施校数	2	5	5	8	6	6	4	1	1	12.6

(2) 実習の項目別実施テーマ

表11 工業化学科の主な実習項目と実施校数　調査校数 38 校

① 基礎実験		テーマ総数　8	
テーマ名	校数	テーマ名	校数
ガラス細工	13	試薬調整方法	20
② 定性分析		テーマ総数　10	
第1属陽イオン定性分析	19	第4属陽イオン定性分析	13
第2属陽イオン定性分析	19	第1〜第6属混合未知定性分析	10
第3属陽イオン定性分析	13		
③ 定量分析		テーマ総数　29	
炭酸ソーダ標準溶液の調整	14	食酢及び氷酢酸中の酢酸の定量	25
$KMnO_4$ 溶液の調整と濃度	22	キレート滴定	19
④ 製造化学		テーマ総数　26	
酢酸エチルの合成	19	スルファニル酸の合成	17
ニトロベンゼンの合成	20	オレンジIIの合成	24
アニリンの合成	24		
⑤ 物理化学実験		テーマ総数　36	
密度測定	15	溶液の pH 測定	12
粘度測定	18		
⑥ 機器分析実験		テーマ総数　16	
吸光光度測定による分析	34	赤外吸収スペクトル	16
ガスクロマトグラフィー	33	原子吸光分析	25
⑦ 化学工学		テーマ総数　24	
精留	13	熱伝導，熱交換	13
プラント実習	14	流量，流量測定	17
⑧ 工業分析　他		テーマ総数　54	
水の硬度測定	16	COD 測定	16

(3) 実習内容のコメント

○基礎実験の実施割合が大幅に減少している。これは，工業技術基礎で実施しているためだと思われる。全体的に実習テーマが減少傾向にあるが，その中で①基礎実験，②定性分析，③定量分析に集中している。

○全体的に実習テーマが減少傾向にある中で，「③定量分析」，「④製造化学」のいくつかのテーマは増加している。「⑥機器分析実験」は，前回の調査時より，分析装置の整備が進んでいることがうかがわれた。

○工業化学と関連性のない情報処理系，アーク溶接，エンジンの分解と組立て等のテーマがいくつかみられ，設備の関係の問題，化学を専門としない教員の配置などの問題がうかがわれた。

5-2-6 情報技術科

(1) 3年間の実習単位の合計数分布

表12 情報技術科3年間の実習単位の合計数とその分布 調査校数 27 校

単位数	6	7	8	9	10	11	12	13	14	平均単位数
実施校数	16	1	6	1	1	0	1	0	1	7.3

(2) 実習の項目別実施テーマ

表13 情報技術科の主な実習項目と実施校数 調査校数 27 校

① 直流回路		テーマ総数 8	
テーマ名	校数	テーマ名	校数
オームの法則	20	抵抗の合成	12
キルヒホッフの法則	13		
② 磁気と静電気		テーマ総数 1	
コンデンサの実験	14		
③ 交流回路		テーマ総数 7	
交流回路基礎実験	6		
④ 電気・電子計測		テーマ総数 8	
シンクロスコープ	21		
⑤-1 半導体と電子管		テーマ総数 14	
トランジスタの静特性	20		

表 13（続き）

⑤-2　電子回路		テーマ総数　9	
オペアンプ回路	12		
⑨　自動制御		テーマ総数　15	
リレーによる制御 PIC による制御	11 13	C 言語によるコンピュータによる 制御	15
⑩-1　コンピュータの電子回路とハードウェア		テーマ総数　16	
PIC の基礎	11		
⑩-2　コンピュータ・ソフトウェア		テーマ総数　35	
Visual BASIC 表計算 ワープロ データベース	15 23 33 11	C 言語 マルチメディア CAD 画像処理	33 10 16 15
⑪　製作実習		テーマ総数　14	
はんだ付け	5		

ただし，⑥ 電気機器，⑦ 電力技術，⑧ 通信技術は実施校が少数のため省略。

(3) 実習内容のコメント

① 直流回路：前回 13 テーマであったが，今回 9 テーマに減少している。

② 磁気と静電気：4 校が「コンデンサの実験」のみになっている。

③ 交流回路：これまでとほとんど変化なし。交流回路の実習は，半数以上の学校が 2 学年で行っている。

④ 電気・電子計測：第 2 回以降減少傾向であったが，今回微少ながら増加に転じた。

⑤-1　この分野では，前回 8 テーマであったが，14 テーマに増加した。

⑤-2　実施テーマは前回と同じであった。

⑥ 電気機器，⑦ 電力技術，⑧ 通信技術：⑥，⑦の両分野とも 1 校も実施していなかった。また，⑧の分野は 2 テーマのみであった。

⑨ 自動制御：この分野は，第 3 回以降テーマ数は増えており今回 15 テーマになった。

⑩-1　この分野は，増加傾向にあったが，今回 16 テーマになった。

⑩-2　これまでの調査でも増加傾向にあったが，さらに増加し 35 テー

マになった。上記の表以外に「Andriod アプリ開発」「Web デザイン」などの新規テーマが 11 あった。

⑪ テーマ数は減少し，14 テーマになった。他の分野に比べ実施校数が多いのは，「はんだ付け」「電気工事」「パソコン組立とネットワーク構築」であった。

5-3 製図

モノを製作する場合は，言葉ではなく図面により示されるので，「製図」もまた工業の重要な共通基礎科目です。特に中学校での「技術・家庭」の時間が縮減されてきている状況を考えるとき，ものづくりの基本である「製図」は，1 年生の早い段階から入れることがのぞまれます。

工業高校での概略を記すと，実施単位数は，学科により大きく異なります。建築科が 7 単位と最も多く，機械科が 6 単位，電気科が 4 単位で，工業化学科，情報技術科は課していない学科があります。

なお，3 年間の製図合計の学校数分布は機械科，建築科，土木科のみ示します。

5-3-1 機械科 3 年間の製図単位の合計数分布

表 14　機械科 3 年間の製図単位の合計数とその分布　調査校数 66 校

単位数	0	2	4	5	6	7	8	9	平均単位数
実施校数	3	1	5	7	27	13	9	1	6.1

(1) 製図内容のコメント

6 単位が最も多く，次いで 7 単位と続く。製図が必修でない学校が 3 校あることは理解に苦しむ。学年別指導内容は示していないが，前回同様おおむね妥当な内容である。CAD については学年を跨がる形で実施している学校がかなりみられる。項目別の指導時間は学校により幅が広い機械科の専門教育には，実習と同様重要な科目であるので，今後も製図教育を堅持することが望まれる。

5-3-2 電気科の製図実施状況

ほとんどの学校が 2 単位以上，2 学年以上で実施している。指導内容は，製図の基礎知識，「ねじ」「ボルト・ナット」などの機械要素，電気用図記号は半数以上の学校で指導している。電気製図の応用的な分野では「電気

器具」「屋内配線」「自家用変電設備」を行っている学校が多い。CAD製図はほとんどの学校で指導している。

5-3-3　建築科3年間の製図単位の合計数分布

表15　建築科3年間の製図単位の合計数とその分布　調査校数41校

単位数	4	5	6	7	8	9	10	11	14	平均単位数
実施校数	3	4	5	15	6	4	1	2	1	7.2

(1)　製図内容のコメント

製図の時間は，実習全体の4分の1を占める。前回（2005年）より増える傾向にある。増加傾向にあるのは「CAD」である。しかし，手書きが減っているわけではなく，手書きの製図も従来どおり，製図の基本とし重視されている。

5-3-4　土木科3年間の製図単位の合計数分布

表16　土木科3年間の製図単位の合計数とその分布　調査校数35校

単位数	0	1	2	3	4	5	6	7	9	平均単位数
実施校数	1	0	5	1	17	2	6	2	1	4.3

(1)　製図内容のコメント

第1学年では，製図用器具や線，文字の書き方など図をかく際の基本的な指導項目を重点的に指導している。第2学年では上記に加えて「写図や読図」に重点が置かれているとともに，「コンクリート構造物の製図」やCADに関する指導が行われている。こうした傾向は前回とほぼ同様である。項目別では，「写図と読図」が28.6時間と最も多く，次いで「コンクリート構造物の製図」「鋼構造物の製図」が続く。

5-3-5　製図について全学科のコメント

単位数に関しては，学科により履修すべき単位数が大きく異なる。

建築科が最も多く，7単位を課している学校が多い。次いで，機械科が多く，6単位を課している学校が多い。次に土木科が続き電気科，工業化学科，情報技術科は2単位を課している学校が多い。

なお，時代の趨勢でCADソフトの使用も増加しているが，手書きによる製図学習の意義を脳科学の視点から踏まえ，検討して製図学習を堅持することが肝要と考える。しかし，電気科，土木科，工業化学科，情報技術科では，製図を課していない学校が現れ始めており，前回調査ではみられ

ない現象である。今回調査の看過できない特徴の一つとして指摘できる。

5-4　工業情報数理

　この科目は，平成30年告示の高等学校学習指導要領で，従来の「情報技術基礎」及び「工業数理基礎」に代わり設定された新科目です。
　下記に目標と内容を記します。

1　目標
　　工業の見方・考え方を働かせ，実践的・体験的な学習活動を行うことなどを通して，工業の各分野における情報技術の進展への対応や事象の数理処理に必要な資質・能力を次のとおり育成することを目指す。
　(1)　工業の各分野における情報技術の進展と情報の意義や役割及び数理処理の理論を理解するとともに，関連する技術を身に付けるようにする。
　(2)　情報化の進展が産業社会に与える影響に関する課題を発見し，工業に携わる者として科学的な根拠に基づき工業技術の進展に対応し解決する力を養う。
　(3)　工業の各分野において情報技術及び情報手段や数理処理を活用する力の向上を目指して自ら学び，工業の発展に主体的かつ協働的に取り組む態度を養う。

2　内容
　　1に示す資質・能力を身に付けることができるよう，次の〔指導項目〕を指導する。
　〔指導項目〕
　(1)　産業社会と情報技術
　　ア　情報化の進展と産業社会
　　イ　情報モラル
　　ウ　情報のセキュリティ管理
　(2)　コンピュータシステム
　　ア　ハードウェア
　　イ　ソフトウェア

ウ　情報通信ネットワーク
（3）　プログラミングと工業に関する事象の数理処理
　　　ア　アルゴリズムとプログラミング
　　　イ　データの入出力
　　　ウ　数理処理
　　　エ　制御プログラミング

❖　**参考文献**　❖

1) 文部科学省，高等学校学習指導要領解説「工業編」，2018 年 7 月
2) 長谷川雅康（代表），工業教科（工業技術基礎・実習・課題研究・製図）内容に関する調査報告 2015，科学研究費補助金・基礎研究（C）「高校工業科における実習教育の内容等の歴史的分析と教員養成に関する実証的調査研究」（平成 27～29 年度，課題番号 15K00965）中間報告書，2017 年 2 月

第6章 実践的工業教育

- 学校設定科目の実際
- インターンシップの実践方法・教育効果
- 資格取得の勧めと単位認定

多くの工業高校は，講義，実習・実験などの科目のほかに職業に直結した実践的ともいえる科目を設定し，従来の科目と同等な扱いをするようになっています。その科目は，「資格取得」と「就業体験（インターンシップ）」です。

この2科目の教育課程への編成・取り扱いについて記します。平成11年改訂の高等学校学習指導要領第1章第2款第4，5項に示された「学校設定科目」の趣旨は次のとおりです。

> 学校においては，地域，学校及び生徒の実態，学科の特色等に応じ，特色ある教育課程の編成に資するよう，高等学校学習指導要領の表に掲げる教科について，これらに属する科目以外の科目（以下「学校設定科目」という。）を設けることができる。この場合において，学校設定科目の名称，目標，内容，単位数等については，その科目の属する教科の目標に基づき，各学校の定めるところによるものとする。

6-1 就業体験（インターンシップ）

就業体験は平成元年改訂の高等学校学習指導要領「課題研究」の中の一項目「現場実習」として取り入れられ，徐々に実施されるようになりました。その後2000年代に入り「就業体験」（インターンシップ）として全国

的に取り組みが進みました。

ここでは，東京都立蔵前工業高等学校の例[1]を参考にして紹介します。

アメリカでは1990年に入り「学校から職場へ」という内容で全国的に展開され，教育効果が上がってきました[2]。詳細は第10章10-2-2項を参照してください。

6-1-1　目的とねらい

目的：就業体験を通じて，勤労の尊さや創造することの喜びを体得させ，望ましい勤労観・職業観の育成を図る。

ねらい：

① 将来の進路や職業選択の動機づけとする。
② 職業観を育成するとともに，人間としての生き方を考える。
③ 職場の実態を体験し，マナーや勤労の大切さを学ぶ。
④ 地域の産業について認識を深める。
⑤ 産業社会における専門的知識や技術を習得する。
⑥ 学校外における学修の単位認定を行う。

6-1-2　年間指導計画

夏休み中に実施する場合の流れを図で示すと図1のようになります。

6-1-3　単位認定と科目の取り扱い

(1) 単位認定

事前・事後指導も含めて，1単位当たり35時間を下回らないこととし，夏休み中の就業体験は，4～5日で1単位相当として認定する。

(2) 科目の取り扱い

教科：学校認定科目「就業体験」として単位を認定する。

（例：実習に含める。就業体験をした生徒は，実習の取得単位数が多い。）

6-1-4　注意事項

① 保険について

　　保護者からの就業体験の同意書と保険への加入願いの提出を依頼する。

② 報酬及び経費

　　授業の一環として行うので，無報酬で行い，交通費及び昼食代は自己負担とする。

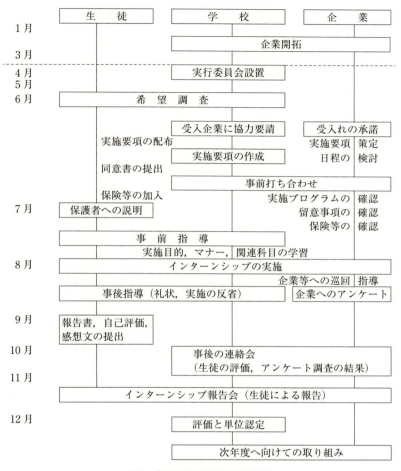

図1 就業体験の年間計画の例

なお,詳しくは,他の実施例として参考資料の神奈川県立横須賀工業高等学校の例(p.98)を参照してください。

6-2 資格取得

工業教育を考えるとき,職業資格取得のための指導についてはさまざまな意見があります。学校教育は,資格取得教育を目的とする機関ではありませんが,資格試験に合格することは,専門教育を身につけた証であり,

自分の学習成果を確認することができる一つの手段になります。

　資格取得は，先に述べた「学校設定科目」として扱うことができます。高等学校学習指導要領では，資格を取得した場合の具体的なことについては触れていませんが，大阪市教育委員会は市立高等学校に対して，「学校外における学修の単位認定の対象の拡大について」[3]という通知をしましたので，その概要を紹介します（以下，6-2-1項から6-2-4項までが通知内容です）。

　なお，学校外における学修の単位認定については，この方針により校長の権限において実施できることを示すものです。

6-2-1　単位認定の対象とする学修

1) 単位認定の対象とする学校外における学修は，高等学校教育の目的や水準に相当するもので，学校教育法施行規則第97条第1号ならびに文部省告示第41号（平成10年3月27日）によって定められた学修とする。
2) 高等学校学習指導要領に定められた，すべての生徒に履修させる教科・科目は当該学校において履修させることとし，学校外における学修をもって，これに代えることはできない。

6-2-2　学校外における学修の成果の単位認定権者

学校外における学修の成果についての単位認定は，学校の校長が認定する。

6-2-3　実施にあたっての留意点

(1) 単位の認定

① 学校外における学修の成果の単位認定は全日制，定時制及び通信制課程に在籍する生徒に適用する。
② 学校外における学修に対して認定できる単位数の限度は，学校教育法施行規則第98条第2号の規定に示されているとおり，36単位までとする。
③ 認定された学校外における学修の単位は卒業に必要な単位数に含めることができる。
④ 単位認定の時期は，原則として当年度末とする。
⑤ 単位認定にあたっては，評定は行わず単位の認定のみとする。
⑥ 単位認定にあたっては，事前に，連携する機関や団体に制度の趣旨

を十分伝えるとともに，実施上必要があれば，協定を結ぶなどして，共通理解をもつようにすること。
⑦ 単位認定の対象とする学校外における学修は，学校が活動内容を客観的に把捉できるものであること。

(2) 教育課程上の位置づけ
① 教育課程上の位置づけは次の(ア)～(ウ)のいずれかとする。
  (ア) 対応する教科・科目の単位として，または単位の一部として，または増加単位として認定する。
  (イ) 対応する科目の「学校設定科目」の単位として，または単位数の一部として，または増加単位として認定する。
  (ウ) 対応する教科・科目の「学校設定教科・科目」の単位として，または単位数の一部として，または増加単位として認定する。
② 「その他特に必要な教科」の名称は原則として「学校外の学習」とし，その場合の科目名は「大学等における学習」「知識及び技能審査」「ボランティア活動」「就業体験」「スポーツ・文化活動」とする。なお，このいずれにも該当しない場合は，科目名を「社会体験活動」とする。

(3) 生徒指導要録上の取り扱い
① 当該科目の単位として，または単位数の一部として認定する場合，当該科目の「修得単位数」の欄に記入する。
② 当該科目の増加単位として認定する場合は，当該科目の「修得単位数」の欄に加えた単位数を含めて記入する。なお，単位をすでに認定した科目に係わる学校外における学修の成果を単位認定する場合は，成果が認められた年度の当該科目の「修得単位数」の欄に増加単位数を記入する。
③ 上記①，②のいずれの場合も，備考欄に学校外における学修の内容，時期，修得単位数等を記入する。

(4) 指導上の留意点
① 実施にあたっては，生徒及び保護者に制度の趣旨や内容，学校の方針や単位認定の基準などについてよく説明すること。
② 学校は，申請書・計画書の作成などに係わるオリエンテーションの実施やレポートの提出など，事前・事後の必要かつ適切な指導を行うこと。

6-2-4 大阪市における技能審査の成果の単位認定に係わる標準例(一部)

(技能審査の標準例参考　注：科目名は旧高等学校学習指導要領による)

技能審査の種類	扱・種別	対応科目	単位数
危険物取扱者	乙種 1〜6類	設備計画, 衛生・防災設備, 工業化学, 化学工学, セラミック化学, セラミック技術, 工業技術基礎, 課題研究	各類 1
公害防止管理者(大気, 水質, 騒音振動, 粉じん, ダイオキシン)		社会基盤工学, 工業化学, 化学工学, 地球環境化学, 材料加工, セラミック技術, 課題研究	各種・類 1〜2
冷凍機械責任者	3類	設備計画, 空気調和設備, 衛生・防災設備, 課題研究	1
ボイラー技士	2級	原動機, 設備計画, 空気調和設備, 衛生・防災設備, 化学工学, 地球環境化学, 材料製造技術, 工業管理技術, 課題研究	1
土木施工管理技術検定(学科試験)	2級	土木施工, 土木基礎力学, 土木構造設計, 社会基盤工学, 課題研究	5
車両系建設機械運転技能者		実習, 土木施工, 課題研究	各種 1
測量士		実習, 測量, 課題研究, 建築施工	4
測量士補			3
地理空間情報専門技術認定		実習, 測量, 課題研究	2
酸素欠乏危険作業主任者		土木施工, 社会基盤工学, 課題研究	2
下水道管理技術者		土木施工, 土木基礎力学, 土木構造設計, 社会基盤工学, 課題研究	3
火薬類取扱保安責任者		土木施工, 社会基盤工学, 課題研究	2
電気工事士	第一種	実習, 電気基礎, 電気機器, 電力技術, 課題研究, 電子計測制御	2
	第二種	実習, 電気基礎, 電気機器, 電力技術, 衛生・防災設備, 課題研究	2
電気主任技術者	第三種	電気基礎, 電気機器, 電力技術, 電子技術, 課題研究, 電子計測制御	6

資格名	種別	関連科目	単位
工事担任者	第二種	電子技術，電子回路，通信技術，課題研究	3
	第三種		2
陸上特殊無線技士	二級	電子技術，電子回路，電気基礎，通信技術，課題研究	1
アマチュア無線技士	二級	電子技術，電子回路，電子計測制御，通信技術，課題研究，電気基礎	1
ラジオ・音響技能検定	2級	工業技術基礎，実習，電子技術，通信技術，電子回路，課題研究，電気基礎	1
ディジタル技術検定	3級	電子計測制御，課題研究，生産システム技術	1
画像情報技能検定 CG 部門	ベーシック	製図，課題研究	1
情報処理技術者	基本情報技術者	電子情報技術，プログラミング技術，ハードウェア技術，課題研究，生産システム技術	3
	IT パスポート		2
情報技術検定	1級	電子技術，電子情報技術，プログラミング技術，ハードウェア技術，課題研究	2
	2級		1
パソコン利用技術検定	1級	電子技術，電子情報技術，プログラミング技術，ハードウェア技術，ソフトウェア技術，課題研究	2
	2級		1
計算技術検定	1級	課題研究	1
基礎製図検定		製図，デザイン技術，課題研究	1
機械製図検定			1
トレース技能検定	2級	製図，課題研究	1
レタリング技能検定	3級	デザイン技術，課題研究	1
消防設備士	乙種 1～7類	建築計画，設備計画，衛生・防災設備，課題研究	各類 1
ガス溶接技能講習	修了者	工業技術基礎，実習，課題研究	1
工業英語能力検定	4級	工業技術基礎，課題研究	1

参 考 資 料

【高等学校・職場や就業に関わる体験活動】
インターンシップ（就業体験）
神奈川県立横須賀工業高等学校

学 校 の 概 要

①**学校規模**
- 学級数：18学級
- 生徒数：680名
- 教職員数：70名

②**体験活動の観点からみた学校環境**
- 本校は機械科（6），電気科（6），化学科（6）の3科18クラスの工業高校である。特徴として男子生徒が多く（全生徒680名中，女子生徒114名）また就職希望者は70％を占めている。
- 求人件数は年々増加し，現在本校での求人件数は約954件であり，150名程度が就職する。

体験活動の概要

①**活動のねらい**
- 就職希望者が7割を占める本校において，早い段階からのキャリア教育は重要な柱となっている。このために体験活動を通して就労意識の向上を図り，的確な職業選択ができる能力を養うことが活動のねらいである。

②**活動内容・方法（位置付け・期間等）**
- 第2学年　全員
- 過去3年の受入企業数と参加人数
  平成29年度　74事業所　220名
  平成28年度　64事業所　233名
  平成27年度　66事業所　218名
- 体験期間：5日間
- 体験時期：10月中旬
- 就労体験活動であり，県内事業所で正社員と同じ時間帯，就業内容で実施する。
- 学校設定教科「学校外活動」
- 学校設定科目「就業体験活動」

③**体制等工夫**
- 工業高校の特徴を生かすべく，IT機器や技術を最大限に活用して最小限の労力と最大限の実施効果をねらう。

④**活動の成果等**
- 就職試験の内定率が高まった。
- 生徒の進路に対する意識が高まった。
- 事業所と学校との信頼関係が深まった。

1 活動に関する学校の全体計画

(1) 活動のねらい

産業現場等における体験学習を通して，専門分野の知識や技術を総合的に理解させるとともに，進路意識の啓発や，望ましい勤労観・職業観の育成を図る。

(2) 全体の指導計画

ア　実施対象者

　　第２学年全員

イ　活動内容

　　卒業生が就職している事業所はもちろん，本校の学科内容とは全く異なった職種にも依頼し，１社当たり１〜７名の生徒が社員同様の就業を体験する。

ウ　教育課程上の位置付け

　　上記に示した活動のねらいがより効果的に達成できるように，３年間を通じたキャリア教育プログラムを作成し，それに基づいて実施している。

　　第２学年のインターンシップは，**学校設定教科「学校外活動」，学校設定科目「就業体験活動」**として，１単位を設定している。

エ　評価について

　　事業所から提出された評価表をもとに活動の様子，就業意欲，項目別の評価をみる。また本人が提出した体験報告書，感想文等から総合的に判断し単位を認定する。

オ　単位認定について

　　単位の認定は，工業教育推進グループによって，事業所からの評価書，体験報告書，感想文などを総合的に評価し，成績会議（職員会議）を経て校長が認定する。

カ　実施時期（日数や時間数）

　　時期及び日数：10月中旬の５日間

キ　活動場所

　　生徒が通勤可能な範囲にある事業所で活動する。

ク　継続の状況等

　　本校では平成13年度より継続して実施してきた。この間，協力頂ける事業所も年々増加している。更に多くの事業所に協力の依頼をして，生徒の選択幅を増やし，充実したインターンシップの実施を目指している。

2 活動の実際

(1) 事前指導

ア　目的の理解

　　本校の実施要項を使って体験活動の意義を理解させる。

イ　参加に向けての啓発活動
　　啓発活動の一環として先輩達の「就業体験」感想文集を2学年の生徒に配付し，体験の様子を理解させる。
ウ　「インターンシップ体験発表会」の実施
　　1年次の12月に2年生のインターンシップ発表会を，1・2年生全員で参観する。
エ　参加企業希望調査
　　インターンシップ受入協力事業所の職種・就業場所等を一覧表にして生徒に配付し，その中から自分の希望する事業所を5社選び提出させる。ただし，その時希望順位はつけないようにしている。これは事業所の受入可能人数に限りがあるため，希望する事業所での体験が困難な場合があることや，自分にあった職種に選択の幅をもてるようにするためである。このようにして人気のある事業所に生徒が偏ることなく，希望に応じて公平に参加させることができるようにしている。
オ　事前説明会
　　夏季休業前に事前説明会を実施し，次の内容で指導する。
　　○インターンシップの目的と注意事項の確認
　　○就業日誌の書き方等についての確認
　　○事業所訪問担当者と一緒に夏季休業中から9月までの間に事業所訪問を行い事前打ち合わせをする。
カ　インターンシップ直前全体指導
　　実施の直前に次の内容について指導する。
　　○職場での行動，言葉づかい，態度について
　　○出欠，遅刻，事故，その他トラブルの場合などの連絡方法について
　　○インターンシップ終了後の感想文の書き方について

(2)　活動の展開

平成29年度インターンシップ実施行程表（資料の例）

3月下旬～4月	各事業所への受け入れ調査（依頼）
5月	事業所受け入れ調査結果集約及び各事業所担当教員決定
6月1日（木）	保護者宛文書配付（インターンシップ実施の周知）
6月19日（月）	2学年生徒への実施要項配付，各事業所体験内容一覧提示
6月19日（月） ～23日（金）	生徒希望調査
6月24日（土）	2学年保護者会
6月26日（月） ～7月7日（金）	希望調査

7月7日（金）	体験事業所決定
7月14日（金）	生徒対象インターンシップ説明会，担当教員との打合せ
夏季休業中 ～9月5日（火）	事業所への正式依頼（担当教員），事業所事前見学（生徒）
10月13日（金）	生徒事前指導
10月16日（月） ～20日（金）	インターンシップ実施
10月23日（月） ～27日（金）	日誌・感想文・アンケート整理及び回収
12月13日（水）	インターンシップ発表会
12月中旬～	事業所へのお礼，次年度の依頼，感想文集作成等
3月	成績会議にて単位認定を審議

　ア　受入事業所の確保
　　○本校では関係機関・団体に頼ることなく，独自に受入事業所を確保している。県内企業に多くの卒業生が就職しており，このつながりで直接依頼している。
　　○その他あらゆる機会を利用して，企業に依頼している。
　イ　生徒の参加企業の選択と決定
　　○生徒の受入事業所の調整は，進路指導部と担任で行う。
　　○事業所が決定次第，保護者から参加確認書を提出してもらう。
　ウ　受入の確認
　　　生徒の就業場所が決定したら，事業所に実施確認書を送付し，実施の承諾を受け実施日程を確認する。

(3)　事後指導
　インターンシップで習得したことが学校生活，家庭生活だけでなく，あらゆる場面で生かせるよう継続的に指導する。例えば礼儀作法，挨拶の励行，言葉づかい，時間厳守等，社会生活に必要不可欠な一般常識やマナーを身に付けさせる指導の充実に努める。

(4)　事故に対する補償（保険への加入）
　インターンシップの実施に当たって，生徒が受入企業に対して損害を与えた場合の補償については，インターンシップ賠償責任保険に全員加入させている。

3　成果と課題
　キャリア教育は，「一人一人の社会的・職業的自立に向け，必要な基盤となる能力や態度を育てることを通して，キャリア発達を促す教育」であり，生徒自

身の様々な経験や人とのふれあいなどが総合的に関わってきます。この能力は，教師や学校という限られた関係だけでなく，様々な大人と仕事の場において人間関係を形成する経験や専門的な知識や経験をもつ社会人や職業人から直接学ぶ経験が大切です。本校が実施しているインターンシップは，生徒の成長や学校の運営に大きな力となっています。

(1) 生徒にとって

生徒の感想文から仕事をやり遂げた喜びや自信，体験を通すことでよりよく学習できることなど，次のような効果がありました。

① 様々な職業人と出会い，社会で求められる知識や技能について，実感をもって学ぶことができること。

② インターンシップ等を通して，具体的な職業及びその職業に関わる自らの適性について体験的に知り，自らの進路選択に生かすことができること。

③ 社会で求められるルールやマナーを習得し，実際の職場で求められる仕事への姿勢を学ぶことができること。

④ 学校での学習が，具体的にどのように生かされるのかを知ることができること。

(2) 学校にとって

本校は地域の経済団体や事業所等に対して高校生のインターンシップの支援の協力を得るために，様々な取り組みを行ってきました。特に，本校のインターンシップは2年生全員が体験し，単位が認定される学校外活動として位置づけられており，「就業体験活動」の出席として扱われます。期間中，生徒は自宅から事業所に直接集合しますので，家庭との連携が不可欠になります。地域や家庭との連携によるインターンシップは本校の学校運営に大きな力となっています。

① 生徒の実態を地域や，事業所・産業界に知ってもらうことで，学校が展開する教育活動への理解が得やすくなること。

② 地域の産業や個々の事業所の実態を知ることで，地域で求められている人材について知り，学校としてより効果的なキャリア教育計画の策定に生かすことができること。

③ 連携に従事する教師が，学校教師という職業以外の世界を知るとともに，自らのキャリアについても振り返る機会となり，キャリアについての認識を深めることができること。

④ 学校が社会に果たしている役割について，外からの視点をもつことができること。

(3) 今後の取り組み

事業所と学校とのつながりも深まり，事業所のインターンシップに対する考

え方が，職場の活性化を図ることができ，若手社員の職業意識を高め，意欲の向上につなげることができるなど，有意義なものとして受け取られるようになりました。一度実施した事業所が次回の受入れを断ることもなく，快く引き受けてくださるようになり，受入事業所の確保もスムーズに進行しています。生徒の参加意欲も高まり，更に充実したインターンシップが実施できるように今後も事業所との連携を継続していきます。

❖ **参考文献** ❖

1) 岡本裕生，瀧上文雄，インターンシップについての実践，工業技術教育研究，Vol.7，No.1，pp.1～10，2002年3月
2) 佐藤浩章，日本技術教育研究，第5巻，pp.31～40，2000年3月
3) 大阪市高等学校教育課程編成要領「学校外における学修の単位認定について」，2011年5月

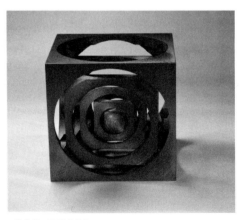

作品名：五重立方体
材料は，鋳鉄の立方体から汎用旋盤で加工。中を固定する治具は自作。

大阪府立淀川工科高等学校教諭
中西淳一先生より提供

第7章　教育課程の編成から単元計画まで

- 教科活動と特別活動は学校教育の両輪です
- 年次計画，年間計画，単元計画までの注意点
- カリキュラムと教育課程の違いは？

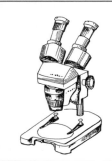

7-1　教育課程の意義

　教育課程の意義について，高等学校学習指導要領解説の一部を紹介します。「学校において編成する教育課程については，学校教育の目的や目標を達成するために，教育の内容を生徒の心身の発達に応じ，授業時数との関連において総合的に組織した各学校の教育計画であると言うことができ，その際，学校の教育目標の設定，指導内容の組織及び授業時数の配当が教育課程の編成の基本的な要素になってくる。」とあります。

　さらに，「各学校においては，以上のことを踏まえ，教育基本法や学校教育法をはじめとする教育課程に関する法令に従い，学校教育全体や各教科・科目等の目標やねらいを明確にし，それらを実現するために必要な教育の内容を，教科等横断的な視点をもちつつ，各教科・科目等の相互の関連を図りながら，授業時数との関連において総合的に組織していくことが求められる。」とあります。

　したがって，教育課程は，教育内容，授業時数，生徒の実態，生徒が確実に身につけることができるような指導方法や指導体制を組織化し，学校の特色や校風を引き出すための教育活動を踏まえて編成することが重要です。

7-2 教育課程の役割

　教育課程という言葉は，カリキュラム（curriculum）または，コース・オブ・スタディ（course of study）の訳とされています[1),2)]。この言葉の本来の意味は，「学習のコース」ですが，教育課程は単に学年ごとの単位数を示した表を指すのではなく，教育目標の達成を目指すための教育計画，つまり，教育目標を具体化したものと考えるべきものです。

　教育課程は，家を建てるときに例えれば基本設計図です。基本設計図がよくなくてはよい家は建てられないのと同様に，教育課程はその学校の教育指導全体を示すものであり，極めて大切なものです。日々の教科活動の営みも，設計図である教育課程に則り行われます（p.116参照）。

　さらに，教育課程はその計画の理念・目標や実践の組織と運営の方法を示すにとどまらず，結果の評価に基づく修正，すなわち，Plan-Do-Check-Actionサイクルの態勢を含めての教育計画です。今後の教育課程については，さらに文部科学省の方針でカリキュラム・マネジメント[3),4)]を求められるようになります（p.112参照）。

7-3 教育課程の構成要素

　教育課程は上記で述べたように，教科・科目のほかに特別活動で構成されています。

7-3-1 教科・科目について

　高等学校の専門学科においては，共通教科・科目と専門教科・科目を履修します。工業高校の共通教科と専門教科の割合を調べると，学校によりかなり異なりますが，おおよそ2：1です。このことは，工業高校は専門教科のみに偏ってはいないことを示しています。

7-3-2 特別活動について

　学習指導要領は，特別活動の目標を次のように示しています。

　　集団や社会の形成者としての見方・考え方を働かせ，様々な集団活動に自主的，実践的に取り組み，互いのよさや可能性を発揮しながら集団や自己の生活上の課題を解決することを通して，次のとおり資質・能力を育成することを目指す。
　　(1)　多様な他者と協働する様々な集団活動の意義や活動を行う上で必要

となることについて理解し，行動の仕方を身に付けるようにする。
(2) 集団や自己の生活，人間関係の課題を見いだし，解決するために話し合い，合意形成を図ったり，意思決定したりすることができるようにする。
(3) 自主的，実践的な集団生活を通して身に付けたことを生かして，主体的に集団や社会に参画し，生活及び人間関係をよりよく形成するとともに，人間としての在り方生き方についての自覚を深め，自己実現を図ろうとする態度を養う。

なお，特別活動の実施項目は，① ホームルーム，② 生徒会活動，③ 学校行事です。

7-4 工業教科における教育課程の特徴

学校教育においては，教科指導と特別活動は高校教育の両輪ですが，しばしば知識偏重型に陥ることがあります。しかし，工業高校の教育は，実験・実習を伴い，手順や作法，チームワークなどが必要になります。特に必修科目「課題研究」では，特別活動の目的である企画力，自主性，計画性，協力体制，生き方・在り方まで広く関係してきます。また，モノを通して学ぶ教育は，環境に対する配慮，自然に対する礼儀作法・倫理観などを育てます。このように知識だけでなく，自然界を尊び五感を働かせる実験・実習は，訓育的内容も包含しており，人間本来の学ぶ姿といえます。

したがって工業高校の教育は，単なる知識の詰め込みではなく，教科指導及び特別活動の目的と一体となって行われるところに大きな特徴があります。このようなことを考慮し，教育課程の編成，年次計画，年間指導計画，単元の計画を考える必要があります。

7-5 教育課程の編成から単元計画までの手順の概略

文部科学省で告示される高等学校学習指導要領では，極めて大まかに定められており，**各学校の実態に合わせて教育課程を定めることが必要です**。これを教育課程の編成といいます。教育課程の編成から単元計画までの段階を示すと以下のようになります。

1 教育課程の大枠の決定

文部科学省で告示された高等学校学習指導要領に従い，各学校で教育課程

を編成します。検討する組織は，校内の教育課程委員会（名称は学校により異なる）です。普通科及び工業科の各学科から選出された委員により，原案を作成します。作成した原案は，職員会議に提案され，審議されます。

2　年次計画

上記1で決定した大枠に従い，各学科で3年間に教える科目及びその単位数，各科目の学年別単位数を検討し，教科・学科の教育課程ができ上がります。これを年次計画といいます。

3　年間指導計画（シラバスともいいます）

3年間の年次計画ができた後，各科目の1年間の計画を立てます。これを年間指導計画といいます。

4　単元計画

年間指導計画は，さらに単元または小単元に分けられます。担当教員が単元ごとに詳細な単元計画を立てます。

7-6　教育課程の大枠を決めるときの配慮事項[1]

校内に設けられた委員会で教育課程の検討にあたりますが，高等学校学習指導要領は大枠を示したものであり，細部は各学校の実情に即したものを組み立てなくてはなりません。この検討に際して下記の事項に配慮することが大切です。

7-6-1　学校全体としての方針

① 学校としての教育理念・方針の確認
② 卒業に必要な単位数
③ 共通教科，専門教科の単位数の割合
④ 必修科目の単位数，選択科目の単位数
⑤ 生徒の習得すべき知識・技術・技能の程度

7-6-2　学校の置かれている社会的環境の把握

① 進路状況・希望
② 入学してくる生徒の目的と希望
③ 保護者のニーズ・期待
④ その地方の職業分布
⑤ その地方の産業構造
⑥ 地域社会における期待・役割及び卒業生の意向

7-6-3 学校の状況
① 職員構成
② 施設・設備

以上の配慮事項を踏まえ，特に工業教育においては，7-6-1項から7-6-3項までの事柄に留意し，バランスがとれ，かつ，弾力性のある教育課程を編成する必要があります。

7-7 工業教科における年次計画作成にあたっての配慮事項[1]

7-7-1 年次計画

卒業に必要な単位数，共通教科と専門教科の単位数の割合，選択科目の単位数の大枠などは学校全体で決めますが，各学科においては同時並行的に3年間に教える専門教科の内容の検討に入ります。学校全体の単位数が決定した後に，各学科では本格的に年次計画の検討に入ります。

ここで特に注意することは，学科の教員全員参加のもとで検討し，共通的な意思統一をしておくことです。その際，配慮すべきことは，「**構造化**」です。

第1に配慮すべきことは，科目の「**縦断化**」です。ここでいう縦断化とは，科目の並べ方を示し，基本的な内容から応用的な内容へと学年順に配列することを意味します。科目の配列の仕方は，習得すべき知識・技術・技能をらせん状に登っていくように構成することが肝要です。

第2に配慮すべきことは，他の教科・科目との「**横断化**」です。従来は，とかく科目の縦のつながりのみを考え，他の科目の内容や進度を考慮した横の連絡が不十分でした。

縦断化，横断化において配慮することは，教科・科目の習得すべき知識・技術・技能が縦（縦断化）の関係と他の科目との横（横断化）の関係で有機的に関連づけられ，発展性，系統性をもつことです。詳細な配慮事項を下記に示します。

7-7-2 専門教科の配慮事項
(1) 基本的な配慮事項
〈縦断化で配慮する点〉
① どのような科目を履修するか（科目の選択・決定）。
② 科目の項目・内容を学年別に配慮する。

③ 講義系の内容の難易度を配慮し，難しい内容をどの程度にするか。
④ 修得する技術の難易度を配慮し，難しい技術的内容をどの程度にするか。
⑤ どのような広さと深さにするか（科目の項目・内容・指導時間の決定）。

〈横断化で配慮する点〉
① 共通科目（数学，理科）と専門科目との関連を配慮する。
② 実習と講義の学習時期・関連を配慮する。

〈その他配慮事項〉
① 施設や設備の状況を配慮する。
② 社会で実際に使用されている知識・技術・技能の頻度を配慮する。
③ 就職後，比較的早期に用いられる可能性を配慮する。

高等学校学習指導要領には，科目の内容の広さや深さ及び科目の関連が具体的には示されていないことから，これらの点については，生徒の実態，地域社会の要望を見極めながら検討の上，学科ごとに決めなければなりません。

7-7-3 年次計画作成のための参考資料

年次計画の作成にあたり，下記の資料が参考になります。
① 高等学校学習指導要領解説「工業編」
② 教育委員会の教育課程の編成基準及びこれに関連するもの
③ 教科書及び指導書
④ 産業教育振興法や理科教育振興法などに基づく施設設備の基準とこれに関連するもの
⑤ 中学校学習指導要領，視聴覚教育・安全教育などに関するもの
⑥ 学校独自の資料

7-8 年間指導計画（シラバス）の作成にあたっての配慮事項

年間指導計画は年次計画に従い，1年間の授業計画を立てるもので，立案はその年度の科目担当者が行います。年間指導計画は科目の内容をいくつかの単元，あるいは小単元に分けて詳細に作成します。

担当教員は前年度の3月までに作成し，4月の新学期には学年・学科ごとに製本し，生徒全員に配付して学習のモチベーションを高めることが大

切です（参考資料を参照してください）。

年間指導計画を立案するとき以下の点を配慮するとよいでしょう。
① その年度における各学期の学校行事，他の教科の進度等を配慮した実施プランでなくてはなりません。
② 科目の年間指導計画の作成にあたっては，指導内容の詳細な分析を参考にし，生徒の実態に合わせた計画でなくてはなりません。
③ 実験・実習や数学，物理などの他の教科との進度の調整も考慮に入れて，計画を立てる必要があります。

7-9　単元指導計画と授業分析

年間指導計画（シラバス）ができ上がると，次は実際の授業に臨む授業計画になります。授業計画における最小単位は「単元」で，その科目における一つのまとまりの学習活動であり，授業の核になるものです。わかりやすい授業であるかどうかは，単元指導計画がよく練られているか否かにかかっているといっても過言ではありません。

7-9-1　単元指導計画の構成及び配慮事項

工業・理数系の授業の特徴の一つは，石垣の石を積むように，基礎知識の積み重ねであり，下位の知識が定着していないと，上位の知識を教えても上滑りして身につきません。したがって，生徒の実態を把握しておかなくてはなりません。また，下記7-9-2項で述べる授業分析の結果を考慮し，かつ，次の事項を配慮します。
① 指導目標の明確化
　　目標：理解させる知識，習得させる技能，形成させる価値観や見方・考え方を明確にします。
② 教材の準備
　　生徒の視点に立ち，導入からまとめまでをどのように導き・支援するか，具体的な教材を準備し検討します。
　　その際に次の点を考慮します。
　　（ア）　学習内容の程度（幅と深さ）を考える。
　　（イ）　学習内容の関連（構造）を考える。
　　（ウ）　生徒の実態（既習内容，興味・関心など）を考える。
③ 具体的な展開

目標達成のために準備した教材・教具を駆使し，有効な展開方法を検討します。その際に，単元の順次性や発展性を考えて，単元の中に小さいまとまりを作ります。この場合，実際に展開する授業をある程度想定して計画を立てなくてはなりません。

④ 学習活動の評価

新しい学力観の3つの評価項目（「知識・技能」，「思考・判断・表現」，「主体的に学習に取り組む態度」）を参考にして，単元の展開中の各段階において評価点を明らかにしておきます。授業終了後に自己点検し，フィードバックし，授業の向上に役立てます（評価については，第9章を参照してください）。

⑤ 単元指導計画書の作成

以上の点を考慮し，指導計画書を作成することによって，授業構造とそれに伴う授業の展開が明確になります。また，教員の自己評価及び生徒の定着度に対する視点も明確になります。なお，単元指導計画書に書き込む必要事項及び様式は，参考資料を参照してください。

7-9-2　授業分析

新しい単元に入る場合，第1に，すでに学習した内容は何か，第2に，この単元で獲得する内容は何かを明らかにすることが大切です。その作業を**授業分析**といいます。教員の力量を高めるためには，授業分析を詳細に行い，生徒の学力を見極めて授業を行わなくてはなりません。

ここでは，単元の達成目標に従った授業分析の方法を説明します。

なお，授業分析の方法は，このほかに教員と生徒の発言・行動を記録し授業の本質に迫るもの[5]，佐藤により開発された方法で，試験結果を詳細に分析し，生徒の理解度と試験問題の難易度を洗い出すS-P表分析法など[6]があり，実際に工業教育に用いた例として樋口の論文[7]があります。

(1) 単元を学習するために必要な条件と達成目標

① この単元を学習するための必要条件

この単元を学ぶのに必要な知識を洗い出します。その場合に要素分析手法を用いて既習の項目は何かを明らかにします。（下記「(2) 明確にすべき事項」参照）既習の内容でも学力として定着しているかどうか調べ，定着していない場合の対策も考えます。既習の定着度については，事前テストなども必要になります（特に注意することは，教えたことと定着したこ

ととは大きな違いがあることを把握しておくことです)。

② この単元の達成目標

既習の学習の上にこの単元での達成目標を明確にします。学力の異なる生徒群の場合，習得すべき最低の学習内容を明らかにするとともに，学力の高い生徒のためには，多少高度な発展的内容も学習できるように配慮するとよいでしょう。

(2) 明確にすべき事項

単元の計画を立てるときに，単元内の下記のような要素行動（下位目標行動）を明確にしておくとよいでしょう。

① 用語の知識

新しい用語や知識を書き出す。

② 行動及び作業の知識

目標達成のために，どのような行動や作業が必要かを書き出す。

③ 手順の知識

それらの知識，行動及び作業をどのように組み合わせて目標を達成するか，また，どのような手順が必要か，どのような組み合わせにするかなどを明らかにする。

以上のようなことを配慮しながら授業分析を行い，単元ごとに授業を組み立てます（参考資料を参照してください）。

7-10 教育課程の管理（カリキュラム・マネジメント）[3),4)]

この章においては，教育課程についての意義，役割，編成手順，配慮事項等を記してきました。

ここではさらに教育課程の管理（カリキュラム・マネジメント）について記します。

① 教育課程は，7-6節「教育課程の大枠を決めるときの配慮事項」に記したことを考慮する。

② 教育内容の質の向上に向けて，前記「7-7　工業教科における年次計画作成にあたっての配慮事項」のことを考慮し教育課程を編成，評価，実施し，PDCAサイクルを確立する。

③ 教育内容と教育活動に必要な人的・物的資源を地域の内外から活用しながら効果的に組み合わせる。

④ 学習指導要領の改訂は，おおむね10年ごとであるが，学校が置かれている状況が大きく変化したときは，生徒の実態に合わせて教育課程を再編成することが望ましい。

7-11 教科書の選定

各学校は，教育委員会の採択に先立ち，校長の責任と権限のもと，教科書の選定を行います。各学校では，校長を委員長とする「教科書選定委員会」を設置し，教科書の専門的な調査研究（図1）及び適正な選定（図2）を行います。校長は，高等学校学習指導要領の各教科の目標などを踏まえ，教科書の調査研究を行い，生徒の実態などを踏まえて，最も適切な教科書を選定します。

学校名	課程（ 学校 ）	校長名	教科	科目		
発行者番号	教科書略称 記号番号	教科書名	(1)内容	(2)構成上の工夫	(3)その他	所見

担当者（職・氏名）

「調査の観点」の内容
(1) 内　　　容　　・特色ある教材，コラム等，特色ある記述内容，その他
(2) 構成上の工夫　・単元（教材）の配列の特色，分量や記述の形式，その他
　　　　　　　　　・読みやすさ，記号や挿絵，写真等の工夫，教材や資料のわかりやすさ
　　　　　　　　　・索引，巻末の資料の内容，判型，その他
(3) そ　の　他　　・上記(1)，(2)に当てはまらない内容
※ 上記(1)，(2)については，必ず記載すること。

図1　教科書の調査票（例）

学校名						課程				
			学校			制		科		
教科	科目(種目)	発行者番号	発行者略称	検定済年	教科書記号番号	教科書名	教育課程届での科目	使用学年	選定理由	需要数報告

図2　教科書の選定理由書（例）

参 考 資 料

1　教育課程モデル

表1の教育課程表は，テクノロジスト育成（工業高校-大学進学対応）のモデル案です。これは，日本工業技術教育学第23巻第1号「工業教育研究会の調査・研究報告書」[4]の一部です。内容は，工業教育の意義と役割，目指す人物像，教育課程表及びその運用等が詳細に記されています。また，機械科のほかに，電子機械科，電気科，情報技術科，建築科，工業化学科の教育課程のモデル案が示されています。

表1　機械科

教科	科　目	単位小計	学　年					
			1	2		3		
			必履修	必履修	必履修選択	必履修	必履修選択	
国語	現代の国語	8	2					
	言語文化		2					
	国語表現				2		2	
地理歴史	地理総合	4	2					
	歴史総合			2				

表1（続き）

公民	公共	2				2	
数学	数学Ⅰ	14～16	3				
	数学Ⅱ			4			
	数学Ⅲ					3	
	数学A		2				
	数学B			2			
	数学C						□2
理科	科学と人間生活	6～10	2				
	物理基礎		2				
	物理				□2		□2
	化学基礎			2			
保健体育	体育	7	2	3		2	
	保健	2	1	1			
外国語	英語コミュニケーションⅠ	11～13	3				
	英語コミュニケーションⅡ			4			
	英語コミュニケーションⅢ					4	
	論理・表現Ⅰ						□2
芸術	音楽Ⅰ	2	※2				
	美術Ⅰ		※2				
	書道Ⅰ		※2				
家庭	家庭基礎	2				2	
	共通教科計	58～66	23	20	□2	15	□6

表1（続き）

	科目	単位数	1年	2年		3年	
工業	工業技術基礎	30〜38	3				
	課題研究					3	
	機械実習			3		3	
	機械製図		2	3		3	
	工業情報数理		2				
	工業環境技術				◇2		
	機械工作			2		2	
	機械設計		2	2			
	原動機						◇2
	生産技術						◇2
	自動車工学						◇2
	工業科計	30〜38	9	10	◇2	11	◇6
	LHR	3	1	1		1	
	合　　計	99	33	33		33	

※印はすべての生徒が選択し履修する。
◇印は就職対応生徒が選択し履修する。
□印は進学対応生徒が選択し履修する。

2　教育課程とカリキュラム[8)]

　カリキュラムは，ラテン語で競走馬とか競争路のコースを意味し，「人生の来歴」をも含みます。16世紀の頃から転じて学校で教える教科目とその内容及び時間配当など，学校の教育計画を意味する教育用語として使われるようになりました。わが国では，第二次世界大戦前は，「学科課程」を使用していました。戦後，「教育課程」を使用するようになったのは，小学校から高等学校までの教育活動は，教科活動のほかに教科外の諸活動（学校行事，学級活動，生徒会，クラブ，部活動など）を含んでおり，この教科外活動を正当に位置づけることが重視されるようになったからで，昭和26年（1951年）の学習指導要領（試案）の頃からです。

　以上のような事情により，幼・小・中・高校までは，「教育課程」を使用し，教科外活動を含まない大学では「カリキュラム」を使用することが一般的です。

　その他に「潜在的（latent）」カリキュラム（hidden curriculum）というものもありますが，これは教員と子ども，あるいは子ども同士の人間関係の中で無意図的に学習するものとして，使用しています。

3　年間指導計画例

年間指導計画（例）

教科：（工業）　科目：（機械設計）　対象：（第1学年機械科1組〜2組）　2単位
教科担当者：(1組：　　　　　　　)(2組：　　　　　　　)
使用教科書：機械設計1（実教出版）

	指導内容	科目（機械設計）の具体的な指導目標	評価の観点等	予定時数
4月	第1章　機械と設計 1. 機械のなりたち 　1）機械 　2）機構 　3）機械要素 2. 機械設計 　1）設計 　2）設計・製図と生産 　3）コンピュータの活用	・機械の定義と機械要素のあらましを学ばせる。 ・機械要素の種類や規格，工作法が「製図」「機械工作」などの科目と密接な関係にあることを学ばせる。 ・機械設計に当たって，常に考慮する要点を学ばせる。 ・設計をするには力学・材料力学・機構学などが基礎となっていることを学ばせる。	・機械に関心を持ち，機械の機構，機械要素のあらましや設計の基本を理解しようと意欲的に取り組む態度を身に付けさせる。 ・機械要素の種類や規格，工作法が「製図」「機械工作」などの科目と密接な関係にあることを理解する。 ・設計に当たっての要点を理解し，これからの学習に生かす能力を身に付け，表現することができる。	4
5月	第2章　機械に働く力と仕事 1. 力 　1）力の合成と分解 　2）力のモーメントと偶力	・機械部品には常に何らかの力が働いているので，力の大きさや向きに配慮することを学ばせる。 ・力の合成・分解，力のつり合いなどについて，解析の手法を学ばせる。 ・物体の回転に対する力の働きについて学ばせる。	・力を平面内に適切に表し，力を合成・分解する方法を理解し力の働きやつり合いを理解する。 ・力を数学的に捉え数式で適切に表現できる。 ・重心位置を求めることができる。	8
6月	3）力のつり合い 2. 運動 　1）運動	・力が物体に働いても運動状態に変化が現れず，全体として力が働かないのと同様の場合があることを学ばせる。 ・運動では，運動の解析には重きを置かず，そのときどきのような力が作用するかを知って設計の手だてを学ばせる。	・力のつり合いを数学的に捉え計算ができる。 ・速度・加速度を理解し，その大きさを求めることができる。 ・運動の3つの法則を理解し，運動量などの計算に必要な基礎知識を身に付けている。	8

参考資料　117

7月	2) 円運動 3) 運動量と力積	・回転する物体の周速度や角速度について学ばせる。 ・物体が運動しているときの運動量や衝撃力を学ばせる。	・角度の単位として度・分・秒とラジアンの2つを確実に理解している。 ・運動量保存の法則を理解する。	4
8月				
9月	3. 仕事と動力 1) 仕事 2) 道具や機械の仕事	・仕事の定義，道具や機械の仕事原理，仕事のもとになるエネルギー，仕事の時間に対する割合である動力について学ばせる。	・仕事の原理，エネルギーと動力について知識を深め，エネルギー保存の法則を理解する。 ・仕事を計算で求め，動力との関係を数学的に表現できる。	8
10月	3) エネルギーと動力 4. 摩擦と機械の効率 1) 摩擦	・仕事には損失がつきものであること，摩擦による損失と機械効率について学ばせる。 ・エネルギーは仕事を得る能力，効率は仕事，動力を考えたときに必ず考慮すべき事項として学ばせる。	・すべり摩擦と転がり摩擦を理解し，具体例をあげることができる。	8
11月	2) 機械の効率 第3章 材料の強さ 1. 材料に加わる荷重 1) 荷重	・荷重の種類等の用語を確実に学ばせる。	・効率が有効仕事と外部から与えられた仕事との関係として表すことができる。 ・荷重の種類について理解する。	6
12月	2. 引張・圧縮荷重を受ける材料の強さ 1) 荷重と材料 3. せん断荷重を受ける材料の強さ 1) せん断応力とせん断ひずみ	・応力-ひずみ線図とその内容を理解させる。荷重と変形量の比例関係を確認し，応力とひずみの比例定数が材質によって一定であることを学ばせる。 ・垂直応力とせん断ひずみ，せん断応力とせん断ひずみを対照して学ばせる。 ・せん断は，材料のひずみに対する抵抗であることを学ばせる。	・「機械工作」で扱われる金属材料の種類・特性との関連を理解する。 ・応力-ひずみの比例定数が材質によって一定であることを理解する。 ・応力の適切な単位が使用できる。 ・応力，ひずみ，縦弾性係数の関係を理解し，計算ができる。	6

1月	2）横弾性係数 4．熱応力 　1）熱応力 　2）線膨張係数	・材料は温度によって伸び縮みし，それが妨げられたとき熱応力が生じると，特徴を学ばせる。	・横弾性係数と縦弾性係数の関連を理解する。 ・せん断応力とせん断ひずみの比例定数を理解し，計算ができる。 ・材料の熱による伸び・縮みを計算し，熱応力を求めることができる。	6
2月	2）線膨張係数 5．材料の破壊と強さ 　1）材料の破壊と疲労 　2）許容応力と安全率	・使用応力と許容応力を理解し，許容応力を定める場合は，荷重の種類・材料に応じた基準強さをもとにすることを学ばせる。	・許容応力を定める場合は，荷重の種類・材料に応じた基準強さをもとにすることを理解する。	8
3月	2）許容応力と安全率	・設計にあたって，許容応力は使用応力に等しいか，それより大きくなければならないことを学ばせる。	・許容応力や安全率を求めることができる。	4

❖ 参考文献 ❖

1) 土井正志智，長谷川淳，池本洋一，大西清，工業技術教育法，産業図書，pp. 38〜44，1976年3月10日
2) 小林一也，工業教育の理論と実践，実教出版，pp. 62〜72，1983年10月30日
3) 文部科学省，平成29年3月公示「小学校におけるカリキュラム・マネジメントの在り方に関する検討会議」報告書
4) 中村豊久，石坂政俊，長田利彦，工藤雄司，田中正一，豊田善敬，仲道嘉夫，工業高校の未来を拓くテクノロジストの育成，日本工業教育学会，Vol. 23，pp. 9〜21，2018年3月
5) 東京工業大学工学部附属工業高等学校教育工学研究部会，教育工学的手法による授業の改善について，1971年
6) 佐藤隆博，ISM構造学習法，明治図書，1987年10月
7) 樋口利彦，標準テストから何が見えるか―全国工業校長協会の標準テストより―，工業技術教育研究，第4巻1号，pp. 1〜10，1999年
8) 柴田義松，教育課程，有斐閣，pp. 5〜8，2003年12月10日

第 8 章　授業設計, 学習指導案, 授業改善及び教育実習　—教育実習に行くときに参考にしてください—

- ● 授業構造（行って, 返ってまた行く理論）
- ● 授業理論と授業改善
- ● 学習指導案と教育実習心得

8-1　系統的学習における授業構造

8-1-1　教える側と教わる側の関係

一斉授業における系統学習は, 教える側（教員）と教わる側（生徒）とのやり取りで成り立つものであり, これを講演や演説と比較してみると明瞭になります。

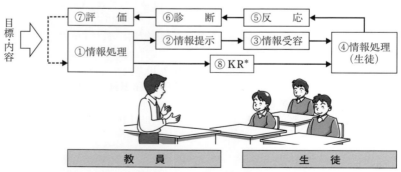

*　KRについて：Knowledge Return の略で, 生徒の回答に対して, 教員の返事（言葉または表情等の合図）を示す。

図1　授業中の生徒と教員の関係

講演や演説は演者側からの一方的な情報提供ですが,授業は教員から情報を提供し,生徒がそれを処理し,教員に返し,さらにその反応について教員が生徒に返すという**やり取りを通して**授業が成り立つものです。これを示すと図1のようになります。(**行って,返ってまた行く理論：坂元昂の理論**より)[1]

8-1-2 授業の進行

理数系や工業科の講義を分析すると,比較的単純なパターンで進行することが多く,その代表的な例をあげます。

授業の展開

時間	活動区分		内　容　等
△分	導入		本授業の目的,内容等
□分	展開Ⅰ	説明Ⅰ 練習問題 評価	説明と例題 問題の解答 (新しい学力観に基づいた評価)
○分	展開Ⅱ	説明Ⅱ 練習問題 評価	さらに進んだ説明と例題 問題の解答 (新しい学力観に基づいた評価)
＊分	まとめ		本授業のまとめ

工業教科の講義では,上記の表のようなパターンがほとんどですが,展開がⅠで終わることもあれば,ⅡまたはⅢまで進むこともあります。その展開中に常に「**行って,返ってまた行く**」が繰り返されます。授業はこの繰り返しの中で,生徒の反応を見ながら知識の定着を図ります。単調にならず,学習内容に興味・関心をもたせるようにし,発見学習的な要素も入れて,多面的に展開しなくてはなりません(参考資料を参照)。

8-2　学習指導案

8-2-1　学習指導案の意味

教育実習に行き,まず悩むのは担当する授業の「学習指導案の作成」(以後,指導案と略記する)です。授業を演劇に例えて述べると,台本に相当するのが「指導案」,プロデューサー・俳優は「教員」,大道具・小道具は使用する「教具」(教科書,補助教材,実物,パソコン,プロジェクタ,写真,VTRなど)です。演劇で役者や大道具がよくても,台本が悪くて

はよい演劇はできません。同様によい指導案作成が授業の第一歩になるので，徹底的に研究し準備する必要があります。

授業展開にあたっては，準備した指導案や教具を用い，名優が観客を引きつけるように，生徒を授業に引きつけることが大切です。そのためには，俳優が台詞を自分の言葉として表現するように，指導案を頭に焼きつけて授業に臨むことです。授業中は，生徒の表情，反応に集中し，大道具・小道具を駆使して展開します。授業は指導案どおりに進行しないことがしばしばあります。その場合に，生徒の反応や表情を見て，あらかじめ準備した指導案とは異なっても，緩急自在に進める余裕をもつことが大切です。指導案作成のときも，そのようなことを想定しておくことが肝要です。

8-2-2　学習指導案の作成上の配慮事項

学習指導案の作成では，その科目の全体を理解しておくことが大切です。したがって次のことをあらかじめ調べておかなくてはなりません。

① 当該学科の年次計画　② 年間指導計画　③ 単元の設定
④ 単元の配置　⑤ 単元の指導計画

単元の指導計画は，実施学年，実施時期，実施時間，指導目標，指導事項とその内容，指導方法，評価の視点などを記載するのが普通です。この際，学習の難易や技術の体系，他科目との関連などについて配慮する必要があります。

単元の指導計画ができると，各時間に指導すべき内容が確定します。これを効果的に指導するための計画が指導案で，各時間ごとに作成するのが原則ですが，2時間連続の場合は，2つのものを区切って作る必要はなく，一つの指導案にまとめるのが良策です。指導案に記載すべき内容は，おおむね，次のようなものです（詳細は参考資料を参照してください）。

①　教科の科目名
②　目　標
③　所要の教材・教具
④　練習問題の位置づけ
⑤　既習の問題や既習事項との関連
⑥　指導の順序
⑦　具体的な指導法

⑧ 練習問題展開時の教員及び生徒の活動
⑨ 所要時間
⑩ 評価の視点
⑪ 問題（この単元の習得状況を調べるための最適の問題）
⑫ 課題（進度の速い生徒及び遅い生徒への課題）
⑬ 参考資料（参考書，その他の参考資料）

8-2-3　学習指導案の形式

実習先の学校に備えてある場合もありますが，ない場合には参考資料を用いて，書式を作成しておくとよいでしょう。

8-3　授業の改善

教員にとって，わかりやすい授業を展開することは永遠の課題であり，常に心がけなくてはならないことです。長年にわたり教えているとマンネリ化してしまうことがあります。授業改善については多くの研究がされてきました。ここでは，他の教員の手を煩わせず一人で手軽にできる授業改善の方法を紹介します。

8-3-1　VTR撮影による授業改善

VTR撮影を紹介します。授業の始めに教室の後ろにセットしておき，自分の授業を撮影します。授業終了後，VTRを再生し意図した授業を展開しているかどうか見ることにより，授業改善が可能です。1台でもよいですが，さらにもう1台を教室の前方にセットし，生徒の動きも同時に見られるようにしておくと違った視点から観察もできます。そして，他の教員にも見ていただき，意見をお聴きすれば参考になります。

8-3-2　線結び式授業内容分析表による授業の改善

授業終了後，生徒にp.133の線結び式授業内容分析表を配布し，記入してもらいます。それを整理し，どこがよくどこが悪かったかを調べることにより，授業改善ができます（参考資料を参照してください）。

8-3-3　その他の方法

① VTR撮影機を2台用意し，教員と生徒の動きを同時に撮影し，そのテープを再生し，教員の動き，生徒の動きを克明に記録し，分析します。
② ISM構造学習法による授業改善[2)]

定期試験の結果や，公益社団法人全国工業高等学校長協会作成の高等学校工業基礎学力テストの結果を「ISM構造学習法による授業改善」を用いて分析します。

①，②ともに客観的に分析できますが，手軽には行えないのが難点です。

8-4 教育実習

8-4-1 教育実習の意義

社会には多くの職業があり，資格を必要とする職業も多数ありますが，教員もそのうちの一つです。教員，医者，弁護士などは，仕事に就くのと同時に一人前の職業人として扱われます。企業での新入社員は，必ずしも一人前として扱われないことが多いのですが，教員は赴任すると最初から一人前に扱われるので，資格に値する仕事ができなければなりません。そのために，教員資格条件として教育実習が義務づけられています（工業科の免許状は，義務づけている大学とない大学があります）。教育実習の意義は下記の3点に集約できます。

第1 教科を教えることを体験し，教授方法の上達を目指す

教員の第1の仕事は，わかりやすい授業を展開することにあります。

「教えることは学ぶことである。」といわれています。教授方法は教職関係科目の授業を通して学習しますが，教えられる立場と教える立場では異なります。教育実習生は，指導案を作成し，教材・教具を工夫して授業に臨みますが，生徒が教員の意図したように理解してくれる場合とそうでない場合があります。そのような経験をしていくことが第1の意義です。

第2 教科活動，ホームルーム活動，部活動などを通して生徒と交流をもち，生徒理解に役立てる

学校教育の目的は，知識重視型の塾や予備校と違い，生徒の個性を重んじ，生徒一人一人を理解し，個性の伸長を図ることにあります。そのためには，教科活動，ホームルーム活動，部活動などを通して生徒と交流し，一人一人を理解することが大切です。生徒の個性は実験・実習や清掃のときに顕著に表れます。そのような機会を見逃さず，生徒理解に努めることが大切です。また，生徒と話し合う機会をもつよう努力をしましょう。

第3 教育現場を体験し，教員の使命感を考える

教育実習は，日々の教育活動を通してさまざまなことを体験します。ま

た，指導教員の授業や校務の取り組み方に接しながら，将来，自分が教員になったときを想定し，教員の使命について考える機会でもあります。

教員の仕事はまず「教科を教えること」と「生徒を理解すること」ですが，そのほかにホームルーム指導，生活指導，進路指導，部活動の指導など，多種多様です。それらの仕事を遂行すると同時に，専門教科の深い知識・技術の研鑽，広い教養が求められることを認識しましょう。教育実習の期間を魅力ある教員像について考える機会としてください。

8-4-2　教育実習の申込みから直前まで

教育実習は，主に春期（5〜6月）または秋期（9〜10月）に設定している高校がほとんどです。教育実習に行く学生は4年生以上の学年が望ましく，4年生の春期に教育実習に行くことを想定し，申込みから事前の調整について述べます。

(1) 申込み手続き

まず，実習を行う学校を決め，2年生の2月頃から3年生の4月頃までに申込みを行います。免許状は教科別になっており，工業の免許状を取得する場合は，工業教科で実習することが望ましいですが，免許状教科と実習教科と違っていてもよい大学もあります。大学の教務課で確認しておきましょう。

高校への申込みは次の手順で進めます。

〈2年生の3月頃〉
① 出身高校等で指導教員になっていただける教員に事前に連絡をとります。
② 指導教員になってくださるようお願いに行きます。
③ 実習希望校に指導教員を通して必要な手続きをします。

〈3年生の9月頃〉
④ 指導教員を引き受けていただけるか否をうかがいます。
その他の注意事項：訪問の際の服装や言葉遣いには気をつけましょう。

(2) 事前打ち合わせ

3年生の3月頃に指導教員のところに行き，時間割，教育課程表，担当する教科・科目・単元，学年，ホームルーム担当などを教えていただきます。そして教壇に立ったときに困らないように，事前に十分な教材研究をしておきます。また，受け入れ高校の教育実習生に対するオリエンテーシ

ョンは，教育実習前か，教育実習期間の初日かを確認しておきます。

(3) 教育実習の2～3週間前

教育実習の2～3週間前になったら指導教員のところに行き，担当科目の内容やホームルームの運営について詳細な打ち合わせを行います。また，指導教員と相談し，実習計画（見学授業，研究授業など）を立てて提出します。なお，大学と実習校が遠く離れているときは，指導教員の了解を得て，上記(2)の折か，手紙やメールで連絡をとることもあり得ます。

8-4-3 教育実習中の服務及び書類提出

(1) 教育実習中の服務

① 教育実習校においては，実習校の教員に準じて勤務します。
② すべての面で指導教員の指示を仰いでください。
③ 始業時間の30分程度前には登校します。
④ 実習中は，無断で外出してはいけません。
⑤ 初日と最終日は生徒との対面式があるので，男性であればネクタイを着用し，平日はそれに準じた服装にしましょう。
⑥ 下校は，指導教員の指示を受けてください。
⑦ 実習中は，教員の一人であるという自覚をもち，勤務に励みます。
⑧ **実習中に知り得た個人情報は，実習中はもちろん，実習後も他に漏らしてはなりません。（公務員の守秘義務）**

(2) 教育実習日誌のほか必要な書類の提出

多くの大学では，教育実習に行くときに大学から冊子を渡されます。その内容は，①日誌，②指導教員が大学に返送する実習成績表などです。

①の日誌は，毎日記入し指導教員に渡して下校してください。翌日にコメントが記載されて返却されますので，参考にしましょう。

②の成績表は，初日に指導教員に渡します。その他，必要な手続書類，出勤簿，実習校に提出する書類や大学に提出する書類等は確実に処理しましょう。

(3) 教育実習中の研修

① 実習指導案の作成と授業の実施

授業の良し悪しは，指導案がよく研究されているか否かによりますので，指導案はよく練ってください。指導案は指導教員が指定する日時までに提出し，指導を受けます。**なお，授業展開，指導案の作成等についての**

詳細は，本章の 8-1〜8-3 節を参照してください。完成した指導案によって練習し，自分の言葉になるまで咀嚼しておきましょう。実際の授業では，指導案に沿って，生徒の顔を見て（理解度，進度の適切さなど）臨機応変に授業を進めます。

② 実施授業以外の時間の使い方

授業のない時間は，教材・教具の研究に努め，指導案作成や準備に有効に役立ててください。また，担当する科目だけでなく，専門教科，特に実験や実習，課題研究はできるだけ見学するように心がけてください。また，普通教科の授業も見学し，ベテラン教員の授業の進め方を参考にしましょう。また，ホームルーム担当者として，掃除への参加，さらに，特別活動や放課後の部活動にも積極的に参加し，生徒理解と指導に役立てましょう。

8-4-4　教授技術と授業改善

授業がわかりやすく展開できるか否かは，指導案の作成にかかっているといえます。そのためには，教授技術と授業改善が重要です。

(1) 話し方
① 大きな声でゆっくりと話します。
② わかりやすい言葉で主語，述語をはっきりさせ，短く区切って話します。
③ 生徒の顔を見ながら話します。

(2) 板書
① 書く内容の配置を考えて黒板を使います。
② 板書は，文字などを適当な大きさで丁寧に書きます。
③ 書くタイミングと話すタイミング及び消すタイミングを考えます。
④ 強調したいところは色チョークの使用や下線などで工夫をします。

(3) 補助教材及び演示
① 補助教材で最も多いのは，補足のための印刷物です。生徒は印刷物を教科書やノートの間に挟んでおくことが多く，なくなることも想定して作成することが必要です。
② 演示は効果的です。事前にリハーサルを行い，失敗のないように練習しておきましょう。演示前または演示後にその内容を丁寧に解説します。

③ パソコン・プロジェクタ，視聴覚教具等の教育機器を積極的に利用しましょう．しかし，それらの機器を使用しますと，教える速度が速くなります．長所，短所を見極めて使用してください．

(4) 机間指導

机間指導は大切な指導です．練習問題に取り組むときには，必ず机間を巡ってください．そのときのポイントは，① 生徒はどの程度理解しているか，② 説明がよかったか悪かったか，どこがわかりにくかったか，③ 理解の遅れている生徒への指導，などです．

(5) 授業改善

授業が終了したら，指導教員の講評を受けてください．また，自分の授業の評価・改善については，本章の8-3節を参照してください．

それらを参考にして次の授業の改善に役立てましょう．

8-4-5　教育実習の事後連絡

教育実習の修了後，学校長や指導教員及び担当したクラスには，礼状を書きましょう．また，授業で担当した範囲の定期試験の結果をお聞きすることも大切なことです．

大学の教務課には，必要な書類を提出します．また，教職を担当している教員に実習中の指導案を提出します．

参　考　資　料

```
機 械 科 学 習 指 導 案 （例）

                            日　時　平成　年　月　日（　）第　校時
                                    ○○：○○〜○○：○○
                            対　象　第○学年○組○○名(男子○名,女子○名)
                            学校名　○○工業高等学校
                                    授業者　教諭・氏名
                            会　場　○　階　○　○　教　室
```

1 単元（題材）名（科目名，教科書，副教材等）
　　科　目：機械設計
　　教科書：機械設計1　実教出版
　　副教材：なし

2 単元（題材）の目標

> 力の合成・分解，力のつり合い・重心などについて，解析の手法を図示及び数式を用いて理解できる。

3 単元（題材）の評価規準

評価＼観点	知識・技術[*1]	思考力・判断力・表現力	主体的に学習に取り組む態度[*2]
単元の評価規準	力の働きについて数学的な考え方，数式を理解できる。	力を平面内に適切に表し，力を合成・分解する方法や力の働き・つり合い・重心の考え方を理解できる。	物体に働く力や力の合成・分解・つり合い・重心について主体的に学習する態度を身に付ける。
学習活動に即した具体的な評価規準	力の合成・分解・つり合い・重心について，数式を用いて理解でき，図示できる。	力の合成・分解・つり合い・重心について，原理と方法を関連付けて考え，数式で表現できる。	物体に働く力や力の合成・分解・つり合い・重心について身近な事例から学習する態度を身に付ける。

[*1]　高等学校学習指導要領解説「工業編」より
[*2]　p.135参照

4 指導観
(1)　この単元（題材）の扱いについて（単元観）
　人間にはいつも力が加わっていることや力とは何かを理解させる。動いているものには，力が加わっていること，静止しているものは，加わっている力がつり合っているということを理解させる。

(2)　生徒の実態について（生徒観）
　クラスの特徴としては，ものづくりに対して興味を持っている生徒が多い。多くの生徒は静かで授業規律は保たれているが，発問に対して積極的でないことがある。理数系の教科に苦手意識を持っていて，授業に対する参加意識が欠ける生徒もいる。授業では，力の合成・分解及びつり合いの方法を図示できることと数式を用いて理解できるようにする。

(3)　教材の活用について（教材観）
　私たちの生活では，力をいつも使っており，力で物体の運動状態を変化させたり，形を変形させたりしている。設計する際にも力を考える必要があるため，力について十分に理解する必要がある。実際に引っ張りあいなどをして動くとき，静止しているときの力の状態について考えられる。

5 年間指導計画における本単元との関係

	月	単元内容（学習内容）	配当時間
1学期	4	第1章 機械と設計 1. 機械のなりたち ①機械 ②機構 ③機械要素 2. 機械設計 ①設計 ②設計・製図と生産 ③コンピュータの活用	4
	5	第2章 機械に働く力と仕事 1. 力 ①力の合成と分解 ②力のモーメントと偶力	8
	6	③力のつり合い（本単元） 2. 運動 ①運動	8
	7	②円運動 ③運動量と力積	4

6 単元（題材）の指導計画と評価計画（26時間扱い）

	ねらい	学習内容・学習活動 （導入・展開・まとめ） で記述する	具体的な評価規準 （主となる評価方法）
第1時	力の合成と分解	導入：ここでの力とは何を表しているのかを考える。 展開：力の合成と分解についての基本的事項を理解する。 まとめ：力の合成と分解についての作図の仕方が理解できる。	〈知・技〉〈思・判・表〉 押す，引く，斜めなどの力の働きを考え理解できる。
第2時	力の合成と分解	導入：力の合成と分解について基本的事項の復習。 展開：力の合成と分解について例題，問題を解法する。 まとめ：力の合成と分解についての求め方が理解できる。	〈知・技〉 力の合成・分解を図示でき数式を用いて解法することができる。
第3時	力のモーメントと偶力	導入：回転に対する力と作用点の関係について考える。 展開：力のモーメントの公式について理解する。 まとめ：力のモーメントの求め方について理解できる。	〈思・判・表〉〈態〉 スパナでナットを回すときの力を考え解法することができる。

第4時	力のモーメントと偶力	導入：回転させる力について考える。 展開：偶力とモーメントについて理解する。 まとめ：偶力の求め方について理解できる。	〈思・判・表〉 自転車のペダルを踏む力について考え表現できる。
第5時 (本時)	力のつり合い	導入：静止している物体に力が働いていることを考える。 展開：力のつり合いについて理解する。 まとめ：静止している物体の力の働について理解できる。	〈知・技〉〈思・判・表〉 物体に力が働いているときの力のつり合いについて考え理解できる。
第6時	重心	導入：物体のつり合いを保つ点について考える。 展開：重心について理解する。 まとめ：重心の求め方について理解できる。	〈知・技〉〈思・判・表〉〈態〉 物体のつり合い条件と重心を理解し数式で表現できる。

7　指導の工夫

・力の合成・分解について，身近な事象を生徒に話し，生徒の興味・関心を引きつける。
・物理の科目と関連性があるので，授業内容を関連づけて行う。
・計算の方法については，数学・物理と関連させる。
・板書において，生徒がノートをとりやすいように書く。
・物体が動くとき，静止しているときの力の大きさを測るため，ばねばかりを使用する。
・生徒同士でロープを互いに引っ張り，片方が動くときや両方が静止しているときの力の状態について考えさせる。

8　本時（全6時間中の第5時間目）

(1)　本時の目標（ねらい）

・物体に働く力がつり合っていることが理解できる。
・複数の力が同一線上にある場合のつり合いについて理解できる。
・例題を通して，力のつり合いについて理解し，図示や数式を用いて表現できる。

(2)　本時の展開

時間	学習内容・学習活動	指導上の留意点	評価規準 （評価方法）

導入 10分	挨拶 出席点呼 前回までの授業の確認 本時の目標について 　・力のつり合い	号令時に生徒が起立しているか確認する。 出欠点呼で生徒の様子を確認する。 身近な事例を述べて力のつり合いについて説明する。 実際に生徒同士ロープを引っ張り合って力の大きさを確認させる。	〈態〉 授業を受ける態度ができる。 〈思・判・表〉 ロープを引く様子から力の働きを考えられる。
展開 35分	教科書 p.22〜23 ◇物体が動いている状態と静止している状態について理解する。 ◇1点に働く力のつり合いを図示し理解する。 ◇力が同一直線上にあるときの力のつり合いを図示し理解する。 ◇3力を x, y 軸方向に分解したときの力のつり合いについて数式を用いて理解する。 $X_1+X_2+X_3=0$ $Y_1+Y_2+Y_3=0$ 教科書 p.24 ◇例題④の説明を受けながら力のつり合いを理解する。	物体が静止しているときは力が働いていないのではないことを理解させる。 力の分解を用いてつり合っているかを確認させる。 図22　3力のつり合い 例題④を説明し力のつり合いについて理解させる。 図23 X軸方向　$F_1\cos 30°-F_2\cos 45°=0$ 　　　　$0.866F_1-0.707F_2=0$　(a) Y軸方向　$F_1\sin 30°+F_2\sin 45°-500=0$ 　　　　$0.5F_1+0.707F_2-500=0$　(b) 式(a), (b)から F_1, F_2 を求めれば 　　　　$F_1=366$ N　$F_2=448$ N	〈知・技〉 物体が静止しているときの力の状態を理解できる。 〈思・判・表〉 2力が同一作用線上にあるときの力の状態を考えられる。 〈知・技〉 力の合成・分解・つり合いについて数式を用いて理解し図示できる。 〈態〉 例題を通して力のつり合いを主体的に学ぶ態度ができる。 〈知・技〉 例題を通して、力のつり合いについて数式を用いて理解できる。
まとめ 5分	力のつり合いについて確認する。 次回の授業について。 挨拶(授業終了時)	生徒に発問し力のつり合いについて理解できたかを確認する。 発問例:「力がつり合っている」ということはどういうことか。 次回の授業の予告を告げる。 号令時に生徒が起立しているか確認する。	〈思・判・表〉 力のつり合いについて学んだことを発表できる。

(3)　板書計画　別紙
(4)　授業参観の視点
　　・授業時間の時間配分は適切であったか。
　　・板書は見やすく，わかりやすかったか。
　　・学習内容を理解させ，生徒に考えさせることができたか。

線結び式授業内容分析表

（東京工業大学　坂元研究室）

男子　女子

今日の学習	

説　明　が	やさしかったので	できた
話　し　方　が	難しかったので	できなかった
実　験　が	多かったので	
板　書　が	少なかったので	
OHP・テレビ資料などが	速かったので	わかった
質問やヒントなどが	遅かったので	わからなかった
指　名　が	ていねいだったので	
気をつけてくれたことが	雑だったので	楽しかった
先生の見てまわることが	わかりやすかったので	楽しくなかった
問　題　が	わかりにくかったので	
まとめが	あったので	むちゅうだった
ほめたり励ましたりしてくれたことが	なかったので	あきあきした
確かめてくれたことが	面白かったので	
授業の進め方が	面白くなかったので	やる気が出た
考える時間が	はっきりしていたので	やる気が出なかった
みんなで話しあったことが	はっきりしていなかったので	

このほかに今日の学習で思ったことがあったら下記の欄に書いてください。

❖　**参考文献**　❖

1) 坂元昂，授業改造の技法，明治図書，1980 年
2) 佐藤隆博，ISM 構造学習法，明治図書，1987 年

第9章　教育評価

- 評価の3要素とは？
- ルーブリック評価とは？
- 全国工業高等学校長協会の高等学校工業基礎学力テスト

9-1　学習評価の意義

　平成28年12月に出された，中央教育審議会の答申[1]「児童生徒の学習と教育課程の実施状況の評価の在り方について」第9章［学習評価の充実］に学習評価の意義等が，下記のように記されています。

○　学習評価は，学校における教育活動に関し，子供たちの学習状況を評価するものである。「子供たちにどういった力が身に付いたか」という学習の成果を的確に捉え，教員が指導の改善を図るとともに，子供たち自身が自らの学びを振り返って次の学びに向かうことができるようにするためには，この学習評価の在り方が極めて重要であり，教育課程や学習・指導方法の改善と一貫性を持った形で改善を進めることが求められる。

○　子供たちの学習状況を評価するために，教員は，個々の授業のねらいをどこまでどのように達成したかだけではなく，子供たち一人一人が，前の学びからどのように成長しているか，より深い学びに向かっているかどうかを捉えていくことが必要である。

○　また，学習評価については，子供の学びの評価にとどまらず，「カリキュラム・マネジメント」の中で，教育課程や学習・指導方法の評価と結び付け，子供たちの学びに関わる学習評価の改善を，更に教育課程や学習・指導の改善に発展・展開させ，授業改善及び組織運営の改善に向けた

学校教育全体のサイクルに位置付けていくことが必要である。

9-2　新しい評価の3つの観点

　上記の中央教育審議会の答申には，以下のことが記されています。
○　現在，各教科について，学習状況を分析的に捉える「観点別学習状況の評価」と総括的に捉える「評定」とを，学習指導要領に定める目標に準拠した評価として実施することが明確にされている。評価の観点については，従来の4観点の枠組みを踏まえつつ，学校教育法第30条第2項が定める学校教育において重視すべき三要素（「知識・技能」「思考力・判断力・表現力等」「主体的に学習に取り組む態度」）を踏まえて再整理され，現在，「知識・理解」「技能」「思考・判断・表現」「関心・意欲・態度」の四つの観点が設定されているところである。
○　今回の改訂においては，全ての教科等において，教育目標や内容を，資質・能力の三つの柱に基づき再整理することとしている。これは，資質・能力の育成を目指して「目標に準拠した評価」を実質化するための取り組みでもある。
○　今後，小・中学校を中心に定着してきたこれまでの学習評価の成果を踏まえつつ，目標に準拠した評価を更に進めていくため，こうした教育目標や内容の再整理を踏まえて，観点別評価については，目標に準拠した評価の実質化や，教科・校種を超えた共通理解に基づく組織的な取り組みを促す観点から，小・中・高等学校の各教科を通じて，「知識・技能」「思考・判断・表現」「主体的に学習に取り組む態度」の3観点に整理することとし，指導要録の様式を改善することが必要である。
○　その際，「学びに向かう力・人間性等」に示された資質・能力には，感性や思いやりなど幅広いものが含まれるが，これらは観点別学習状況の評価になじむものではないことから，評価の観点としては学校教育法に示された「主体的に学習に取り組む態度」として設定し，感性や思いやり等については観点別学習状況の評価の対象外とする必要がある。
○　すなわち，「主体的に学習に取り組む態度」と，資質・能力の柱である「学びに向かう力・人間性」の関係については，「学びに向かう力・人間性」には①「主体的に学習に取り組む態度」として観点別評価（学習状況を分析的に捉える）を通じて見取ることができる部分と，②観点別評価

や評定にはなじまず，こうした評価では示しきれないことから個人内評価（個人のよい点や可能性，進歩の状況について評価する）を通じて見取る部分があることに留意する必要がある。

○　これらの観点については，毎回の授業で全てを見取るのではなく，単元や題材を通じたまとまりの中で，学習・指導内容と評価の場面を適切に組み立てていくことが重要である。

○　なお，観点別学習状況の評価には十分示しきれない，児童生徒一人一人のよい点や可能性，進歩の状況等については，日々の教育活動や総合所見等を通じて積極的に子供に伝えることが重要である。

3観点法による事例

表1　職業に関する各教科において育成を目標にする資質・能力の整理及び職業に関する各教科の目標（イメージ）

	知識・技術*	思考・判断・表現力等	学びに向かう力・人間性等
資質・能力の整理	・工業の各分野について（社会的意識や役割を含めて）体系的・系統的な理解 ・関連する技術の習得	・工業に関する課題を発見し，職業人としての倫理観をもって合理的かつ創造的に解決する力	・職業人として必要な豊かな人間性 ・よりよい社会の構築を目指して自ら学び工業の発展に主体的かつ協働的に取り組む態度
目標のイメージ	・工業の各分野について（社会的意義や役割を含め）体系的・系統的に理解させるとともに関連する技術を習得させる	・工業の関する課題を発見し，職業人としての倫理観をもって合理的かつ創造的に解決する力を育成する	・職業人として必要な人間性を育み，よりよい社会の構築を目指して自ら学び，工業の発展に主体的かつ協働的に取り組む態度

＊　高等学校学習指導要領解説「工業編」による

9-3　形成的評価・診断的評価・総括的評価

9-3-1　形成的評価

1930年代半ばにアメリカで行われた「8年研究」が教育評価[2]を提唱し，新しい教育原理の展開に伴う新しい評価の原理と方法が求められました。すなわち，従来の「教育測定」による伝統的「考査」への批判と反省から「教育評価」という概念が考えられ，その在り方が研究されるように

なりました。

そうしてブルーム（B. S. Bloom）らによって「形成的評価」が提唱されるにいたりました。この評価方法は，授業中の評価を重視し，その形成的機能を学習と指導に反映させようとするものです。ただ単に達成度を数値で示す評価とは大きな違いがあります。

「形成的評価」の考え方は，特に積み重ねが大切な中等工業教育においては非常に有効です。すなわち，教科，学年，学習領域ごとの目標と内容が明示され，その目標に向かう学習と指導の活動を調整する機能［生徒には目標の実現が容易になる情報と，教員には指導すべき点の確認と今後の改善を可能にする情報（フィードバック情報ともいう）を提供してくれる機能］をもつ「形成的評価」が，優れて有効であると考えられます[3]。

ブルームらは評価を広い視野からとらえ，評価と学習＝指導の一本化，システム化を目指したといえます。ブルームらの考え方を要約すれば，「学生・生徒の学習と教員の指導を改善するのに必要な情報，ペーパーテスト以上に多様な情報を含み，目標を明らかにし，学生・生徒を把握し，学習プロセスを管理するシステムとしての評価」ということになります[3]。

また，ブルームらは，このような評価を，実施の時期と目的に照らして，次のように示しています。

9-3-2　診断的評価

学生・生徒の実態を把握し，それに応じた指導計画を立案するために実施される評価です。学生・生徒のレディネスの調査，最適のカリキュラム・授業形態の検査などの目的をもつもので，単元，学期，学年の初めに行います。

9-3-3　総括的評価

単元，学期，学年，課程などの修了時に実施されます。単位認定や記録のための評価でもありますが，進級や進学の際の診断的評価でもあります。

9-4　ルーブリック評価

9-4-1　ルーブリックとは？

大学，高校では，各科目のシラバス（科目別年間指導計画）を提出・公表しておりそれに従い1年間の授業を展開します。しかし，それには到達

目標や評価基準は示されておりません。それに対して、さらに詳細に単元ごとの到達目標や評価基準を示したものが、ルーブリックです。

ルーブリックを見れば、その教科・単元では、何を教え、何をねらいとしているか明らかになります。また、同じ学年で数クラスあるとき、ルーブリックを作成しておくと、教員間で到達目標や評価基準がほぼ同一になります。その結果、ベテラン教員と若手教員の指導内容・程度を揃えることが可能になります。

9-4-2 ルーブリックの手法とは？

ルーブリックの方法は、表2のようなマトリックス表を用います。

縦軸は複数の評価項目をおき、横軸はその到達レベルを数段階の評価で示します。

表2 ルーブリック評価のマトリックス

評価段階	A	B	C	評価段階
評価項目（内容1）	評価基準	評価基準	評価基準	A：良い
評価項目（内容2）	評価基準	評価基準	評価基準	B：普通
評価項目（内容3）	評価基準	評価基準	評価基準	C：努力が必要

9-4-3 ルーブリックの利点

ルーブリックの利点を記します。

① 生徒の学習が各評価項目においてどのレベルまで到達しているか測ることで、生徒に対し、また、教員間でブレない客観的な評価が可能となります。
② 生徒にとって具体的に各項目のキーポイントが明確になります。
③ この表を作成することにより、教員自身の評価基準が明確になります。
④ さらにそれらの結果を参考にして生徒が理解しやすい箇所、理解しにくい箇所が明確になります。それにより、最適な授業設計を作成することができます。
⑤ 生徒にとっては、授業前にルーブリック評価の観点を明らかにされることにより、努力目標が見える形になる。それにより技術の習得や講義の定着向上を図ることが可能になります。

9-4-4 ルーブリック評価の工業教科における事例

教科：工業，科目：実習（機械，溶接）[4]

表3 ルーブリック評価による溶接実習例

大項目	中項目の評価内容	評価基準 A	評価基準 B	評価基準 C
計画・実践	計画どおり作業を進められたか	作業進行を確認しながら加工でき，予定時間内で間違いなく完成する。	計画どおり作業を完成することができる。	計画どおり作業を完成することができない。
技術力	溶接技術を使った技術力	薄板や厚板などに合わせたアーク・ガス溶接の手法を習得し，溶接することができる。	指示どおり，アーク溶接・ガス溶接を使って溶接することができる。	アーク・ガス溶接の手法を理解せず，溶接している。
技術力	作品に割れや変形などがなく見栄えよく加工することができる	きちんと溶接部が接合され，見栄えがよく，設計図どおりの作品ができる。	2～3カ所に割れや変形があるが，設計図どおりにできる。	数箇所で，きちんと接合されておらず，見栄えが悪い。
操作性	測定器，溶接機等の操作等を十分に使いこなせる	安全に注意しながら工具，溶接機の操作を理解し，スムーズに作業することができる。	工具，溶接機の操作ができる。	工具，操作が不十分で，操作法を理解していない。
操作性	段取り	作業手順をよく理解し，手際よくスムーズに加工できる。	手順は理解しているが，一部に手違いがある。	手順を理解していないために，段取りが悪く時間内にできない。
展開力	問題点・課題を判断し，新たに展開できる力	加工・操作において，問題点を分析し，改善点を明確にし，実行できる。	問題点を理解したが，改善点を見いだすことができない。	問題点を理解せず作業をし，同じようなミスを繰り返す。

表4 機械設計ルーブリック例

本日の授業(学習活動)について、該当する欄に〇印をつけてください。

	評価の観点	指導内容	学習活動	A	B	C	
導入	主体的に学習に取り組む態度[*1]	学習に対する興味・関心・意欲・態度	身近な事例から学習する意欲	身近な事例から学習する意欲が高まった。	身近な事例なら学習意欲をもてた。	身近な事例から学習意欲がもてなかった。	
導入	思考・判断・表現	力と物体の動きについて考える	ロープの引っ張り合いで力の大きさを確認	力と物体の動きについて自ら具体例発表することができた。	力と物体の動きについて他の生徒の具体例を聞いて考えることができた。	力と物体の動きについて考えることができなかった。	
展開	知識・技術[*2]	同一直線上にあるときの力の働きを理解	力が同一直線上にあるときの力の合成・分解・つり合いについて図示と数式で理解	力の合成・分解・つり合いについて図示と数式でよく理解できた。	力の合成・分解・つり合いについて図示と数式で理解できた。	力の合成・分解・つり合いについて図示と数式で理解できなかった。	
展開	思考・判断・表現	力を図示や数式を用いて考え表現	力の合成・分解・つり合いについて図示と数式で表現	力のつり合いについて自ら考え図示すること,数式で表現することができた。	力のつり合いについて図示すること,数式で表現することができた。	力のつり合いについて図示でこと,数式で表現することができなかった。	
展開	主体的に学習に取り組む態度[*1]	学習に対する興味・関心・意欲・態度	力のつり合いの学習に取り組む態度	力のつり合いについて自ら意欲をもって学習できた。	力のつり合いについて意欲をもって学習できた。	力のつり合いについて学習意欲がもてなかった。	
まとめ	思考・判断・表現	学習したことについての発問	力のつり合いについての理解	学習したことを自分の考えとして言うことができた。	他の生徒の意見を聞き自分の考えを言うことができた。	自分の考えを言うことができなかった。	

*1 p.135参照
*2 高等学校学習指導要領解説「工業編」による

注：
① 表4の評価基準は，A，B，Cの3段階評価としましたが，S，A，B，Cの4段階，

または，中項目評価事項を増やすことは可能です。
② 表4は，各学校・学科の実状を加味し，学校・学科・科目で作成することが基本です。
③ この評価方法は，従来の評価方法より科目に合わせて，また単元に合わせて具体的，かつ，明確に作成できるので，工業系の評価には適しています。特に実習系では，どこがポイントになるかが明確になり，生徒はポイントをつかみやすくなります。

この評価方法は，1980～1990年にアメリカで研究・発展してきた方法です。その動機は，大学全入時代を迎え，従来の成績評価の方法では，なし崩し的に安易な成績評価が広がることを恐れ，また，標準化されたテストでは，学生の多面的な能力を測定できず，そのために大学間で評価が異なる点を同一の尺度で統一しようということから始まりました。

日本ではルーブリックの基本である，**到達目標**や**評価基準の明確化**に注目し，小学校，中学校，高等学校での研究が盛んになりました。先に記したように，工業教科では，非常に有効な評価方法となる可能性があり，今後の創意・工夫が期待されます。

9-5 評価・評定の実際

9-5-1 相対評価と絶対評価

相対評価（集団に準拠した評価）とは，尺度化にあたって，母集団の得点分布の代表値（通例は平均値）を原点に，分布の広さの指数（通例は標準偏差値）を単位とした値，またはそれに線形変換を施した値を得点とするもので，いわゆる偏差値，パーセンテージ値，5段階相対評価値などがこれに当たり，各個人の成績が母集団の得点分布の中でどのあたりに位置づけられるかを示します。

これに対し絶対評価（目標に準拠した評価，内容的基準による評価）は，母集団の得点分布の如何に関わりなく，特定の内容を習得したか否か，または完全な習得の状態からどの程度隔たっているかを示そうとするものです。

一般的に，定員があらかじめ決まっている選抜や組分けには相対評価のほうが適し，また，教育内容の構成について十分な知識のない相手（たとえば親や本人）に，その学習集団での一斉指導に問題がないかどうかを知らせるのにも，相対評価のほうがわかりやすい場合が多いと思います。

しかし，授業の改善や，個々人に対する指導の方略の決定などには，内容的基準による評価のほうがはるかに有益な情報を与えます（小林一也氏の解説[5]から）。

9-5-2　標準テストと教員作成テスト

標準テストは，テスト作成の専門家が，大きな標本集団のデータに基づいて問題を選択し，採点方法を定め，尺度化を行ったテストで，そのテストの得点によって，全国的な母集団の中での位置づけが判定しうるようになっています。

これに対し，教員作成テストは，教員が，自分の教えている生徒たちを対象に問題を作成して行うテストで，その生徒たちに教えた内容の中から，教員の指導意図に沿って出題されます。標準テストの長所は，全国的な基準による内容が網羅され，問題が熟練者によりつくられ標準化の過程でさらに選択を加えられるので，難問奇問や多義的な問いが出されることが比較的少ない，広い集団の分布の中に位置づけられるので相対評価といっても特定の学校や学級の学力の偏りには影響されない，などです。

問題点としては，教員の教育方針とは無関係に，教えなかった内容や浅くしか扱わなかった内容からも出題される（したがって内容や教え方の選択権を実質的に教員から奪うことになる），対象となる生徒たちの特性や意図とは無関係に画一的に行われる，などであり，さらに，多くの標準テストが商業ベースで作成されていることに対する反発もあるようです。

教員作成テストは，教えられた内容や生徒の実態に即応している，大量採点をしないので論文体や自由記述など，生徒の個性をみやすい出題ができるし，採点もきめ細かくできる，などの長所がある反面，教員の偏った出題できちんと答えられない問題が出される，採点基準が学校や学校の学力の偏りに影響される，さらに副次的には出題や採点に教員の労力が費やされ過ぎる，などの問題点が指摘されています。

9-6　工業高校の教育と評価方法

工業高校の教育におけるテストには，上記の標準テスト，教員作成テストといった区分のほかに，実技テスト，面接や質問紙によるテストなどがあります。工業高校では，これらのテストに基づく評価はもちろんですが，これらのテスト類とは別に，観察記録やレポート，製作物などによる評価も含めて，多面的な角度から評価を行うという特徴があります。

この際に重要なことは，教員作成によるテストや課題を用いるときは，常に「評価」を通した「教育」，すなわち学習＝指導と一体化する教育評

価を念頭におくべきことです。

　また，公益社団法人全国工業高等学校長協会（以降，「全工協会」と略記）では，**工業基礎学力テスト**を毎年実施しています。試験問題は学科ごとの委員会で作成したものを，3月初めの指定された日に各学校で実施します。その後，解答用紙を全工協会に送ります。全工協会では採点し，全国の試験結果の平均点や点数分布などをまとめ，実施校に報告します。それにより自分の学校の成績を全国の学校と比較・検討することができます。また，自分の学校の前年度の結果とも比較でき，学科として反省する材料にすることができます。このように試験結果から，その年度の反省材料とすることができます。

　　注1：最近では，高等学校でも，各科目の授業についてのシラバスを示すようになりましたが，そこでは，当然のこととして学習＝指導を示していますが，その一機能としての評価の在り方（評価の観点・評価方法など）が明示されるべきでしょう。
　　注2：課題研究などでグループ作業における評価方法については，第4章4-3-7項「評価の視点」の箇所に記してありますので，参照してください。

9-7　評価と評定

　次に評価と評定について述べます。

　〈評価：Evaluation〉

　講義でいえば，単元の終わりまたは，各学期末に試験を行います。また，実習では，製作作品，授業態度などを3観点別評価，ルーブリック評価など，上記で記した方法で，点数化します。これが評価です。

　〈評定：Valuation〉

　各科目における上記のような観点からの評価を総合し，学籍簿または通知表に記します。これが評定です。評定者としての教師には，公正で客観的な評定が求められるので，評価基準をより明確にして評定に臨むよう心がける必要があります。

❖　**参考文献**　❖

1) 中央教育審議会答申「児童生徒の学習と教育課程の実施状況の評価の在り方について」，2016年12月21日
2) 小澤滋子ほか，現代教育学入門 新版，勁草書房，p.121，2002年

3) 林泰成ほか，教育の原理，晃洋書房，p. 117，1990 年
4) 棟方克夫，研究報告「工業高校生の専門的職業人として必要な資質・能力の評価手法の調査研究」，公益社団法人全国工業高等学校長協会，株式会社ベネッセコーポレーション，pp. 71～86，2015 年 3 月 13 日
5) 小林一也，工業教育の理論と実践，実教出版，p. 167，1983 年

第10章　学習と授業理論

- 形式陶冶，実質陶冶，児童中心主義，教科中心主義とは
- アメリカの教育改革と日本の教育改革
- プログラム学習の実際

教育の究極の目的　カント（Immanuel Kant 1724～1804）の「人間は教育によって人間になる」やヘルバルト（Johann Friedrich Herbart）の「教授の究極的な目的は品性の陶冶にある」という言葉は，あまりにも有名です。人間以外の動物にも原始的意味での教育は存在しますが，人間の場合には他の動物とは比較にならない教育制度や方法・内容をもち，高度で複雑な社会を形成し，文明社会を築いてきました。

10-1　はじめに

　教育関係の本では，「学習，教育理論，授業形態」の分類や内容の扱い方が筆者により異なったり，混合している場合がありますが，ここでは以下のように整理して述べます。

　「学習」（learning）という営みは，人間だけでなく他の動物でも行っている行為です。それが経験として積み重なり，生きる力を育んできました。グループで行動する動物では経験豊かなリーダーが統括しながら，危機に対して群れを安全に生きる方向に導いており，これも学習の成果でしょう。

　「教育」（education）という営みもまた人間だけのものではありません。動物が乳離れし生きていくために親は餌の取り方などを教えており，これも大きくみれば教育の範疇に入るものです。

学 習（learning　自ら行うもの）

1)	試行錯誤（trial and error）
2)	条件反射（conditional reflex）
3)	洞察法（insight）

　人間もまた原始の時代には，他の動物と大差なかったことでしょう。それが2本足歩行をするようになり，手を使用することにより大脳の発達を促しました。さらに大脳と手を結びつけ種々の道具を発達させ，言葉を生み，文字で記録することを見つけ，さらに紙を発見し，最近では電子的手法で記録するまでに発達してきました。その過程において言葉や文字を用いるようになり，「教育」という人間独自の方法を開発し，古今東西の経験を蓄積・継承し，現在の文明・文化を築いてきました。

　「学習」という行為は，学習者自身の行為であり，「教育」という行為は，教える者が介在していることです。人間が他の動物と違い，人間らしく心豊かに生きることができるのは，教育の質の違いといえましょう。

教　育（education　教えるものが介在するもの）

―――教育の二面性―――

育む	教える
育てる	訓練する
個人の資質を伸ばす	必要なことを教え込む

　さらに，教育という営みが，学校を中心として集団的に行われるようになり，「授業」という言葉が生まれ，授業の「方法」と「形態」を発達させてきました。ここでは，「学習」という営みと，主に学校で行われる教育のうちの「授業」という営みについて次の表に方法と形態を示します。

　一般的に広く行われている授業方法は系統的学習方法で，かつ講義法です。それに対して課題研究や卒業研究は問題解決型学習法で，自学法であるといえます。また，系統的学習をプログラム学習で行う場合もあります。

```
┌─────────────── 授  業 ───────────────┐
│        教える者が介在し，組織的に行われるもの         │
│        ───── 学校での授業を中心にして ─────         │
│                                                    │
│   1  授業方法              2  授業形態              │
│   ┌─────────────┐       ┌─────────────────┐      │
│   │ 1) 系統的学習 │       │ 1) 講義法        │      │
│   │ 2) 問題解決型学習│    │ 2) 討議法        │      │
│   │ 3) プロジェクト学習│   │ 3) 自学法        │      │
│   │ 4) 発見学習  │       │ 4) OJT          │      │
│   │             │       │ 5) オペレーション法 │      │
│   │             │       │ 6) ドリル法      │      │
│   │             │       │ 7) プログラム学習法 │      │
│   │             │       │ 8) 完全習得学習   │      │
│   └─────────────┘       └─────────────────┘      │
└──────────────────────────────────────────────────┘
```

10-2 教育論の歴史的展開[1),2)]

現在にいたるまでの主な教育論の歴史的展開の概略を次表に示します。

1657	コメニウス	感覚論（客観的自然主義）	
1780	ペスタロッチ	人間陶冶説	
1820	ヘルバルト	訓育的教授説　4段階説	
	ヘルバルト派	4段階教授説（ツィラー，ライン）	
1910	デューイ	思考陶冶説，児童中心主義教育	
		learning by doing　　プラグマティズム	
	キルパトリック	（プロジェクト・メソッド）	
1926	モリソン	5段階説の教育課程	
		（適応性の獲得）	
1960	ブルーナー	教育の構造化，学問中心の教育課程	

10-2-1　17世紀から19世紀の教育論（実質陶冶と形式陶冶，教育課程を構成する基本）

17世紀のコメニウスの教育論から始まり，18世紀のルソー，19世紀のペスタロッチの自然主義的な教育思想は，20世紀初頭のデューイの思考陶冶説（learning by doing）により結節し，今日の授業の主流を占めてい

ますが，デューイの思想にも限界があります。それは，学習に立ち向かう子どもの心理・発達を重視するあまりに，形式陶冶に傾斜しすぎ，実質陶冶に欠けるといってもよいでしょう。これが児童中心主義といわれ，基礎学力の低下をきたしたことはよく知られるところです[3]。

授業の構造としては実質陶冶と形式陶冶の区別をしながらも，それを統一的に把握し実施しなくてはなりません。斎藤浩志[4]によれば，「実質陶冶」は，実質的文化的諸価値の学習によって，子どもの知識・技術を豊富にしようとする教育活動とその思想であり，「形式陶冶」は，記憶・推理・想像の諸能力を一般的に訓練することによって，一定の精神的能力の育成を目指す教育とその思想であるとされています。

また斎藤が，「教育の全課程を通して，子どもの主体的な条件を大切にすることと，子どもに与える教育の内容，教科・教材の科学的な系統性・順次性を大切にすることが，一つに結合されなければならない。」といっているのは，このデューイの思想に対する反省として重要な指摘です。つまり，子どもの認識は生活体験や意識によって順次発達するのではなく，**文化財の系を通して**初めて発達してゆくものであることを授業の根本原理として押さえなければなりません。

工業教育においては，知識・技術を青年中期の心理に合わせて教材化し，知識・技術を身につけるとともに（実質陶冶），技術に挑戦する心構え・能力を身につけること（形式陶冶）を調和させるように教育課程を編成しなければなりません。授業展開にあたっては，工業教育の内容や工業に対する考え方を通して人間形成を図ることが授業の本質であることを肝に銘じて，あたらなければなりません。

〈陶冶〉　陶器を造ることと鋳物を造ることから人間天賦の才を円満完全に発達させること，人材を薫陶養成すること。
《実質陶冶と形式陶冶》
〈実質陶冶〉　知識の習得を主とするもので，自然界や社会的現実に関する知識，それを基礎とする技能を身につけさせようとする教育活動とその思想。
〈形式陶冶〉　知識に働きかける能力の育成を主とするもので，推理・記憶・想像などの能力を強化・育成しようとする教育活動とその思想。

（広辞苑より）

18世紀までのヨーロッパの教育界では，実質陶冶か形式陶冶かの論争となっていましたが，19世紀にかけて，中世的・封建的な教条主義の教育への挑戦ともいえるルソー，ペスタロッチの主張から形式陶冶が主流となりました（詳細は参考資料を参照してください）。

10-2-2　アメリカにおける20世紀後半の教育改革

　アメリカにおける1960年以後の教育改革は，大きく分けると，**デューイに代表される児童中心主義教育**と**ブルーナーに代表される教科中心主義教育**（学問中心主義）との間で揺れ動いてきました。ここでは，1960年以後の動きを概観します。

(1)　1960年代の動き[5]　――学者による教科書の編成――

　1957年のソ連のスプートニク・ショックは，教育界にも大きな影響を及ぼしました。特に理数系学科の教育方法・内容に大きな影響を与えました。国の研究助成，アメリカ科学財団からの教育助成などがあり，科学教育改革が始まりました。そのような折，ブルーナーの著書『教育の過程』[6]は，アメリカだけでなく，世界的に大きな反響を引き起こし，各学会の委員会が教科書編集に取り組みました。その結果，でき上がったのが，物理のPSSC，数学のSMSG，生物のBSCS，化学のCHEMS[7]です。

　これらの主要な推進者が，著名な大学の教授で構成されていたのは最大の強みでしたが，最大の弱点でもありました。これは，上からの押しつけで行ったために，現場の教員の意見が反映されていなかったためです。すなわち，科学や技術教育の現代化は，学問そのものを教科内容に持ち込んでも成功するものではなく，そこに教育的な経験という**教育学的フィルター**を通して，初めて教科内容が成立するものです。著名な専門家の教科書が定着しなかった構造的な欠陥は，現場の教員の教育学的なフィルターを通さなかった点にあるとみることができます。このように学者を中心とした教育改革は失敗に終わりました。

(2)　1970年代の動き　――カリキュラムのカフェテリア化――

　1970年代に入りベトナム戦争反対，人種差別，性差別を撤廃するだけでなく，学校教育全体を「人間性」に組み替え，教育の人間化を図ることが要求されました。具体的には，生徒の興味・関心に合わせた選択制の拡大，カリキュラムの「カフェテリア化」が進められ，さらに従来の伝統的な学校教育に代わり，インフォーマルな教育を行うオープンスクール，フ

リースクールなどが各地に開設されました。

このような「人間中心教育」の改革が（いわゆる児童中心主義教育）進められました。しかし，1970年中頃から高校生の基礎学力の低下をきたし，「基礎に戻れ」をスローガンとする保守派の巻き返しが台頭しました。

(3) 1980年代の動き ——マグネットスクールの発足——

1970年代のアメリカでは公立中学校における学力低下，規律の乱れなどがあり，特に生徒の学力は理科，数学等の科目において先進国中最低の成績でした。1983年4月にベル教育長官により報告された「危機に立つ国家」は，世界的に大きな関心を集め，この前後から教育改革が進められました。1970年代の選択制の拡大から縮小の方向に進み，学力水準の向上が図られました。その対策の一つとして，磁石が鉄を集めるように，優秀な人材を集める学校としていわゆる「マグネットスクール」制度が発足しました。この制度により創設された学校は，科学技術だけでなく，国際政治，古典文学，演劇などを学ぶことを中心にした学校でした。そして，この種の学校から，優秀な卒業生を大学に送り出すことに成功しています。これは，教育課程の視点からすれば，教科中心主義です。

(4) 1990年代の高校教育改革[8] ——school-to-workの実践——

マグネットスクールはエリート教育としては成功しましたが，一方においては学力格差が拡大し，進学しない高校生は，"forgotten half"（忘れられた半数），"neglected majority"（無視された大多数）と呼ばれ，低学力，無気力，高い中退率，無業化，貧困の再生産という悪循環を繰り返していました。

これに対応するために，高校はこうした生徒を学校に引き留めようと生徒の興味を引く選択科目を増大させていきましたが，こうした取り組みは，逆に彼ら・彼女らの基礎学力の低下を助長するものとなってしまいました。こうした高校は「ショッピングモール・ハイスクール」（多数の店舗が入った百貨店のような高校）と呼ばれ，後に批判されることになりました。

1990年代に入り，アメリカ経済は製造業を中心として復興し始めました。これに伴い産業界は，質，量ともに若年労働力の不足という現実的問題から，以前に増して強い教育改革を要求するようになりました。上記の「忘れられた半数」，「無視された大多数」といわれる高校生・青年層に焦

点を当てる改革でした。

　この頃，高校の教師たちは，「マグネットスクール」からはみ出した高校生をどのようにするかという問題を，自らの教育実践として問い直し始めていました。「私たちは，大学に進学しない大多数の高校生に対してやるべきことをやっているのか」という問題意識のもと，進路・職業教育を中核にした学校改革（school restructuring）が全米各地で誕生し，広まっていきました。こうした学校レベルでの取り組みは，1994年の"school-to-work opportunities act（学校から職業への機会法）"制定につながりました。これはクリントン大統領の重点教育政策の一つであり「青年を学校から職業生活へ円滑に移行させる取り組み」を連邦政府が支援することを決定したものです。この法律が制定されて以来，school-to-workという言葉は全米で知られるようになりました。

　これまでの教育改革は，主に有名な教育学者によるものか，行政の指導によるものでしたが，1990年代の改革は，商工会議所，教職員，地域住民，PTA，教育委員会などの合議制による改革であった点に特徴があります。1960年代の改革が学者を中心とした上からの改革とすれば，1990年代の改革は，現場・地域住民を巻き込んだ下からの改革といえます。そして「忘れられた半数」にとって，向学心・向上心がもてる改革であり，バランスのとれた改革でした。ブッシュ政権になり連邦政府からの補助金が打ち切られてもこの方向が継続されていることは，この改革が定着した証左といえましょう。

　日本の教育改革は，アメリカの教育改革に影響されています。デューイに代表される「児童中心主義」かブルーナーに代表される「教科中心主義」かは，半永久的な課題のように見えます。平成11年改訂の高等学校学習指導要領に示された「ゆとり教育」に対して，2003年頃から「基礎学力の充実」の教科教育に重点を移す動きが出ましたが，これは根本的には，「児童中心主義」か「教科中心主義」かのどちらかに力点をおく論争とみることができます。教育は，「国家百年の計」といわれますが，教育改革は，バランスのとれたものが望まれます。改革による混乱の被害者は児童・生徒であり，混乱を招かないように慎重に行うことが望まれます。

10-3　授業の方法

10-3-1　系統的学習と問題解決型学習

　系統的学習とは，文化遺産の中から取り出された確実な知識を教えることによって成立する学習であり，内容に関しては基礎・基本を中心に学問の発達に伴ったカリキュラムを採用してきました。この立場に連なる思想家としては，形式的教授段階説のヘルバルト，ヘルバルト派のツィラー（T. Ziller）及びライン（W. Rein）らがいます。また，名称は異なりますが，実質的に系統的学習に該当する学習理論としては，ソビエトのアルゴリズム学習やアメリカのプログラム学習などがあります。

　これに対して問題解決型学習では学習者の自発的な活動によって問題を解決することが強調されており，内容に関しては経験的なカリキュラムが採用されています。この立場の代表としては，プラグマティズムの立場から問題解決型学習を説くデューイ（J. Dewey）や，プロジェクト・メソッドのキルパトリック（W. H. Kilpatrick）らをあげることができます。

10-3-2　プロジェクト法と発見学習

(1)　プロジェクト・メソッド（project method）

　20世紀の初頭，アメリカの農業教育や工業教育の分野で試みられ，デューイやキルパトリックらによって理論化された学習指導法です。キルパトリックによれば，プロジェクトとは「社会的環境の中で全心を込めて遂行する目的をもった活動のまとまり」を意味します。学習過程では，学習者である子どもが，

① 目的を立て，
② その実現のための計画をし，
③ それに従って実行し，時には計画を修正しながら実行し，
④ 実行の結果を点検する。

という4つの段階を踏まえていくことを重視しました。このような考えからすれば，教育は子どもの生活に立脚し「なすことによって学ぶ：learning by doing」という経験主義の原理が尊重されなければなりません。この学習指導法を具体化していくためには各教科の枠を外した総合的カリキュラムを編成していかなければならなくなります。事実，プロジェクト・メソッドは20世紀初め，アメリカにおいて展開された新しい教育運動の

実践的典型を伴っていました（細谷俊夫[1]）。

(2) 発見学習（discovery learning）

学習者自身が与えられた資料をもとにして，自らの力で問題解決の方法を習得する学習方法です。ブルーナーによれば，学習の目的はその過程において収集したデータの分析・検討からその中に潜む法則性を導き出すことです。したがって科学者が行う発見と同じです。この学習法は，系統学習の優れている点と問題解決型学習のよさを融合しようとしたものと考えることができます。先達の発見の道筋をもとにして，生徒に発見の喜びを味わわせつつ（生徒の知的好奇心が高められ，内発的動機づけにより学習が進められるという）学力・能力を習得させることを目指す指導法です。

発見学習については，工業教科の系統的授業の中で成立させるためには，相当の研究が必要と思われますが，課題研究の実験的テーマでは比較的容易に成果を上げることができます。

10-4 授業形態

1) 講義法

古くから行われてきたチョークと黒板を用いた授業方法で，現在も行われています。

2) 討議法

生徒が共通の問題を自発的な話し合いにより解決する方法。最近は，未知な分野をグループで調べ，それを他のグループに教え，質疑応答形式でお互いの学力を高める方法としても活用されています。

3) 自学法

生徒自らが問題意識を持ち興味・関心のある問題を調べ，学ぶ方法。興味・関心をもった場合には効果が高いのですが，興味・関心が低い場合には，あまり効果がありません。

4) OJT

on the job training の略：実際の職場における仕事を通じて行う教育・訓練。

5) オペレーション法

ロシア法ともいわれ，技術教育における「作業分析」（job analysis）による一斉指導を指します。

6) ドリル法

動作や行動，あるいは技能の習熟のために繰り返し練習する学習法をドリル（drill）と呼んでいます。習熟を必要とする動作や獲得すべき基礎的技術は，一般に次の3つに分けられます。

運動的訓練：体育，機械器具の操作，実習における基本的作業など
記憶的訓練：漢字，英単語やかけ算を覚えるなど
適応訓練　：法則，公式などへの適応

7) プログラム学習

プログラム学習は，スキナー（B. Skinner）のハトを使った実験によるオペラント条件づけと，それによる行動形成の技法を人間の教育に適用することを考えたもので，その学習理論は「刺激-反応（SR）理論」といわれるもので，典型的な系統的学習です。

プログラム学習においては，刺激は設問で，強化は設問に対する情報や答であり，強化の調整装置にティーチングマシンが用いられます。

プログラム学習の原理は，次のように細分化されます。

① 積極的反応の原理
② 即時確認の原理
③ スモール・ステップの原理
④ 学習者自己ペースの原理
⑤ 学習者検証の原理

プログラム学習には，スキナー型（直線型）プログラム学習のほかに，クラウダー（N. A. Crowder）が考案した「クラウダー型分岐プログラム学習」があります。学習者の個人差に適応しての個別学習のために近年開発されたCAI（computer assisted instruction）は，この分岐型プログラム学習を発展させたものです。

なお，**プログラム学習の展開方法は，普通の授業展開と同じであり**，第8章8-1節で述べた手法が基本です。プログラムを作成するときには，参照してください。

8) 完全習得学習（mastery learning）

ブルーム（B. S. Bloom）らによって提唱されたもので，「完全な習得を目指す学習」の意味です。学習目標の明示，目標の達成を目指す動機づけ，指導-学習の工夫，形成的評価の実施などにより生徒の完全習得を図るも

のです。

10-5　主体的・対話的で深い学び（アクティブ・ラーニングの視点）

　平成30年（2018年）告示高等学校学習指導要領では，「主体的・対話的で深い学び」がアクティブ・ラーニングの視点として位置づけられています。文部科学省は，アクティブ・ラーニングについて，「教員による一方向的な講義形式の教育とは異なり，学修者の能動的な学修への参加を取り入れた教授・学習法の総称。学修者が能動的に学修することによって，認知的，倫理的，社会的能力，教養，知識，経験を含めた汎用的能力の育成を図る。発見学習，問題解決学習，体験学習，調査学習等が含まれるが，教室内でのグループ・ディスカッション，ディベート，グループ・ワーク等も有効なアクティブ・ラーニングの方法である。」[9]と説明しています。簡単に言い換えると，「学修者の能動的な学びを中心とした学習方法」となります。

10-5-1　大学教育から導入されたアクティブ・ラーニング

　アクティブ・ラーニング（active learning）は，もともとアメリカで1990年代に大学教育における学習方法の一つの概念として確立されました。その後，日本でも大学教育の在り方の一つの視点として重要視され，各大学においてアクティブ・ラーニングが導入され始めました。従前の典型的な講義形式であった「教員から学生への一方向的な学び（受動的な学び）」から脱却し，学生自らが能動的に学びを展開する「アクティブ・ラーニング（能動的な学習）」へと講義の質的転換が求められるようになりました。日本の大学では特に2010年以降にこのような動きが活発になりました。

　このような中，日本では2012年（平成24年）8月の中央教育審議会の「新たな未来を築くための大学教育の質的転換に向けて～生涯学び続け，主体的に考える力を育成する大学へ～（答申）」[9]において，次のようにアクティブ・ラーニングが登場しました。

　その資料によると，「従来のような知識の伝達・注入を中心とした授業から，教員と学生が意思疎通を図りつつ，一緒になって切磋琢磨し，相互に刺激を与えながら知的に成長する場を創り，学生が主体的に問題を発見し解を見いだしていく能動的学修（アクティブ・ラーニング）への転換が

必要である。すなわち個々の学生の認知的，倫理的，社会的能力を引き出し，それを鍛えるディスカッションやディベートといった双方向の講義，演習，実験，実習や実技等を中心とした授業への転換によって，学生の主体的な学修を促す質の高い学士課程教育を進めることが求められる。」とアクティブ・ラーニングが登場しています。

上述のとおり，アクティブ・ラーニングを一言でいうと「学修者の能動的な学びを中心とした学習方法」です。たとえば，聞くだけではなく実際にやってみて考える，他者の意見を聞いた上で考える，沢山の意見をまとめてプレゼンテーションをする，といった活動を通して，学ぶべき内容を深く理解することを目指すものです。

10-5-2 高校教育におけるアクティブ・ラーニング

このような動きは，当然のように小学校や中学校，高校（いわゆる初等中等教育）の授業でも求められるようになってきました。大学教育改革の影響もさることながら，情報化が飛躍的に進む中，グローバル化や新しい価値の創造が叫ばれるようになり，これまでにない速さで社会が変化していくことに対応できる人材の育成が急務となっている現状が影響しています。アクティブ・ラーニングを通して，これまで特に重要視されてきた「知識」を詰め込むのではなく，その知識をどう獲得し，どう生かしていくかに重きをおくことが求められています。獲得し，得られた知識を土台に，さらに新しい知識（現在には存在しないような領域のものも含む）を獲得していく力が必要とされており，それに対応する力の育成が不可欠となっています。ただし，重要なことは，これまで詰め込み教育といわれていた知識を決して軽視するのではなく，必要な知識はしっかり学習しなければならないという点です。

10-5-3 「主体的・対話的で深い学び」とは何か

「幼稚園，小学校，中学校，高等学校及び特別支援学校の学習指導要領等の改善及び必要な方策等について（答申）」（2016年（平成28年）12月21日）[10]では，主体的な学び，対話的な学び，深い学びの3つの視点から，それぞれ以下のように示されています。

(1) 主体的な学び

「学ぶことに興味や関心を持ち，自己のキャリア形成の方向性と関連付けながら，見通しを持って粘り強く取り組み，自己の学習活動を振り返っ

て次につなげる」学びのことを指し，さらに，「子供自身が興味を持って積極的に取り組むとともに，学習活動を自ら振り返り意味付けたり，身に付いた資質・能力を自覚したり，共有したりすることが重要である。」と述べています。

(2) 対話的な学び

「子供同士の協働，教職員や地域の人との対話，先哲の考え方を手掛かりに考えること等を通じ，自己の考えを広げ深める」学びのことを指し，さらに「身に付けた知識や技能を定着させるとともに，物事の多面的で深い理解に至るためには，多様な表現を通じて，教職員と子供や，子供同士が対話し，それによって思考を広げ深めていくことが求められる。」と述べています。

(3) 深い学び

「習得・活用・探究という学びの過程の中で，各教科等の特質に応じた

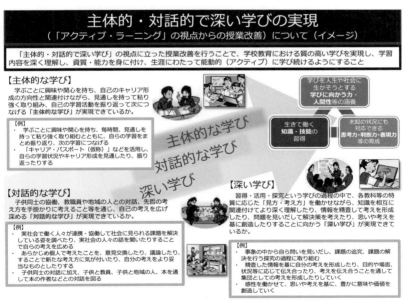

出典：文部科学省ウェブサイト，中央教育審議会ページ
http://www.mext.go.jp/component/b_menu/shingi/giji/__icsFiles/afieldfile/2016/12/26/1380854_01.pdf

図1 主体的・対話的で深い学びの概要図[11]

「見方・考え方」を働かせながら，知識を相互に関連付けてより深く理解したり，情報を精査して考えを形成したり，問題を見いだして解決策を考えたり，思いや考えを基に創造したりすることに向かう」学びのことを指し，さらに「子供たちが，各教科等の学びの過程の中で，身に付けた資質・能力の三つの柱（※注）を活用・発揮しながら物事を捉え思考することを通じて，資質・能力がさらに伸ばされたり，新たな資質・能力が育まれたりしていくことが重要である。教員はこの中で，教える場面と，子供たちに思考・判断・表現させる場面を効果的に設計し関連させながら指導していくことが求められる。」と述べています。

注：ここで示される「資質・能力の三つの柱」とは，「（個別の）知識・技能」，「思考・判断・表現力等」，「学びに向かう力・人間性等」を指します。

図1に当該答申の補足資料[11]を示します。この図にも示されているとおり，上記3つの視点による学びはそれぞれ個別に展開されるものではなく，一体としてとらえ，また，それぞれ相互に影響し合うものであることを理解しなければなりません。各単元のまとまりの中で，生徒の学びがこれら3つの視点を満たしているかを確認することが重要です。

ただし注意しなければならない点として，基礎となる知識がないまま生徒の自主性のみに頼りすぎ，「ただ活動しただけ」に陥ることのないよう，目指す学習成果を意識した十分な指導の計画が必要です。

参　考　資　料[1),2)]

1　教授論の史的展開

(1)　コメニウス：Johannes Amos Comenius（1592～1670，チェコ人）
著書：『大教授学』1632年
教育思想：客観的自然主義，感覚論説

　教授論あるいは教授学の問題を初めて体系的に集大成したのはコメニウスで，教育学の祖と呼ばれています。「あらゆる人にあらゆる事柄を教授する普遍的な技法を提示する」とした彼の『大教授学』は，中世的世界観に立ちながらも身分による教育システムを批判し，単線型の学校体系を構想しています。

　コメニウスはチェコ民族をハプスブルク政権の植民地支配とカトリック政権

の圧力から解放させるために，生涯を弾圧と迫害，流浪のうちに送りました。

内容：
- ◎ 知識は感覚を通じて得られ，したがって学習は事物の観察から始まるとしました。
- ◎ 学習の過程：観察→思考→表現
- ◎ 訓練は感覚の訓練→記憶の訓練→悟性→判断
- ◎ 児童の経験に基づく帰納法を教授法に導きました。

(2) ルソー：Jean-Jacques Rousseau（1712～1778，スイス人）
著書：『エミール』1762 年
教育思想：

ペスタロッチとほぼ同じ自然主義者で，スイスのジュネーブに生まれた思想家です。ルソーの著書『エミール』は，ある教師がエミールという一人の平凡な人間を誕生から結婚まで，自然という偉大な教師の指示に従って，いかに導いていくかを小説の形式で述べたものです。

古典的な教養書として，モンテニューの『エセー』，デカルトの『方法序説』，パスカルの『パンセ』があります。『エミール』もそのうちの一つです。

(3) ペスタロッチ：Johann Heinrich Pesstalozzi（1746～1827，スイス人）
著書：『基礎陶冶の理念』1805 年

ナポレオンによるスイスへの進入によってもたらされた農民の困窮と家庭の崩壊を見て，ペスタロッチは人間の諸能力を開発し自尊心を高めることで，社会の改造が可能になると考えました。

教育思想：
- ◎ 人間陶冶主義，自立性説
- ◎ 自立性の原理：すべての知識や技能，道徳は人間のうちから生じ，これらを調和的に発展させなければなりません。
- ◎ 人間陶冶の原理：人間陶冶は，すべての人間に普遍的でなければなりません。

内容：
- ◎ 実際の事物の観察に基づく観念の表現を教授法の問題としたコメニウスの理論をさらに発展させました。
- ◎ 知識の内容の修得よりも，観察，知覚，注意，想像，思考，感情，意志などの精神的能力の鍛錬を重視しました。
- ◎ 知識を明瞭にする手段として，数，形，言語を取り上げ，これらの個々の部分における教授をあらゆる教授の出発点としました。

(4) ヘルバルト：Johann Friedrich Herbart（1776～1841，ドイツ人）
著書：『一般教育学』1806 年
教育思想：
◎ 訓育的教授説　4 段階説
◎ 「形式陶冶」が主流になった後に，ヘルバルトはこれに反旗を翻しました。彼は，教育の目的は道徳的品性の陶冶にあるとする，倫理的教育学として特色づけられています。そしてこの陶冶は，知識ならびにそれに従う意欲を生徒の心の中に陶冶することにあるとし，教授・訓練・管理にその方法を見いだしました。（倫理的教育学では，ペスタロッチと同派です。）

内容：
◎ 教授の究極の目的は品性の陶冶にあり，直接的な目的は生徒の興味を引き出すことです。
◎ 興味は既存の「表象」群が新しい表象を類化するときに生ずるもので「専心」と「致思」とがその条件となります。
◎ 「専心」と「致思」が精神の一つの対象の上にとどまる場合を「静止的専心」と呼び，これにより対象は「明瞭」に修得される。「専心」が一つの対象から他の対象に移るときを「動的専心」と呼び，これにより「表象」と「表象」の「連合」を生じます。
◎ 「致思」は多くのものの関係を静止的に考え，これに一定の条件を与える作用として働くときは「静止的致思」で，その結果「系統」を生じます。
◎ 知識を既存の知識系統に編入する作用は「動的致思」で，その結果は「系統」を活用する「方法」となります。

《表象，専心，致思について》
〈表象〉現在の瞬間に知覚していない事物や現象について，心に描く像。
〈専心〉一定の対象に没入し，他の対象を意識から排除する心的状況。
〈致思〉意識にある個々の多くの概念を結合し，統一する作用。以上のことから，教授の一般的な段階は，明瞭→連合→系統→方法の4段階となります。これを心理学的な側面から導いたといえます。

やがて生徒の生活や要求と無関係な知識の修得に対する批判が高まり，ヘルバルト派の形式的段階の理論が次第に支持を失い，生徒はどのように思考し，どのように学習すべきかを指導する教授法が研究され始めました。
　このような思考作用を詳細に分析し，思考陶冶のあるべき姿を示したのが，デューイでした。

(5) デューイ：John Dewey（1859～1952，アメリカ人）
著書：『思考の方法論』1910 年

教育思想：
『思考の方法』思考陶冶説「為すことによって学ぶ：learning by doing」
内容：
◎ 伝統的な「知識の教授が看板であり，目的である学校」＝「書物学校」から脱却し，子ども中心の学校は「全ての教育活動の第一の根元は，子どもの諸々の本能的・衝動的な態度及び活動でなければならないが，現在の学校ではそれらがまったく無視されている」と主張しました。衣食住に関する木工・金工・編み物・料理といった生産活動を中心にした「労作学校」へと転換を図りました。これらを称して「児童中心主義」「労作学校」の思想といわれるようになりました。

◎ 精神は行為の一作用であり，理性すなわち実験的知性の働きは常に経験によって試されます。思考は経験を超越してあるものではなく，人間の行動的な生活における不安，疑問が思考を引き起こします。不安・疑問から脱却すること，すなわち問題解決の過程において思考が働き，知識や技能が修得されます。

◎ 子どもを出発点とし，その未熟さを積極的な性質として理解し，活用する教育方法によって生活体験が蓄積され，その経験を踏まえて教育が行われなければなりません。

◎ この影響は大きかったものの，生徒の学力低下をきたしました。デューイの反省的思考の5段階説は，可能的解決への暗示→知性的整理→指導的観念すなわち仮説→推理作用→行動による仮説の検証となっています。ヘルバルト派があらかじめ定められた知識内容を子ども達に伝授させる過程に焦点をおくのに対し，デューイは子どもが生きた現実生活の中に入り込んで，これをいかに知性的に切り開いていくかという，問題解決的な態度を身につけるための過程に焦点をおきました。

(6) モリソン： Henry Clinton Morrison（1871〜1945，アメリカ人）
著書：『中等学校における実際的手法』1926年
教育思想：
◎ 5段階の教育課程，適応性の確立説
◎ **「教育は，生徒の適応性を獲得することにある」**
◎ 単元学習の創設
◎ プロジェクトメソッドの行き過ぎ，一斉学習の弊害を取り除くことを試みました。
内容
モリソンの教科目

◎ 1．科学型　2．鑑賞型　3．言語型　4．実科型　5．純粋練習型に分離しました。国語で例をとると，文法は科学型，文学は鑑賞型，作文は言語型，綴り方は純粋練習型です。
◎ 科学型の教科について生徒の修得すべき知識技能を単元学習に組織化し，1．探索　2．提示　3．類化　4．組織化　5．発表の5つの段階により学習を展開させます。
◎ ヘルバルトの形式的段階を現代的に発展させ，デューイの極端なプラグマティズムに反対しました。人間を文明化し，相互協調的で平和な生活を可能にするためには，文明社会に存在する科学，芸術，社会において必要とされる態度，能力を個々の人が獲得していくことが必要で，それを獲得していく過程が教育です。こうして蓄積された社会的遺産の相続，承認された社会的パターンへの一致を教育の基本的任務とみます。
◎ モリソンはアメリカ教育思想界におけるエッセンシャリストの代表者であるとされています。彼の教育の中心は「適応」ですが，その適応は単なる適応ではなく，環境に適応すると同時に環境を自己の能力に適応させることを意味します。したがって正確には教育は生徒に「適応性」を獲得させることになります。

(7)　ブルーナー：Jerome Seymour Bruner（1915～2016，アメリカ人）
著書：『教育の過程』1960年
教育思想：教育の構造化説
◎ ブルーナーは，デューイの「児童中心主義のカリキュラム」に反旗を掲げ「学問中心のカリキュラム」を提案しました。
◎ 近年の教育理論は，実証的・経験的な傾向とならんで教材の精選化・構造化という教育課程の現代化・改造運動と密接に結びついているとして，教授＝学習過程の科学的分析・科学的制御を追求しました。
◎ ブルーナーは教科構造の重要性を指摘し，最初に基本的・一般的概念・法則を学習しておけば，特殊なものの学習に転移するとしました。したがって，教科の基本的構造を明らかにし，それを学習することが重要であるとしました。
◎ 教科の基本構造を教えることの重要性を指摘したことと結びついて，発見的学習法を提唱しました。発見的学習法とは子どもの学習過程が科学者の発見-探求と類似していることから，子どもたちを科学の生成過程の再発見に導く学習方法であり，こうした発見-探求の過程で主体的に問題を解決する思考，能力，創造的な知性・態度を育成しようとしました。
◎ 上述の考え方にもとづいて，低学年から上級学年にかけて，同一基本概

念をらせん形に数回繰り返して上昇する**らせん形カリキュラム**を提唱しました。

2 スザ（Souza）の理論「脳はどのように学習するか」より[12]……脳の働く時間帯……

(1) 学習時間と学習の記憶程度の関係

学習の経過時間と緊張度（学習の記憶程度）の関係は，図2のようになります。

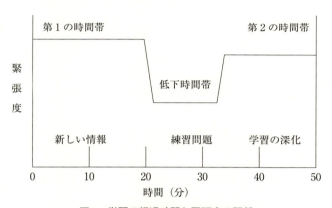

図2　学習の経過時間と緊張度の関係

(2) 教えるポイント

主要なものは最初に教える！

・第1時間帯の脳は最も活力があり，途中から集中力が失われ，第2時間帯では再び脳の活力が戻る。
・授業は，20～30分の枠に分割する。
・第1時間帯は，主として教員が主導する。
・最初は，本時の主な内容を説明する。
・第1時間帯で新しいトピックについて何か知っているかなどを生徒に尋ねない。
・第1時間帯を学級管理（出席等）のために使わない。
・低下時間帯を有効に活用するには，第1時間帯の質問を受けたり練習問題を行う。
・第2時間帯は，学習の深化やまとめにあてる。

(3) 学習時間に対する第1時間帯，低下時間帯及び第2時間帯の関係

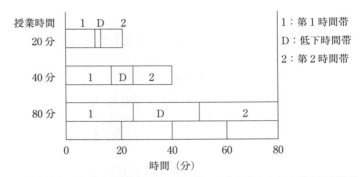

注：授業時間が長くなるとDの低下時間帯の割合が長くなり定着度が落ちる。

図3　授業時間の長さと緊張度維持の関係

〈まとめ〉

上記の結果から1時間の授業は50分が適当で，授業の展開は導入—説明—例題を第1時間帯の15〜20分で行い，低下時間帯では問題練習を行う。さらに第2時間帯では，発展的・応用的内容やまとめを行うことによりわかりやすい授業展開を図る。

(4) 青年の脳

① その1

・子どもの脳の神経細胞は，大人の脳の神経細胞より連結する数が多い。
・情報は，頻繁に開閉する窓より入る。
・環境が豊かであればあるほど，形成される相互連結の数は多くなる。その結果，より速く学習し，学習が大きな意味をもつようになる。

② その2

・非常に多くの刺激を受ける。
・目新しいものに瞬時に反応する。
・妥当性を求める。
・継続的で局地的な関心を実践する。
・すぐに呼び起こせる記憶量は比較的少ない。
・前頭葉は未完成だが，情緒反応は成熟しており本能的に反応する。

③ 24時間後に残っている記憶割合の平均

図4　学習方法による記憶に残る割合

3　アクティブ・ラーニング実践編

　アクティブ・ラーニングは，教員が主導して学習すべき知識や技能を教え込むのではなく，生徒が自分で学習課題や問題を発見して，その解決に主体的に取り組む学習であり，その過程で教員が生徒との対話を用いて指導していく学習です。評価においても，このような学習を促進するような評価が行われなければなりません。新高等学校学習指導要領では，主体的・対話的で深い学びとして述べられている部分です。ここでは，神奈川県立磯子工業高等学校の取り組みを紹介します。

(1)　神奈川県立磯子工業高等学校電気科における取り組み

　磯子工業高校電気科の「工業技術基礎」の授業は，「見通しを立てたり，振り返ったりする学習活動を重視する」よう指導方法を工夫し，生徒の学習の実現状況を把握する取り組みを行っています。

　工業に関する基礎的な技術を実習することによって体験させる場合に，生徒が自ら作業計画から評価まで行えるよう「作業工程表」（図5）の活用を図っています。

　教員は，単元の目的と目標をしっかり提示し，生徒の考える場面を増やします。生徒は，毎時間の作業目標，作業内容と時間配分，安全面での注意点などを作業工程表に記入します。生徒には作業を進めることへの責任感と自力でやり遂げた達成感が高まることが期待されます。

　2人一組となり，作業前に作業工程表を生徒相互で確認し合い，作品が作業目標まででき上がったところで交換して，自己評価と他者評価をします（図6）。他者評価では，お互いに作業を確認しながら進めることが必要となるため，コミュニケーションをとりながら学習を進めていきます。また，どうしてこのような評価にしたかをディスカッションする時間を設け，次回の授業に生かせることや改善点を考えることにつなげています。教員は，A・B・Cなどの段階的

な評価ではなく，作業工程表のコメント欄に，「次回に生かしてほしいこと」をアドバイスしています。生徒はそれを参考として，さらに考えを深められるようになりました。

授業の最後に振り返りの時間を確保したことで，自分の作業や態度を見つめ直すことにつながり，次の課題を自分で発見し，解決の手立てを考える生徒が増えました。生徒が自分で工程を予測して考えるため，学習意欲に加え，不測の事態に対応する力の向上にもつながりました。創意工夫しながら主体的に取り組むことで，技術・技能の向上も速くなりました。

電気科　　年　　組　　班　　No.　　　なまえ

項目名				実習場所	
実習日	年　月　日（　）		提出期限		年　月　日（　）
天　候		気　温	℃	湿　度	%

作業の目的	

1　作業前準備（作業工程表）

工程順	時　間	作　業　内　容	準備するもの	注意するところ
作 業 目 標				

図 5　ワークシート（作業工程表）

2 自己評価・他者評価

(評価　A:十分できた　B:できた　C:だいたいできた　D:改善が必要だと思った)

評価項目	評　価　内　容	自己評価	他者評価
作業計画	・作業計画が目標に向かって段階的になっていた。		
	・足りない作業項目が無く，計画通りに作業できた。		
工具・材料の取扱い	・必要な工具・材料を事前にそろえることができた。		
	・工具の取扱いが的確にできた。		
整理整頓	・作業中に工具や材料を探すことがなかった。		
	・片付けと清掃を積極的に行うことができた。		
作業態度	・作業服をきちんと着用し，安全に注意して作業できた。		
	・テキストを自分の力で理解することができた。		
	・困ったことがあったとき，自ら解決しようと努力した。		
	・班員が困っていたとき，自分から話しかけた。		
	・班員の困っていたことを協力して解決できた。		
仕上がり	・作品の仕上がりは十分なものだった。		
	・「作業目標」のところまで効率よく進めた。		

3　今日の説明で勉強になった（次回活かしたい）と感じた点

4　今日の作業を終えての感想と評価を見て次回も続けたい点，改善しないといけないと感じた点

5　担当の先生からのコメント

図6　ワークシート（自己評価・他者評価）

❖ **参考文献** ❖

1) 細谷俊夫，教育方法，岩波書店，1980 年
2) 山崎英則，徳本達夫編，西洋の教育の歴史と思想，ミネルヴァ書房，2001 年
3) 小林一也，工業教育の理論と実践，実教出版，p.135，1983 年
4) 斎藤浩志，教育の過程と方法，青木書店，1958 年
5) 柴田義松，教育課程，有斐閣，pp.33〜41，2003 年 12 月
6) J・S・ブルーナー，鈴木祥蔵，佐藤三郎 訳，教育の過程，岩波書店，1963 年 11 月
7) 訳者 奥野久輝，白井賢吾，大木道則，ケムス化学，共立出版，1965 年 10 月
8) 佐藤浩章，米国ハイスクールにおける「職場を基礎とした学習」，工業技術教育研究，Vol.5, No.1, pp.31〜40, 2000 年 3 月 31 日
9) 中央教育審議会，新たな未来を築くための大学教育の質的転換に向けて〜生涯学び続け，主体的に考える力を育成する大学へ〜（答申），2012 年（平成 24 年）8 月 28 日
10) 中央教育審議会，幼稚園，小学校，中学校，高等学校及び特別支援学校の学習指導要領等の改善及び必要な方策等について（答申），2016 年（平成 28 年）12 月 21 日
11) 前掲 10)補足資料より，文部科学省ウェブサイト中央教育審議会ページ，http://www.mext.go.jp/component/b_menu/shingi/giji/__icsFiles/afieldfile/2016/12/26/1380854_01.pdf
12) 日英化学教育シンポジウム 2006 年，イギリスの化学教育と日本の化学教育—chemistry for all のための授業—主催：ブリティッシュ・カウンシル，日本化学会，2006 年 12 月 9 日

第11章　教材と教具・情報機器の活用

- 黒板からの脱却
- 魅力ある自作教具
- 取り扱い説明書から映像と音声の説明に

11-1　教材と教具の違い

　教材とは，教えるときに題材として取り上げるものをいいます。たとえば，古典文学を教えるときに『源氏物語』を取り上げて教える場合がありますが，この場合『源氏物語』の原文は教材です。また，当時の貴族の衣装を説明するのにスライドを使用すれば，スライド及び投影機は教具になります。

　工業教育においてテスターを例にとれば，テスターを測定器として使用する場合には「教具」ですが，テスターの原理を学習する，またはテスターを製作するときは「教材」になります。このように教具は一種の道具ですが，よい教具は生徒の理解を深めるのに役立ちます。特に工業教育では教具の研究が大切になります。

　教材は教科内容を理解するために取り扱う題材をいいますが，教科により文学作品，絵，写真，地図などあらゆるものが教材になります。この章では，特に教具を取り上げて説明します。

11-2　教具の種類

　工業の授業で使用される教具には多くの種類があります。その内容は，機械系，電気系などの学科の内容により異なり，また，時代により変化し

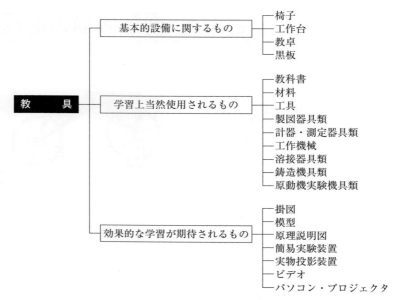

図1　機械系の教材・教具の例

ています。機械系の教具の例を図1に示します。

11-3　魅力ある自作教具

　教具には，市販のものと教員が自作したものとあります。市販の教具には自作ではできないきれいなよいものがありますが，必ずしも自分の授業に合致しているとは限りません。自作のよさは，教員が意図するところをわかりやすく明確に伝えることができることです。

11-3-1　自作教具を製作する場合
　教具の製作を考えるときは，どのような場面で使用するか，またどのように工夫したらよいかは次のような考え方が参考になります。
　① 　小さすぎるときは拡大します。
　　　ノギスの主尺，副尺の読み方の学習では拡大（目盛）模型を使用します。
　② 　目に見えないときは可視化します。
　　　電子の流れのように目に見えないときはパソコンのアプリケーショ

ノギスの目盛

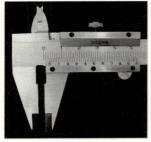

①主尺の読み取りは 3 mm
②副尺の読み取りは 0.58 mm
読み取る目盛の数値は①+②で 3.58 mm

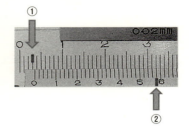

内部が見える模型

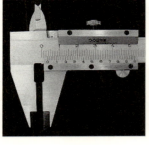

図2　自作教具の例

ンソフトなどを活用し，電子の流れを可視化します。
③　内部が見えないときは実物をカットします。
　　実物をカットし，内部を見えるようにします。または，原理の説明模型などを作製します。
④　低速・高速のときは高速・低速にします。
　　植物の生長のように低速のときは，ビデオを高速にして観察します。
⑤　複雑なときは単純化します。
　　機械の機構が複雑なものは単純化した模型を使用します。
⑥　教室に持ち込めないとき
　　大きな物や危険な物で教室に持ち込めないときは，カメラやビデオで撮影し，教室内で再現します。

11-3-2　自作教具を製作する場合の配慮事項

自作教具を製作する場合，次の点に留意するとよいでしょう。

① 使用目的を明確にします。
　指導目標，方法をよく考えてどこでどのように使用するか明確にしておきます。
② 学習進度に応じた説明をします。
　内容の程度や表現を生徒の学習進度に応じて説明します。
③ 単純・明快にします。
　生徒に強烈な印象を与え，興味・関心をもたせるようにします。
④ 教科書に近い形に製作します。
⑤ 理論的な誤りがないようにします。
⑥ 一つの教材に多くの内容のものを組み込まないようにします。
⑦ 体裁がよくて，丈夫なものを製作します。
⑧ 安全で，操作しやすいものを製作します。

11-3-3　実験・実習における教育機器の活用

　法則や原理的なものの理解は，基本的に講義を通じて行います。しかし，実験・実習において，複雑な機械の使用方法を文章や言葉で長々と説明しても理解しにくい場合が多いものです。そのような場合に教育機器を活用することにより，容易に理解できるようにします。

(1)　動画の活用

　例　旋盤の使い方　　旋盤は機械実習においては，基本的な工作機械です。旋盤を前にして使用方法を教員が説明するのが普通ですが，教員が編集したビデオをあらかじめ見せて学習し，その後，旋盤を前に教員が丁寧に説明することにより，使用方法をマスターすることができます。前の時間に欠席した生徒に説明するときもビデオなどは同じように使用できます。

(2)　静止画及び動画使用の長所と短所

〈長所〉

① ローテーション実験で，一人の教員が数班受け持っている場合，生徒が映像と音声で自主的に学習できます。
② 教員の説明が速いと理解しないうちに進んでいきますが，スライドやビデオですと，わからないところを何回でも聞き直したり，見直すことができ，完全にマスターすることができます。
③ マスターした後に肝心な点を丁寧に説明できます。たとえば，電気の交流理論の講義において，コイルに交流を流すと電圧と電流の位相

は，電圧が電流より 90°進んでいると説明しますが，実際は，コイルの銅線に固定抵抗分があるために，位相差が 90°よりわずかに小さくなります。この現象をオシロスコープの画面上で丁寧に説明することができます。

このように簡単な操作はスライドやビデオで学習し，肝心なところは教師が説明することにより，理解を深めることができます。

〈短所〉
① 原理・原則の説明には不向きです。
② 説明用の教育機器が必要です。
③ 初めて作成するときは，時間がかかります。

短所はありますが，長年実践した経験からは，生徒の評判もよく，理解度も良好であり，最初に作成するときは時間がかかりますが，数年間は使用可能です。生徒にとっては，映像と教員の肉声が入っていることで，市販のものではない，教員の手作りのよさや熱意が伝わります。

11-4　情報機器とその活用

主に授業で利用する情報機器について，取り扱い上の留意点を述べます。

11-4-1　代表的な情報機器

(1)　実物投影装置

教科書，プリント，写真，グラフ，作品，器具などの教材をカメラの下に置くことで，プロジェクタからスクリーンに映し出すことができます。提示するもの全体を映すほか，注目させたい部分を拡大して映すことができます。映し出されたものを「この部分」と指しながら説明することによって，明確に理解させることができます。

(2)　ビデオ

動きのあるものを示す場合には，ビデオが威力を発揮します。たとえば，グラインダーで金属加工するとき，金属により火花の色や形状の違いを映像で見せることにより理解を助けます。

(3)　パソコン

画像をカメラまたはビデオで撮影した後パソコンで加工し，プロジェクタから映し出すことにより，効果的に用いることができます。

11-4-2　情報機器の活用

　ICTとは，情報（information）や通信（communication）に関する技術（technology）の総称です。工業教育は，実物教育であり，メディアを利用した教育も必要です。特に教室に持ち込むことができない実物を写真や動画で生徒全員に見せ，解説することによって効果的な授業ができます。ここでは，実物投影装置，ビデオ，パソコンなどのICTを授業に応じて，効果的に活用する方法について考えてみましょう。

(1)　教科指導におけるICTの活用

　教科指導でのICTの活用の重要性は，高等学校学習指導要領の総則に「教員がパソコンや情報通信ネットワークなどの情報手段に加え視聴覚教材や教育機器などの教材・教具の適切な活用を図ること」と示されています。

　①　教員によるICTの活用

　教員が授業のねらいを示したり，学習課題への興味・関心を高めたり，学習内容をわかりやすく説明したりするために，教員による指導方法の一つとしてICTを活用することができます。

　②　生徒によるICTの活用

　生徒が，情報を収集や選択したり，文章，図や表にまとめたり，表現したりする際に，あるいは，繰り返し学習によって知識の定着や技能の習熟を図る際に，ICTを活用することによって，教科内容をより深く理解させることができます。

(2)　教育効果を上げるためのICTの活用

　①　単元や題材のどの場面で，パソコンやインターネットなどを活用するかを検討します。その際，ICTを教員が活用するのか，生徒が活用するのかを明確にし，事前の準備を計画的に行うことが大切です。

　②　授業でのICTを活用した提示の仕方を検討し，提示するタイミングや見せ方を工夫します。授業の導入や展開，終末の場面によって，活用の意図が異なるので，提示する内容とその見せ方も十分検討する必要があります。

　③　授業の中で，ICTを活用して，効果的であったかを振り返り，授業の改善に生かすことが大切です。

ICTの活用例（東京都）　　東京都教育委員会では，教員が制作した学

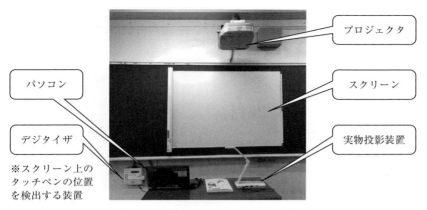

図3　学校に導入されているICTの例

習素材を「学習コンテンツ活用システム」に登録しています。このコンテンツは，都立学校のどの学校でも活用することができます。（https://contents.ict.kyoiku.metro.tokyo.jp/）

第12章　工業教育と進路指導

- 生き方の教育とは？
- 工業教育とキャリアの形成
- 目指せ自己実現

　時代の変化に合わせて，地域や社会における産業の役割を理解し，地域創生などに生かす力が求められています。ここでは，工業高校の進路指導はいかにあるべきかを，考えてみましょう。

12-1　生き方の教育としての進路指導

　中学や普通高校における進路指導が単なる偏差値による輪切りの進学指導に，専門学科高校における進路指導が就職の斡旋，プレースメントの進路指導に陥っていたことに疑問を感じていた教員は少なくないと思います。中学→高校，高校→大学の進学率が急上昇し，国民の高学歴志向の中で，学校も教員も国までもが青少年の進路指導の在り方を見失っていたというべきでしょう。

　校内暴力・いじめをはじめとする学校の病理現象が顕在化するに及んで編成された臨時教育審議会は，昭和60年8月からの4次にわたる答申をもって政府の諮問に答えています。すなわち，弊害の多い学歴社会を是正し，青少年に，将来に向かっての**「生き方の教育」**を進めようというものでした。

　日本中が偏差値・輪切りの進学指導に狂奔する状況にあった頃，進路指導の先進国アメリカではさらに一層の研究が進められ，1971年には連邦教育局主導による**キャリア教育**の推進が図られました。

遅まきながら日本でもキャリア教育，「**生き方の教育**」が小・中・高校を通して，**学校教育の中核**に据え直されました。
　私たちの工業高校も今や大学，専門学校等への進学率が30％を超えており，進路も多様化しています。改めて工業高校の進路指導の在り方を探らなければなりません。

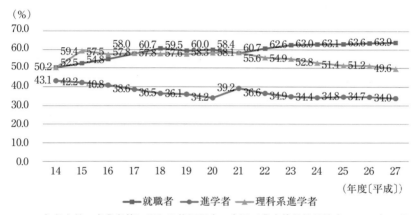

参考文献：卒業者等に関わる状況調査，全国工業高等学校長協会，2017年9月
図1　工業高校卒業者の就職率・進学率の変化

〔参考〕**キャリアとキャリア教育**

キャリアについて　　クライツ（J. O. Crites）は，キャリアの概念は，次の2つの基本的次元によって構成されているとしています。
① 過程（時間の流れ）　キャリアは個人の生涯にわたる過程で，そこには，過去から現在にいたる「経歴」（形成されたキャリア）と現在から未来にかけての「進路」（形成していくキャリア）とが内包されている。
② 内容（空間的拡がり）　キャリアには，教育と職業，余暇と職業，職業とライフスタイルなどの諸側面も含まれており，職業に限定されない幅広い内容をもつ。

キャリア教育について　　1960年代に入り，日本の進路指導が本質としての職業指導の部分を忘れたかのような進学指導に陥ってしまった時期に，アメリカではキャリアという概念の研究が進み，1971年にはキャリア教育が学校教育の近代化，国の教育改革の方針とされました。
　連邦教育局キャリア教育担当次官補，ホイト（K. B. Hoyt）によれば「キャリ

ア教育とは，人間としての生き方の一部として仕事について学び，準備することによって得られる経験の全体である」とされています。

12-2　工業教育における進路指導

　図1にみたように，工業高校の生徒の進路も多様化してきました。工業高校も社会の変動や技術の進歩と変化に伴って，その在り方の改善や模索を重ねていくことになるでしょう。

　工業高校の進路指導も，今までのようになるべく条件のよい就職への斡旋，適当な進学先への推薦といった段階から，生徒が自分で描いたキャリア・デザインに向かっての進路開拓・自己実現への努力を支援するという指導に脱皮を図る必要があります。

　現在の工業高校には，一つの進路指導上の問題があります。不本意入学者あるいは工業の仕事に興味・関心をもたずに入学した生徒の混在率が高いことです。

　しかし，これこそは工業高校の教員の腕の見せ所，ものづくりの楽しさ，工業技術や技能の素晴らしさに出会えば，大方の生徒が技術・技能者への道を志向するようになると思います。幸いにも工業高校は，啓発的経験を与えるにはまたとない好適な場所です。

　工業高校で技術・技能を磨き，多くの職業資格を取得してテクノロジストとしての道を進むもよし，進学してさらに知識技術を習得し，エンジニアとしての将来を築くもよし，生徒が自分のキャリア・デザインをしっかりと描き，工業の技術・技能をシャインのいうキャリア・アンカーとして心に刻むことのできる進路指導を展開してこそ工業高校の進路指導といえるでしょう。

12-3　工業教育における進路指導の取り組み

12-3-1　工業教育の特色と進路指導

　従来は工業高校においても，進路指導の主な活動は進路指導部の仕事として行われ，工業科の関わり方は側面からの情報提供，候補者の推薦という範囲にとどまる例が多かったかと思われます。

　しかし，「生き方の教育」として生徒の進路発達を促し，支援する進路指導においては，工業科はさらに深くその活動に関わる必要があります。

幸いに，インターンシップや資格取得の活動を科目として扱うことが可能になりました。このような科目の授業こそが優れた「生き方の教育」であり，工業教育の特色なのです。

12-3-2　進路指導への全校的な取り組み

元日本進路指導学会（現日本キャリア教育学会）長の仙崎武氏は，近代的な学校運営組織として常設の進路指導委員会[1]を設けることを勧めています。

この進路指導委員会は，進路指導の全体計画の策定をはじめ進路指導の運営全般に関わる事項の審議・決定の機関ですが，工業科は委員会の主要なメンバーとしてこれに参画する必要があります。なぜならば，これからの工業高校における進路指導は，前述のインターンシップや資格取得などの，専門教科の授業を通した指導が重要となるからです。すなわち，全校の教育力を結集する進路指導の態勢を構築する必要があるということです。

12-4　工業教育における進路指導の実際

12-4-1　進路指導委員会の役割

学校の進路指導の全体計画の策定を例にとれば，まず前年の12月頃までに，計画の案が進路指導主事から進路指導委員会に提出され，この案が進路指導主事を中心に各部署から選出された委員（校長や副校長も参加して）によって十分に練られれば，ただちに学校の方針として成立し，各部・科・学年にフィードバックされ，周知徹底されて実施の運びとなります。

次に年次計画の策定ですが，これは全体計画に示される各部署で計画案が作成されて委員会で確認という手順でよいと思われます。

工業高校の場合，進路指導の活動は，進路指導室・ホームルームに加え学科・校外・企業などにおける活動が多いので，普通科高校以上に進路指導委員会の役割が重要になります。

12-4-2　学校・生徒の実態に即した進路指導を

入学後のなるべく早い時期に，生徒の実態や，キャリア形成の状況などについての診断的な調査を，アンケートなどによって行い，あらかじめ作成していた全体計画の修正や改善を図る必要があります。

学校の目標と生徒の実態に即した進路指導とするためには欠くことので

きない手順であり，適切な指導方法の検討の資料として必要になります。

工業高校へ入学した経緯，学校と職業についての理解・意識，現時点での進路希望（就職の場合に希望する職種，進学の場合に希望する学部が想定できているかなど），その後の進路指導に役立てる基礎資料となる項目について，適切な調査を行う必要があります。

また，学校としては，入学者の意識の流れを掌握するための統計的資料としても活用すべきでしょう。

12-4-3　進路指導の諸活動とその実践

今後の工業高校ではさまざまな形の学校が模索されることになり，多様化の傾向が顕著です。したがって学校ごとに学校の目標や，生徒の実態が異なり，進路指導の在り方も多様なものとなると思われます。この節では工業高校の進路指導を，その諸活動の在り方からみていこうと思いますが，紙面の都合からも，ごく一般的な工業高校の場合の記述となっています。各学校の目標や生徒の実態に即した修正や改善を加えて実際の計画を考えていただきたいと思います。

表1　進路指導の諸活動と，工業高校における活動の特色

1.　個人理解
個人理解（教師の生徒理解，生徒の自己理解を併せて個人理解とします）は，諸検査による方法，面接や行動観察による方法，作品法などによって行われるのが一般的ですが，工業高校の場合には，学校で作成する意識調査や実習を通じての観察，あるいは，「マンダラート」・「ジョハリの窓」・「X氏からの手紙」などの手法[2]を応用して，生徒自身あるいは生徒同士の協力によって自己分析の作業を進めさせ，面接や相談と併せて，教員の生徒理解と生徒の自己理解を併行して進めることがよいと思います。 ● 進めたい理解，作業など 　◉ 工業高校を志望した理由 　◉ 工業高校へ入学しての期待または迷い 　◉ 各学年での意識の変化 　◉ 学問や技術の分野，職業の種類などに対する興味・関心 　◉ 自己の社会的・能力的特性などについての客観的な理解 　▶ キャリア・デザインの作成　など
2.　進路情報の収集と活用
進路情報は，意思決定の段階で特に重要となりますが，進路指導の各段階でも欠くことのできないものです。すなわち，進路情報は，進路への関心を深め，自己と進路や職業の世界との関係を吟味し，知見を広め，そして意思決定のための材料として，広く活用されるべきものだからです。

表1（続き）

業者による進路情報誌の利用もさることながら，学校の実態に即した進路情報を，教員・生徒の手で，手引き・進路ニュースや種類別・用途別の資料にまとめることが，より望ましいと思います。

最近は，企業や学校の案内・申し込みなどについてはインターネットの利用が進み，急速に便利さを増しています。

● 進めたい理解，作業など
- ◉ 近代産業社会と職業の意義　　◉ 進路・職業の世界と学校
- ◉ 自分の学校と関係の深い産業・企業の特色
- ◉ フリーターの労働条件，問題点　など
- ▶ 情報の整理と管理　　▶ 情報の利用の仕方についての手引きの作成など
- ▶ 生徒の進路情報委員による校内情報誌の編集・発行など

3. 啓発的経験とその活用

工業高校の進路指導の活動の中で，最も充実が望まれる活動分野です。

高等学校学習指導要領に示されているように，学校の裁量でインターンシップや資格取得などを科目として設定することが可能になりました。

インターンシップや資格取得の学習，課題研究の取り組み，工場見学などは，生徒の自己理解や進路情報の理解に具体性・現実性を与えるものとして大きな意義をもつものとなります。学校における実習や課題研究なども，優れた啓発的経験です。

● 進めたい理解・作業など
- ◉ 産業界（職業の世界）の実態　　◉ 職業人としての自覚，姿勢
- ◉ 労働基準法，男女雇用平等法などについての理解
- ◉ 卒業後のリカレント教育・キャリアアップの必要性について　など
- ▶ 「ポスターセッション」・「屋台村」などによる啓発的体験の発表を行わせ，多くの生徒との情報・知識の共有，プレゼンテーション能力の向上を図らせたいと思います。

4. 進路相談

「各種テストの方法と進路情報に詳しければ，進路指導は可能」であるとされた時代，いわゆる特性-因子論が進路指導の主流であった時代が続きました。今は，「**これからの進路指導は，相談（カウンセリング）を通して**」といわれています。

工業高校の学校・生徒の多様化の状況，現代の青少年の意識といったものに照らしても，まさに当を得た考え方と思われます。

相談（カウンセリング）の方法については，後に少し詳しく述べることにしますが，生徒との接触・交流が特に多く，普通科高校に比べて早く社会に出る生徒の多い工業高校では，相談が進路指導の中核としての重要な意味をもつことになります。

●進めたい理解・作業など
- ◉ 相談しやすい雰囲気の醸成
- ◉ 教員に求められるカウンセリングマインド，カウンセラーとしての資質の向上
- ◉ カウンセリング技術の習得，カウンセラー資格の取得など
- ▶ 相談室の整備　　▶ 教員の研修　など

表1（続き）

5. 進路実現の援助と追指導
卒業年度だけの指導にならぬよう，3年間の進路指導が着実に（計画的・継続的に）行われ，生徒の進路意識が十分に培われて初めて「進路先の選択・決定に関する指導・援助」が可能になります。 　すなわち，生徒の主体的な選択決定になるよう，自己理解の深化への援助・励まし，進路計画立案への援助，進路情報についての援助，受験の心得，面接の受け方，入社・入学の準備など，長期間・広範囲の指導・援助の集積ともいえる「進路実現の援助」ですが，具体的には就職指導と進学指導になります。 　工業高校からの進学者が，40％を超えました。科学技術の進歩は工業高校卒業の技術・技能者にも新しい技術・技能の習得，キャリアアップが求められることになるでしょう。就業構造も大きな変化を見せようとしています。 　卒業生の進路先での適応と自己実現のフォローアップが追指導の目的ですが，今後の方向は，個人の発達を目標とするモデルが追求されることになると思われます。 ● **進めたい理解・作業など** 　◉　求人・進学情報の整理と提供，相談 　◉　就職の指導は，「進路実現の援助」と「追指導」を一連の活動と考えて 　◉　進路先での適応も，転進も，ともに大切，訪問と適切な援助活動を 　▶　進路指導委員会・進路指導部の教師による関係の深い企業・学校への連絡・訪問など 　▶　同窓会活動の充実　など

参　考　資　料

参考1　カウンセリングの方法[3]

Ⓐ　特性-因子論的カウンセリング（指示的方法）

　特性-因子論的カウンセリング（指示的方法）は，その後さまざまな批判を受けながらも，進路指導においては，依然広く用いられています。

　個人の諸特性と進路のもつ要因（因子）とをいかに結合させるかとの観点から，心理検査などの客観的・科学的手段によって得られた結果の活用と，必要な情報の提供と，適切な指示・助言によって合理的な意思決定が導かれるとするものです。

Ⓑ　来談者中心的カウンセリング（非指示的方法）

　ロジャース（C. R. Rogers）は，特性-因子論的カウンセリングを指示的カウンセリング（directive counseling）と呼び，この種のカウンセリングは来談者の主体性・自発性を損なうものであり，来談者の人間的成長につながるもので

はないと指摘しました。ロジャースは，人間には「実現化傾向」が内在するという人間観に立ち，人は一定の条件が存在すれば，自分で自己を方向づけ，調整し，統制できると考えました。

この来談者中心的カウンセリングでは，細かなカウンセリング技術よりもカウンセラーの態度が重視されます。ロジャースはカウンセラーに求められる態度として，次の3つ（来談者の実現化傾向を引き出す「魔法の3つ組[4]」(magic triad)」と呼ばれる）の条件をあげています。

- **(a) 受容的態度**：人間の独自性を尊重し，その人のあるがままを認識することで，ロジャースはこれを「無条件の肯定的配慮」と表現しています。
- **(b) 理解的態度**：来談者が感じ，考えていることを，その人のあるがままに理解し，彼の観点に立ってみようとする態度で，ロジャースは「共感的理解」と表現しています。
- **(c) 誠実さ**：来談者に対して誠実であること。外見を装ったりせず，自分のあるがままの姿でいることで，ロジャースは「自己一致」と表現しています。

この方法は，生徒が自己概念を形成する上で，自主的に問題解決を導き，自己概念の形成を促すものであることから教育界で広く用いられています。

ⓒ **循環的カウンセリング**

スーパー（D. E. Super）は，有効なカウンセリングの方法として，非指示的方法と指示的方法を循環的に活用する折衷的な方法を提唱しています。

〈筆者は，非指示的方法から始める循環的カウンセリングをお勧めします。〉

参考2　進路指導と諸テスト

1　進路指導と諸テスト（検査）の利用

1950年頃までの進路指導においては，"心理テスト（進路指導に用いられるテストのほとんどは心理テスト）と進路情報を使いこなせること"が進路指導の専門家としての条件であったといわれています。

最近は，テストの利用度は当時ほどではありませんが，その効果的利用における価値は依然として高く，進路指導に欠かせないツールということができます。

2　テストの種類と特徴

従来の進路指導で用いられてきた興味検査，性格検査，能力検査のような独立した形で利用するものは少なくなり，いくつかの検査を組み合わせた，いわゆるバッテリー化され，総合検査の形式を備えたものが多くなっています。元日本進路指導学会長吉田辰雄氏は進路指導に役立つテスト（検査）として，次のテスト[5]を紹介しています。

(1) 性格検査

検査名	検査名	検査名	検査名
MG 性格検査	YG 性格検査	EPPS 性格検査	内田クレペリン精神作業検査

(2) 職業適性・進路適性検査

検査名	検査名	検査名	検査名
労働省編一般職業適性検査	F 式選職業能力テスト	SG 式一般職業適性検査	SG 式進路適性検査

(3) 興味検査・志向性検査

検査名	検査名	検査名	検査名
新版職業レディネス・テスト	職業興味・志望診断検査	SG 式興味検査	H-G 職業志向検査

参考3 マンダラート（MANDALA-ART）

進路指導の諸活動の項で取り上げたいくつかの比較的新しい指導方法のうち，最も簡便な利用が可能なマンダラートについての解説を紹介しておきますので，生徒の進路学習の際に利用していただきたいと思います。

1 マンダラートとは

曼荼羅（マンダラ）は，サンスクリットの Mandala の漢字音写で，Manda という本質・真髄の意味をもつ語に，所有の意味をもつ接尾語 la をつけた合成語で，「宇宙の真理を表現したもの」という意味をもつ仏・菩薩などを体系的に配列した図表のことをいいます。

マンダラートは，このマンダラにヒントをえてヒロ・アートディレクションズの代表であるデザイナーの今泉浩晃氏が考案した発想の方法論（創造的発想を促す思考手段として開発したもの）です。アートは，マンダラを活用するという意味で加えたものと考えられます。

その利用法は，次の図のように 3×3＝9 のマス目に，メモを書き込んでいってアイディアを集めたり収束させたりすることを基本とします。

9つのマス目の中央のマス目に，「テーマ」（問い）を置き，それから連想されるキーワードやメモ（答え）で周囲の8つのマス目を埋めていきます。自分の言葉でテーマを分解していくことで，逆に中心の「テーマ」の位置づけや意味などが明瞭となり，また，その答えが次の段階への新しい「問い」を生むという思考の連続的な発展性を促すメリットが期待できるとされています。

2 マンダラートの利用方法
(a) 単独での使い方

代表的活用パターン①

答え	答え	答え
答え	テーマ〔問い〕	答え
答え	答え	答え

中心に据えた「テーマ」に関係することを思いつくままに書き出していく。

代表的活用パターン②

	What? 目的，願望	
Where? 環境，状況	←テーマ→ 〔問い〕	When? 時期，変化
	Why? 原因，論拠	

あらかじめ「テーマ」を洞察すべき方向性を定めておく使い方もある。

(b) 継続的な使い方

〈第1段階〉

答え	答え	答え
答え	入学時に立てた目標は？	建築士の資格をとる。
答え	答え	答え

→

〈第2段階〉

	What? 目的，願望	
CADをマスターする。	建築士の資格をとるには？	答え
	Why? 原因，論拠	

参考4 進路指導の計画例

　進路指導が「在り方・生き方の教育」を目指すべきこと，すなわち「進路指導」から「キャリア教育」への脱皮が求められていることは，頭では理解できても，教育現場での取り組みにはなかなか難しいものがあると思われます。

　工業高校において，大学などへの進学を含め，生徒の進路希望は多様化しています。さらには教育内容の改革といった問題があり，学校ごとに，その学校の実態に即した進路指導の在り方を模索していく必要があります。ここでは，

進路指導計画の例を記載してみることとしました。
　近年，多くの工業高校が，職業資格の取得やインターンシップなどへの取り組みを積極的に進めています。これらの学習は，生徒にとっては進路指導でいう啓発的経験であり，貴重な実体験を伴うキャリア教育そのものです。

進路決定に際しての流れ

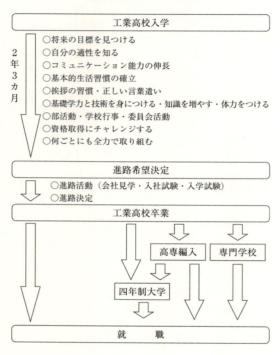

第1学年の進路指導の計画例

学年	月	◎進路行事及び活動	・主な学校行事 ◇資格試験	就職希望		進学希望	
				就職	公務員	大学・短大	専門学校等
第1学年	4月	◎進路希望調査	・入学式 ・健康診断・検診 ・一斉部活動 ・一斉委員会	◎自分の個性や適性に応じた将来の仕事を考えるために情報収集を行う ◎高校生として自覚をもつ ・明るい挨拶 ・正しい言葉遣い ・基本的生活習慣 ・集団生活でのマナー ・学校生活の充実 　・学業の充実（学習習慣の確立） 　・部活動への積極的な参加 　（継続することが大切） 　・委員会やクラスでの役割遂行 　・資格取得に向けた積極的な取り組み			
	5月	◎進学説明会	・校外学習 ・中間考査 ・奉仕			
	6月	○将来を考える 　（ライフプラン） ○三年間の設計図 ○自己分析	・体育祭 ・授業公開 ・保護者会 ◇計算技術検定			
	7月		・期末考査 ・熱中症予防講演会 ・S科：講演会 ◇ガス溶接技能講習 ◇危険物取扱者（通年）	◎公務員希望者はセミナーに参加し，模擬試験等を経験し，学習計画を作成する		◎オープンキャンパスへの参加 （志望校決定の際の材料とするため，複数校参加し，比較・検討する） ◎オープンキャンパスチェックシート	
	8月		・クラブ合宿 ◇高所作業車講習 ・A科：東京土建大工体験学習			
	9月		・奉仕 「○○区青少年フェスティバル」 ・救急法講習会			◎大学訪問に参加し，研究室や大学での講義を体験する ◎学園祭等の見学 （オープンキャンパス同様，可能な限り複数校見学する）	
	10月		・中間考査 ・保護者会 ・E科：見本市見学会 ・S科：見学会			
	11月	◎3年生による進路活動体験講話	・文化祭 ・M科：見本市見学会 ◇計算技術検定 ・生徒会役員選挙			
	12月		・期末考査 ・スポーツ大会			
	1月	◎進路希望調査	◇情報技術検定 ◇消防設備士（乙） ・一斉委員会 （仮役員選出） ◇大工技能検定（3級）	◎就職希望者は，どのような職種に就きたいかを具体的に考える		◎進学の目的をよく考えて，ミスマッチのないように十分な学校研究を行う	
	2月	◎職業適性検査	◎P検 ・A科：講演会			
	3月	◎進路ガイダンス	・学年末考査			

参考資料　187

第2学年の進路指導の計画例

学年		◎進路行事及び活動	・主な学校行事 ◇資格試験	就職希望		進学希望	
				就職	公務員	大学・短大	専門学校等
第2学年	4月	◎進路希望調査	・健康診断・検診 ・一斉部活動 ・一斉委員会	◎高校生として充実した生活をする ・明るい挨拶 ・正しい言葉遣い ・基本的生活習慣の確立 ・集団生活でのマナー ・学校生活の充実 　・学業の充実（学習習慣の確立） 　・部活動への積極的な参加 　　（リーダーシップを身につける） 　・委員会やクラスでの役割 　　（責任を自覚する） 　・資格取得に向けた積極的な取り組み ※目標を定めて力をつける充実期			
	5月	◎進学説明会 ※インターンシップ希望調査 ・高大連携大学訪問	・中間考査 ・工事担当者(E)				
	6月	・職業適性検査 ○将来を考える 　（ライフプラン） ○三年間の設計図 ○自己分析	・体育祭 ◇第2種電気工事士（筆） ・校外学習 ・授業公開 ・保護者会				
	7月 8月	◎インターンシップ ◎高大連携研究室インターンシップ	・期末考査 ◇第2種電気工事士（技） ・クラブ合宿 ◇高所作業車講習	◎公務員希望者は専門学校等のセミナーに参加し、模擬試験等を経験し、学習計画を作成する ◎インターンシップ参加		◎必要に応じて模擬試験を受ける ◎進学後に向けて普通教科（特に英数理）計画的に学習する（通年）	
	9月		◇電技主任技術者 ◇基礎製図検定 ◇2級ボイラー技士 ・宿泊防災訓練			◎試験対策に取り組む （一般常識・小論文・SPI等）	
	10月	◎高大連携大学訪問	・中間考査 ◇第1種電気工事士（筆） ・E科：見本市見学会 ・S科：見学会	◎試験対策に取り組む （一般常識・小論文・SPI等）		◎高大連携大学訪問	
	11月	◎3年生による進路活動体験講話 ◎インターンシップ	・文化祭 ・M科：見本市見学会 ◇福祉環境コーディネータ（3級） ◇高圧ガス製造保安責任者第三種冷凍機械 ・生徒会役員選挙 ・A科：現場見学会			◎学園祭等の見学 （オープンキャンパス同様、可能な限り複数校見学する）	
	12月	◎進路ナビゲーション ◎企業訪問	・期末考査 ◇第1種電気工事士（技） ・A科：鉄筋組立実習（鉄筋組合）	◎具体的に目標の進路を絞り込むために、情報収集や進路相談を活発に行う			
	1月	◎進路希望調査	◇消防設備士 ◇大工技能検定(2級)	◎具体的に目標とする企業を絞り込む		◎志望校が主催する卒業制作発表会などへの参加（特に芸術分野系の専門学校を志望する場合） ◎志望校を絞り込む	
	2月	◎進路ガイダンス（卒業生講話） ◎クレペリン検査	・A科：講演会				
	3月	◎進路ガイダンス（面接指導）	・学年末考査	◎面接試験対策を行う			

第3学年の進路指導の計画例

学年		◎進路行事及び活動	・主な学校行事 ◇資格試験	就職
第3学年	4月	◎進路希望調査	・健康診断・検診 ・一斉部活動 ・一斉委員会	◎前年度求人票閲覧 ◎希望職種・企業の情報収集 ◎進路相談
	5月	◎進学説明会 ◎進路希望調査	・修学旅行 ・中間考査	◎試験対策 　（一般常識・小論文・SPI等）
	6月	◎模擬面接	・保護者会 ・体育祭 ・三者面談 ◇機械製図検定一次 ・M科A科S科：工場及び現場見学会	・就職希望予備調査
	7月	・求人票受付開始 ・校内選考 ◎模擬面接週間	・期末考査 ◇機械製図検定二次 ◇CAD検定(M) ◇建築系資格特別講習(A) ◇CAD検定(A)	◎求人票閲覧開始7/1〜 ◎就職斡旋希望申込書提出7/中旬 ・校内選考7/中旬 ◎会社見学開始 　（受験資格を得た会社の見学） ◎履歴書作成 ◎面接練習（模擬面接週間） ◎試験対策（一般常識・小論文・SPI等）
	8月			
	9月	◎模擬面接 ・校内選考 ・就職試験開始		
	10月	◎模擬面接週間 （進学）	・中間考査 ・E科：見本市見学会 ・S科：見学会	◎就職用書類提出9/5〜 ◎就職試験開始9/16〜
	11月		・文化祭 ・M科：工場見学(1、2) ◇2級建築施工管理技術検定試験 ◇管工事施工管理検定	・受験報告書の作成 ・内定後はお礼状・入社承諾書等の送付 ・二次募集随時
	12月	◎就職ガイドセミナー	・期末考査 ・校内スポーツ大会	
	1月			※内定者に研修案内や課題等が送付される
	2月		・学年末考査	
	3月	卒業式		※内定者研修開始

参考資料

第3学年の進路指導の計画例（続き）

	公務員	大学・短大	専門学校 職業能力開発センター
4月	◎公務員受験対策講座 　（セミナー）等参加 ◎模擬試験受験 ◎試験対策 　（一般常識・面接対策等） ※上記は年間を通じて継続	◎志望校，学部の決定 ◎オープンキャンパス， 　学校説明会への参加 　最新情報入手	◎オープンキャンパス，学 　校説明への参加 ◎情報収集
5月	・募集要項公示	◎推薦入試，AO入試の 　情報収集	・AO入試，自己推薦 　入試の要項発表
6月	◎願書申込み開始	・AO入試課題等準備開始	
7月		・工業校長会推薦 　校内選考 7/14 ・工業校長会推薦申込み ・第1回指定校推薦 　校内選考 7/21	
8月		◎オープンキャンパス参加 ◎工業校長会推薦選抜試験 　（8月中旬） ◎課題論文，レポート作成， 　模擬講義等対策 ◎AO入試 ◎志望理由書作成 ◎過去問題を解く等の 　対策継続	◎体験入学等
9月	◎一次試験	・第2回指定校推薦校内選考 ・センター試験受験案内配布	◎職業能力開発センター 　推薦入校願書提出
10月	・一次試験合格発表 ◎二次試験	◎センター試験出願 　（学校一括申し込み） ◎推薦入試願書受付開始	◎推薦入試願書受付 ◎選考，合格発表 ◎入学手続き ◎職業能力開発センター 　推薦入校試験
11月	・最終合格発表	◎推薦入試選考 ・合格発表 ◎入学手続き	◎一般入試願書受付 ◎選考，合格発表 ◎入学手続き
12月			
1月		・センター試験 ・二次試験出願	◎一般入校願書受付 　（職業能力開発センター）
2月		◎前期試験	◎一般入校試験 　（職業能力開発センター）
3月		◎後期試験	

❖ **参考文献** ❖

1) 仙﨑武ほか，進路指導論，福村出版，p.58，1992年
2) 仙﨑武ほか，入門 進路指導・相談，福村出版，p.92，2001年
3) 仙﨑武ほか，入門 進路指導・相談，福村出版，p.110，2001年
4) 沢宮容子，学校カウンセリングの心理学，八千代出版，p.32，2000年
5) 吉田辰雄ほか，進路指導・キャリア教育の理論と実践，日本文化科学社，p.204，2007年

作品名：寺の風景
庭園はすべて金属で製作。土台や木などはアルミの鋳造。松葉は電線を使用し，灯篭や五重塔は旋盤とフライス盤で加工した。鳳凰やお坊さんはロストワックス法製作。

大阪府立淀川工科高等学校教諭
中西淳一先生より提供

第 13 章　学校運営と教育力向上への取り組み

- 工業高校の組織とは？
- 工業高校を活性化するには？
- 安全教育とは？

13-1　学校運営

　学校は，一定の教育目的のもとで，教員が，生徒に組織的・計画的に教育を行うところです。普通教育に加えて工業教育を同時に行う工業高校は，普通科高校に比べて格段に多い校務を，より複雑な組織を編成し，より緻密な運営によって，遂行していかなくてはなりません。

　工業高校では，各学科（機械科・電気科などの小学科）の仕事も少なくはありません。科としてのカリキュラムの検討から，実験・実習の計画と準備・指導，施設・設備の管理の仕事まで，科としての組織をもち，科務を分担していかなければならないのです。

　次のような組織を有効に働かせて，課題を解決しながら学校の機能を十分に発揮させていくのが，工業高校の学校運営ということになります。

13-1-1　校務分掌組織

　多くの学校は，図1にみるような校務分掌組織によって運営されています。学校の責任者である校長をリーダーとして，校務を分担する校務分掌組織によって構成され，学校運営がなされています。校務分掌組織には，学校運営の全体的な企画や立案などを行う会議と実際の取り組みを担う組織があります。いずれも校長の学校運営上の補助機関に位置づけられています。

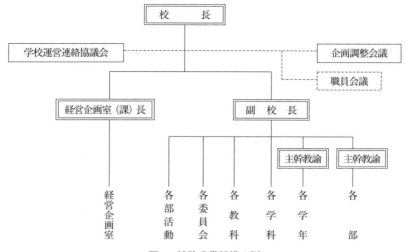

図1　校務分掌組織の例

　この組織の機能などについて、主な職務、分掌・会議などの在り方を調べていきましょう。

13-1-2　校長・副校長・教頭・主幹・主任の位置づけと職務

校長　校長の職務は、学校教育法第37条第4項に「校長は校務をつかさどり、所属職員を監督する」と包括的に示されていますが、たとえば東京都教育委員会の場合には、公立学校の管理運営に関する規則第7条で校長の職務を、① 学校教育の管理、② 所属職員の管理、③ 学校施設の管理、④ 学校事務の管理、さらに所属職員の職務上及び身分上の監督に関すること、職務上、教育委員会から委任または命令された事項に関することも含めて詳しく規定しています。

　校長のリーダーシップという言葉がよく使われますが、リーダーシップを強い統率力とだけ考えるのは、適切ではありません。教育に携わる学校の長としては、まず人間的な魅力と優れた判断力・行動力をもち、教職員の信頼を得て初めてリーダーといえるものと思います。

　このような意味からも、校長には特に優れた資質が求められることになります。

副校長　副校長の職務は、学校教育法第37条第5項に「副校長は、校長を助け、命を受けて校務をつかさどる」、同第6項に「校長に事故が

あるときはその職務を代理し，校長が欠けたときはその職務を行う」と規定されています。これらの規定は，①命を受けた校務について，自らの権限と責任で処理するとともに，②校長の職務代理者・代理執行者であり，③校長の行う所属職員を監督する職務の補佐，所属職員を監督する立場にあることを指します。つまり，副校長は所属職員の職務上の上司であり，身分上の上司となり，学校の管理職に位置づけられています。

教頭　　教頭の職務は，学校教育法第37条第7項に「教頭は，校長を助け，校務を整理し，及び必要に応じ児童の教育をつかさどる」と定めて学校の管理職と位置づけられています。

教頭の役割の中で特に重要なことは，組織の要に位置していることを自覚し，校長・副校長と教職員の間に立って，校務運営を行うことです。

主幹教諭　　主幹教諭の職務は，学校教育法第37条第9項に「主幹教諭は，校長（副校長を置く小学校にあっては，校長及び副校長）及び教頭を助け，命を受けて校務の一部を整理し，並びに児童の教育をつかさどる」と定めています。

主幹教諭の職責は，担当する校務に関する事項について，教頭を補佐するとともに，所属職員を指導・監督することにあります。主幹教諭を設けることによって，学校が組織的に機能し，教職員間の理解・協力関係の推進，児童・生徒により質の高い教育を目指すために設けられています。

指導教諭　　指導教諭の職務は，学校教育法第37条第10項に「指導教諭は，児童の教育をつかさどり，並びに教諭その他の職員に対して，教育指導の改善及び充実のために必要な指導及び助言を行う」と定めています。

指導教諭は，高い専門性と優れた教科指導力をもつ教員として，その力を活用し，教員全体の意欲と学習指導力の向上を図るために設けられています。

主任　　主任の職務は，円滑な学校運営を組織的に行う目的で設けられています。学校には，教務主任，生徒指導主任，進路指導主任，保健主任，学年主任などの主任が置かれています。

なお，主任には他の教諭等に対し，職務命令を発するなどの指揮監督権はありません。

主任の種類・呼称については都道府県によって異なることがあります。

主任の職務については，種類によって少しずつ異なりますが，工業高校にとって重要な存在となる学科主任の職務内容をみると，学校教育法施行規則第81条第4項に「学科主任は，校長の監督を受け，当該学科の教育活動に関する事項について連絡調整及び指導，助言に当たる」と示されています。学科主任は，主幹教諭・指導教諭または教諭をもって充てることとなっており，中間管理職ではなく中間指導職として定着しています。

　学科主任は，いわゆる**科長**であり，科の運営の中心にあるだけではなく，その学校の工業教育を担うリーダーの一人でもあります。その意味から，学科主任の職務として述べられている「連絡・調整」，「指導・助言」よりも，むしろ「企画・立案」的な能力が強く求められているといえるでしょう。

13-1-3　校務の分担と主な分掌について
(1)　校務の分担
　工業高校に赴任すると，まず仕事の種類の多さに戸惑います。教員は決して暇な職業ではありません。工業科の教員は，教科指導のほかに，実習室の管理，機器の保守点検，備品の整理・整頓，材料・資料・試薬の準備など，多くの仕事があります。

(2)　主な分掌組織
①　教務部
　文字どおり学校の学習指導全般を担当し，学校を動かす機能の大きな部分を分担します。
　その職務内容は，教育課程の編成と実施についての調整，年間計画・時間割の調整，教科書・教材，学籍簿の整理等々，まさに学校運営の要といえる部です。

②　生徒指導部
　生徒指導部というと，問題行動を起こした生徒を指導する部でもあるかのような印象を与えていましたが，本来の生徒指導部は，ホームルーム，生徒会，部活動などの生徒の自主的な活動を支援し指導するための部なのです。
　特に最近の高等学校における生徒会活動の低調ぶりは，目を覆うばかりです。青少年の幼児化・フリーター志向などの現象を生んだ要因の一つは，受験にばかり目が向いて年齢相応な判断力・活動力育成の教育を忘れ

ていた報いかもしれません。

本来の生徒指導が，強く望まれるところです。

③　**進路指導部**

生徒の進路指導を円滑に効果的にするため，進路指導に関する業務を分担します。

その職務内容は，進路指導計画の計画立案と実施，キャリア教育や進路行事に関する進路情報の収集と整理など多岐にわたっています。

進路指導は，生徒が自らの生き方を考え，将来に対する目的意識をもち，自らの意思と責任で進路を選択決定する能力・態度を身につけることができるよう，指導・援助することです。適切な進路指導を行い，生徒の進路希望を確実に実現させることが望まれます。

④　**各学科**

工業高校の各専門学科も，各部と同様に分掌組織の一つであるにもかかわらず，分掌外の存在のように考えられる傾向があります。前述した各学科の職務内容が科外の人には分担できないこと，科務は手当（産振手当）の範囲の仕事ではとの疑問があることなどから誤解されているものと思われます。科務も学校の分掌組織です。他の部や学科と同一の次元で，協力して校務の運営にあたる必要があります。

　　注：産振手当…農業，水産，工業又は商船に係る産業教育に従事する公立の
　　　　高等学校の教員及び実習助手に対する産業教育手当の支給に関する法律

工業科の教職員の仕事が多くなるのはやむを得ません。その代わり，自らも技術の習得による資格の取得や，学位の認定を受けるなどのチャンスと楽しみに恵まれているのです。

(3)　**主な会議組織**

学校における会議組織を民間企業と同じに位置づけることには，多少の無理があるかもしれません。なぜならば，民間企業は，経営の専門家・学者などをそろえていますが，学校は各部・各科等で働く教職員だからです。

しかし，学校の場合にはすべての教職員が教育の専門家です。各部・各科等は，いわば戦術を凝らし成果を上げる実戦部隊，会議組織であり，戦略を練り戦局を拓く参謀部と考えればよいと思います。

校務運営組織では，各部・各科から人を集めて会議・委員会を構成し，

調整を図ることで，各部・各科等の主張は学校の意見・方針として集約され，さらに，この学校の意見・方針は瞬時に各部・各科等，校内にフィードバックされ，各部・各科等のセクト主義，エゴといった縦割りの欠点を補い，縦横に連携の網の目の構造が構築されるのです。

工業高校にあっては，各学科間の，また各学科と各部の連携が大切です。校長・副校長・教頭の管理職だけでなく，教職員すべてが会議組織の意義を見直し，十分な活用を心がけるべきでしょう。

① 企画調整会議

東京都立学校の管理運営に関する規則では，「企画調整会議は，校長の補助機関として，校務に関する企画立案及び連絡調整その他校長が必要と認める事項を取り扱う」とあります。

原則として構成員は，校長・副校長・教頭・主幹教諭・分掌主任・事務長など，管理的立場にある教職員としています。

学校全体の業務に関する企画立案及び連絡調整，校務分掌間の連絡調整，職員会議における議題の整理などについて協議し，円滑な学校運営を推進することにあります。

② 職員会議

学校の運営は，企業の運営と異なり，会議中心の運営となっています。このことは，学校における教育という営みは，全教職員の一致した理解と協力体制があって初めて成立するものであるからです。そして，数多い会議・委員会の中でも，最も重要なものが職員会議です。

すなわち，職員会議は次のような機能をもつとされています。

ア 教育活動に関する基本的な問題を審議し，意思を形成する。
イ 校長が意思決定をする際に，教職員の考えを聞く。
ウ 教職員相互の意見や情報を交換する。
エ 関係機関からの連絡事項，通知事項等について伝達・協議し，必要な意思を形成する。
オ 研修等の討議・発表を行う。

すなわち，学校の教育活動全般にわたる基本的な問題を審議し，意思を形成する場となっています。

このように重要な位置を占める会議であることから，過去にしばしば職員会議の性格が議論されてきました。しかし，現在は学校教育法施行規則

の改正（平成12年）により，校長の補助機関に位置づけられました。

ただし，校長には，職員会議が全教職員の参加のもとで学校としての考え方を確認する会議であることを肝に銘じての，指導力を発揮することが望まれます。

③ 教育課程委員会

最近まで，工業高校の教育課程は，学習指導要領の改定の時期に編成し直して，次の改定のときまで何らの改善・修正を加えることなしに運用する例も少なからずみられたものでした。

本来，教育課程は，編成・実施の後には，必ず評価をして不十分な部分を修正しながら，いわゆる Plan-Do-Check-Action のサイクルによる分析・研究を伴った運用をすべきものです。特に近年のように，入学者の多様化，科学技術の進歩，高等教育への進学者の増加といった変化の激しい状況のもとでは，教務部の業務にとどめず，教務部・教科・学科を中心とする常設の教育課程委員会を設け，学校としてのウォッチングを欠かさない態勢が必要となっています。

④ 進路指導委員会

進路指導部のほかに進路指導委員会が必要であることについては，第12章「工業教育と進路指導」の12-3-2項に，有識者の意見を紹介しています。

従来の工業高校の進路指導は，卒業時の就職の斡旋，進学先の選択に大半の時間を費やしてきました。しかし，近年，生徒の進路先での適応の状況，早期離職の問題，フリーター・ニートの増加，進学者の増加といった問題に直面しています。進路指導委員会は，学校の教育活動全体を見通した進路指導の全体計画の作成及びその管理を行い，進路指導部を中心に各校務分掌組織等との連携と協力のもとに校内の進路指導全般を推進していく役割があります。

13-2　地域と工業高校（工業高校の発展的活動）

学校の運営は，校内での生徒の教育活動を効果的に進めることだけに終始するものではありません。生徒の健全育成を図る地域・保護者との連携・協力や，学校の活性化を図る生徒の発展的活動の推進が大切になります。

工業高校においても，地域との連携協力，開かれた学校作りを目指す学校運営連絡協議会の設置，地域住民・保護者との連携・協力体制の構築，学校開放，公開講座，インターンシップ，小中学校を含めての地域と学校間の連携などの活動が積極的に進められています。

　最近に寄せられた情報からは，専門教科の学習を，地域への貢献となる活動に発展させようとする取り組みが増えていますが，主なものを次にあげます。

1)　地域中学校への出前文化祭

　地域中学校の文化祭に工業高校生が参加し，中学生・保護者及び先生方に楽しんでいただきながら，工業高校の専門の学習内容について次のようなプレゼンテーションを行った。

① 生徒が作製した相撲ロボットを操作して見せた。
② トランジットを用いて測量の体験をさせた。
③ 課題研究で作製した街のジオラマを見せた。
④ 課題研究で作製したライントレーサーの実演をして見せた。
⑤ 「全国高等学校ロボット競技大会」に出場したロボットを展示した。

2)　ネットワークを利用した中学校との交流事業

　ネットワークを利用して，中学校で電気の動きについての授業を展開した。

3)　地域活性化事業への参加・協力

① 専門高校生が共同で，地域の空き店舗を改装して活用した。
② ゴミ収集車のペインティング
　　市のゴミ収集車をペインティングし，地域への貢献をした。
③ 市の夏祭りの団扇のデザイン作製
　　夏祭りに配布する団扇のデザインとして，毎年デザイン科の生徒の優秀な作品を採用してもらっている。

4)　その他の貢献

① 老人ホームでの車椅子の修理
　　車椅子を多く使用する老人ホームや養護学校に出向き，修理を行い，大変喜ばれていると同時に，修理を通して技術・技能の向上に効果を上げている。
② 木造住宅の簡易耐震診断

建築科の教員が，町内会での耐震診断講習会で講師を務め，生徒は診断ボランティアとしてアシスタントを務めた。
③　公園駅の建築などに参画
公園駅の待合室の設計・施工を行い，さらに伝統芸能の獅子舞をモチーフにした「獅子舞ロボット」を製作し，展示した。
④　小学生対象のパソコン教室の開催
小学校と連携し，小学生のパソコン教室を開催した。

以上のように，学校は社会参加の結果を高く評価され，生徒のキャリアの形成，専門教科に対する認識，技術・技能の向上などに大いに役立つものであるとしています。

13-3　学校の教育力向上・活性化を目指す取り組み

学校運営の目的は教育の成果を高めることにあります。学校は生徒の士気が高く活気に溢れていなければ，教育の実を上げることはできません。そのため，工業高校では最近特に資格・認定試験，技能五輪やジュニアマイスターへの挑戦などの取り組みが，熱心に行われるようになりました。

これらの取り組みは，生徒に専門家としての自覚とプライドをもたせ，学校全体を活性化する結果につながっています。最近は，資格・認定試験やコンテストへの参加などに教員が加わるなどの教える側の熱心な動きもみられ，一層の効果を上げています。

その主なものを次にあげます。
1)　国家資格の取得に挑戦
国家資格の取得は，ライセンスの時代といわれる次世代に生きる若者にとっては，一生を通しての課題といえる意味をもちます。また，資格取得は，生徒にとっての重要な課題であると同時に，学校にとっても士気の高揚，活性化のための重要な取り組みとなります。

国家資格への工業高校生の挑戦者・合格者は着実に増えています。そして，学校も資格取得に向けての学習を，学科の教育内容に組み込むなど，積極的な支援態勢を整えています。国家資格への挑戦者・合格者数などは，巻末の資料5を参照してください。
2)　技能検定試験・技能五輪国内予選に挑戦
技能検定も国家資格の中に含まれますが，取り組む生徒が増えているこ

とから，特に取り上げてみます。

　最近，技能検定試験の受験資格要件が大幅に緩和され，3級技能検定試験は1年生を含むすべての在学生が受験でき，2級技能検定試験は3級に合格していると，在学中に受験できるようになりました。合格すれば国家試験であることから，「技能士」の称号と都道府県知事名の合格証書が授与され，合格発表は就職活動に間に合うようになりました。

　また，優れた技能をもつ生徒・卒業生は都道府県ごとに行われる技能五輪地方大会における選考を経て，全国大会（毎年行われ，国際大会へ出場する選手の選考も兼ねている），さらには国際大会（2年に1度行われる）へ出場するチャンスが与えられます。

　このように，技能検定が工業高校における技能教育に大きな意味をもつようになったことから，積極的にその指導に取り組む学校・地域が急速に増えています。さらに最近は技能検定試験にチャレンジする教員が増え，生徒に良い刺激を与えています。

　技能検定試験の種類，生徒の挑戦の状況，成績などは，巻末の資料集の資料5を参照してください。

3）ジュニアマイスター顕彰制度への挑戦

　この制度は，全国工業高等学校長協会が2001年に設置したものです。その趣旨は，社会が求める専門的な資格・検定にチャレンジすることにより，意欲と自信をもった生徒の育成，社会や企業及び大学に向けた工業高校の評価につながることをねらいとするものです。

　将来の仕事や学業に必要と考えられる国家職業資格や各種コンテストの入賞実績をジュニアマイスター顕彰制度委員会が独自に調査し，点数化して全国工業高等学校長協会から各学校に紹介，その中から，生徒が高校在学中に取得した職業資格や各検定の等級，参加したコンテストで得た点数の合計によって，20点以上は「ジュニアマイスターブロンズ」，30点以上は「ジュニアマイスターシルバー」，45点以上の特に優れた生徒には「ジュニアマイスターゴールド」の称号が授与されます。

　この顕彰制度で優秀な成績を上げている学校が，これからの工業高校の在り方を指し示すかのような充実ぶりを見せていることには，感慨新たなものを覚えます。これらの学校は知識・技術・技能の習得を通して，確かな学力，すなわち，卒業して就職する生徒は誇りと自信をもって職に就き，

進学する生徒は普通科高校にも少しも引けを取らない学力をもって進学するという成果を上げています。多くの工業高校が、このジュニアマイスター顕彰制度を励みに、学校の活力を呼び起こす活動に取り組んでいます。

ジュニアマイスター顕彰制度の詳細は、巻末の資料6を参照してください。

4) その他の検定・競技会など
○その他の検定

上にあげた技能検定のほかにも、多様な団体が実施する検定があり、ジュニアマイスター顕彰の得点に区分されています。

○競技大会

全工協会の行う全国大会には、高校生ものづくりコンテスト、高校生ロボット相撲大会、ジャパンマイコンカーラリーなどがあり、生徒や指導者のモチベーションを高め、技術・技能の学習に魅力をもたせています。

13-4　PTAと諸団体，関係機関

ここで保護者との接点ともいえるPTAと、その他、さまざまな立場で学校と関係が深い団体や機関について少し触れてみましょう。

13-4-1　PTA

PTAは、戦後の1946年にアメリカ占領軍のCIE（総司令部教育情報部）が文部省（現在の文部科学省）にPTA（parent-teacher association）に関する資料を提供し、その結成を促したことに始まるとされますが、このアメリカの文化が日本に定着するまでには長い時間がかかりました。あるいは、まだ定着していないといってもいいのかもしれません。

かつては、寄付団体、後援団体などの言葉で語られていたPTAが、本格的な活動を迫られたのは、皮肉にも校内暴力・いじめなどの教育の病理現象が顕在化した時期になってからのことでした。この教育の病理現象を重く受け止めた中曽根内閣は臨時教育審議会を発足させ、学校教育の再構築を図ろうと努力しました。

この臨教審の第2次答申（1986年・昭和61年）の中に、「家庭・学校・地域がそれぞれの役割を踏まえつつ連携し、三者一体となって子どもを育てる環境をつくる」と、PTA活動の本来的な在り方を求める文言が見られます。改めて子どもの教育には、家庭・学校・地域の連携協力が大切で

あることを再確認させる文章となっています。

13-4-2 諸団体

工業高校には以前から，学科ごとの，または学科を総合した形での教科「工業」の研究会があります。これらの研究会は，いわゆる教育の研究が主たる目的で作られたものですが，同時に学校運営や学校を取り巻く諸問題についての情報交換，連携・協力の関係を構築する大切な場でもあるのです。

表1　工業の教育研究会一覧

地区 項目		研　究　会　名 List of research society group
全国	1	日本工業化学教育研究会
	2	全国材料技術教育研究会
	3	日本繊維工業教育研究会
	4	エネルギー・環境技術教育研究会
	5	全国自動車教育研究会
	6	全国電子工業教育研究会
	7	全国工業高校造船教育研究会
	8	全国高校デザイン教育研究会
	9	全国高等学校インテリア科教育研究会
	10	全国設備工業教育研究会
	11	全国情報技術教育研究会
	12	全国セラミック教育研究会
	13	全国金属工芸教育研究会
	14	全国高等学校グラフィックアーツ教育研究会
	15	全国電子機械教育研究会
	16	全国高等学校機械系工業教育研究会連絡協議会
	17	全国高等学校土木教育研究会連絡協議会
北海道	18	北海道高等学校工業教育研究会
関東	19	関東甲信越地区機械工業教育研究会
	20	関東甲信越地区電気教育研究会
東日本	21	東日本高等学校土木教育研究会
	22	東日本建築教育研究会
東海	23	東海地区機械教育研究会
	24	東海地区電気教育研究会

表1（続き）

近 畿	25	近畿地区機械教育研究会
	26	近畿地区電気教育研究会
西日本	27	西日本工高建築連盟
	28	西日本高等学校土木教育研究会
中 国	29	中国地区高等学校工業教育研究会
四 国	30	四国工業教育研究会
九 州	31	九州地区工業教育研究協議会

　工業科の教員が自動的に所属学科の研究会会員となる研究会が多いと思われますが，いずれの研究会も，その組織に参加した教員が，研修や他校の教員との交流の中で得られた知識や情報を，効果的に生徒に反映させることを目指して活動をしています（表1を参照してください）。

　また，この教科・学科の研究会以外の工業教育関係の研究機関として，多くの学会や研究会があります（巻末の資料7と8を参照してください）。

　このような研究団体のほかには，教育全般についての連携などのための機関，たとえば産業教育振興中央会などがあります。

13-4-3　諸機関

　公立学校の管理・運営は，本来は教育委員会の仕事であることから，学校にとって最も関係の深い機関は教育委員会となります。

　そのほかに，消防関係，保健所関係，警察関係，さらには社会教育の諸施設，地域の小・中学校，福祉施設，生徒の進学先となる大学・高専，専門学校などとの関係の緊密化が重要となります。

　その職務には管理職，あるいは学校運営組織に総務部のような部をもつ場合には，その部があたり，ふだんから密接な関係を構築しておくことが必要です。

13-5　教員の教育力向上を目指して

13-5-1　教育と環境

　有名な故事に「孟母三遷の教え」がありますが，人間の成長には環境が大切である話として有名です。植物を育てるときの環境と生長の関係は次のようになりましょう。

　① まず，植物の生長には元肥と水と日光が必要です。そして生長の過

程において植物は環境により次のような影響を受けます。
　ア　風が強ければ根を張るが，さらに強風であれば幹がよじれる。
　イ　日陰であれば，細くか弱い。
　ウ　温室であればすくすくと育つが，寒さや風に弱い。
② 　次に，生長とともに追肥が必要です。
　これを教員の役割及び教員自身の成長に当てはめてみます。
　まず，学校における教員の役割は，どのような環境を整えるかにあります。工業高校への入学動機の一つは，理科や技術が好きなことでしょう。その動機に応える環境を整えることが教員の一つの役割です。
　次に学校では生徒の特徴・希望をもとに，伸ばしたい方向に刺激を与えたり伸びたい方向に育むような雰囲気づくりをすることです。
　たとえば車が好きという動機で入学してきた生徒がいるとします。高校によってはエコランカーを製作する部がありますが，車好きの生徒は入部することによりエンジンや機体の研究・製作に夢中になり，満足感を得ることができましょう。部がない場合には，顧問として部の設立を手助けすることが，上記で述べた「環境を整える」ことに当たります。

13-5-2　アイデンティティの確立を

　先端技術は，時代とともに陳腐化します。工業科の教員には，常に新しい技術を咀嚼してどのように生徒に与えるかが，大きな役割となります。そのためには，教員自身も成長しなくてはなりません。植物に例えれば大学までが元肥であり，教員になってからの追肥は自分自身で施さなくてはなりません。
　教員には，大きく分けると2つの研鑽が必要です。
①　プロとして教科を教えること。
②　教員としての人間的な魅力を備えること。
　上記の①と②の要素が，両方ともに優れていることが理想的です。

①　プロとして教科を教えること

　教員は教えることに関してはプロでなくてはなりません。すなわち，講義や実験・実習は生徒にとって理解しやすく，かつ興味・関心をもてるようにすることが大切です。そのためには，教員は教授技術の研究や教材・教具の研究をしなくてはなりません。生徒は教員が教授方法を創意工夫する姿を敏感に感じます。

```
哲学            専門性・教育技術         心理学
歴史          (専門への造詣・教養・      教育学
政治・経済        教育技術)           文学・芸術

            科学   数学   工学
         専門科目への精通と教養を広く身につけること
```

② **教員としての魅力**

```
熱意              人間性           表現力
研究心         (担任としての力量)      説得力
カウンセリング     (人間的な魅力)       ユーモア
マインド

           生徒に対する深い愛情
           生徒の内面を理解する
           広く豊かな教養
```

 生徒は友人関係,進路や家庭,勉強などさまざまな問題を抱えて悩みます。教員はそれらの悩みを訴えられ,頼りにされるような人間的な魅力を備えるように努めなくてはなりません。時には生徒が反社会的な行動を起こすこともあるでしょう。そのような問題にも対処できるように,生徒指導・進路指導の研鑽も必要です。

 また,入学してくる生徒は必ずしも勉強が好きではありません。クラスの友人,部活動に惹かれて入学してくる生徒も多数います。したがって,部活動の指導も大変重要です。

 理想的な教員像について述べましたが,教員にも得意・不得意があります。自分の得意とするもので教員の個性を発揮することは大事なことです。教員になってからは自分が理想とする教員像を描き,それに向かい努力しなくてはなりません。その理想的教員像を実現するには,中・長期的な計画が必要です。2～3年ででき上がる安易な目標でも困りますが,40代になっても基本的な軸ができなくては困ります。

 生徒は,教員が目を輝かせて教育にあたっているか,元肥だけで生きているかを鋭く感じとるものです。生徒は教員の背中を見て育つことを忘れてはなりません。

 特にこれから教員になろうとする人は,どのような教員を目指すのか,

自分探しの旅をしてアイデンティティの確立に努めてください。

13-5-3 研鑽の方法

前記で教員の成長を植物に例えて，教員になってからは「追肥が必要です」と記しました。研修の方法・手段は，諸々の方法が考えられます。ここで要諦は，「井の中の蛙にならない」ことを心がけることでしょう。この心得があれば，道は自ずから開けるものです。

工業の場合の代表的な研修方法をあげます。

① 全国工業高等学校長協会で主催する講習会への参加

多くは夏休み中に行われます。また，都道府県内の研究会で行われることがあります。

② 研究会への参加

研究会は，13-4節「PTAと諸団体，関係機関」を参照してください。

③ 学会・研究会への入会，講習会への参加

工業系高校の教員は，理工学関係と教育関係の研鑽が必要です。したがって最低2つの学会に入会することをお勧めします。1つは自分が専門とする理工系学会，もう1つは，教育系学会です。教育系は，主に工業系高校の教員が主体の日本工業教育経営研究会・日本工業技術教育学会が適切でしょう。この研究会・学会は，他校の状況の報告や教員・生徒が創意・工夫した発表があります。刺激を受けましょう。年会費は，成長の糧とし，井の中の蛙にならないように心がけましょう。

④ 生徒発表会への参加

近年，科学・技術系の発表ができる機会が増えてきました。その機会に生徒が参加することを勧めてください。また，教員にとっても多くの刺激を受けます。

⑤ 広く教養を積む

市販の単行本，講演会，映画，テレビなど多種の方法があります。教育に何が使えるかという視点で取り組むと新たな発想が生まれます。

（上記①は本章13-4-2項を，③と④は巻末の資料を参照してください。）

13-6　教員に必要な対応力

学校現場では，日常の教育活動のほかに，保護者や地域住民からの苦情，生徒の安全管理，災害時の危機管理，いじめなどへの対応力が求められます。ここでは，教員として身につけておくべき対応力についてあげておきます。

13-6-1　保護者対応

保護者や地域住民からの要望や苦情など，日常的に起こる問題を適切に解決することは，教員に求められる重要な力の一つです。東京都教育委員会が作成した「学校問題解決のための手引き」では，事例を通して，学校におけるさまざまな問題を早期に解決するヒントや，未然に防ぐための初期対応などが示されています。学校の対応によっては，相手に不信感を与え，その後の対応に困難を伴うことや理不尽な要求など，大きなトラブルに発展するケースもあります。要望や苦情を最初から無理難題ととらえず，一人で抱え込まずに，問題は協議して解決にあたりましょう。大事なことは，学校と保護者等でともに子どもを育てていくということです。学校が行う保護者等からの申し出に対する一般的な対応について述べます。

1) **初期対応の心構え**

先入観で相手を見たり，勝手に決めつけたりすることなく，話の内容，その背景，心理をしっかり把握します。

2) **話の聴き方**

受容・傾聴・共感がすべての基本です。相手の立場に立って，よく聴くこと。何を言いたいのか，何を望んでいるのかを聴き取ります。

3) **記録のとり方**

話を聴きながら，客観的に事実関係を記録することが大切です。本人（当事者）から聴き取ったことや関係する子どもから聴き取ったことを記録します。

4) **謝罪が必要なとき**

心理的事実には，最初に謝罪します。例「そういう気持ちにさせてしまったことは申し訳ない」。客観的事実はきちんと調査してから謝罪します。例「事実関係については調べてからお伝えします」。

5) 対応直後

教員一人で抱え込むことなく、管理職に一報して、指示を仰ぎます。また、主幹教諭、主任教諭など、関係教員に情報提供します。

6) 事務室（経営企画室）の職員との連携

一般に、学校への要望や苦情は、事務室の職員が窓口及び電話で受けます。内容にもよりますが、怒りを増幅させないためにも情報を共有しておき、適切な接遇ができるようにすることも必要です。

- ◆ 保護者から単位認定の内容について抗議を受けた場合、どのように対応したらよいでしょうか。
- ※ このような事例が発生した場合は、速やかに管理職に報告し、組織的な対応を行い、三者面談など、直接話をする機会を設けます。学校の対応や姿勢についての理解を求めます。このような抗議を防ぐためには、早い時期に保護者と本人に学習状況を伝えておく必要があります。

◇ **保護者等と接する心得 10 カ条**
① 相手をねぎらう
② 心理的事実には心から謝罪する
③ 話し合いの条件を確認する
④ 相手の立場に立ってよく聴く
⑤ 話が行き詰まったら、状況を変える
⑥ 言い逃れをしない
⑦ 怒りのエネルギーの源はどこから来るのか考える
⑧ 対応を常に見直し、同じ失敗を繰り返さない
⑨ できることとできないことを明確にする
⑩ 向き合う気持ち、ともに育てる視点をもつ

13-6-2 安全教育

高等学校学習指導要領解説「総則編」の第3章第1節2に、「安全に関する指導においても、身の回りの生活の安全、交通安全、防災に関する指導を重視し、安全に関する情報を正しく判断し、安全のための行動に結び付けるようにすることが重要である。」との記述があります。東京都教育委員会が作成した「学校安全教育プログラム」では、児童・生徒が日常生活していく中で、自身の安全を守るとともに他者や社会の安全にも貢献で

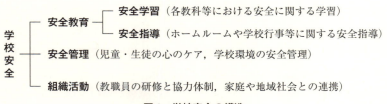

図2　学校安全の構造

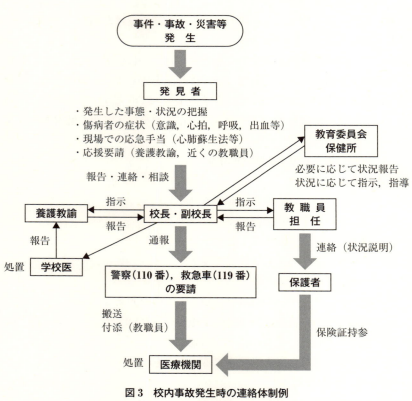

図3　校内事故発生時の連絡体制例

きることを目指しています。大切なことは，校長の指導のもと，教職員が共通理解をもち，学校として組織的に指導していくことです。ここでは，安全教育について取り上げますが，参考として学校安全の構造を図2に，校内事故発生時の連絡体制例を図3に示します。

安全教育は,「安全指導」と「安全学習」の2つの側面があり,相互の関連を図りながら,計画的,継続的に行われます。

　安全学習は,安全に関する基礎的・基本的事項を系統的に理解し,思考力,判断力を高めることによって,安全について適切な意思決定ができるようにすることをねらいとしています。

　安全指導は,当面している,あるいは近い将来当面するかもしれない安全に関する問題を中心に取り上げ,安全の保持増進に関するより実践的な能力や態度,さらには望ましい習慣の形成を目指すこととしています。

◆ 安全教育で身につける力

〈危険を予測し回避する能力〉
・状況に応じて,自らの安全を確保するための行動を判断できる。

〈他者や社会の安全に貢献できる資質や能力〉
・友人や家族,地域社会の人々の安全にも貢献する大切さについて一層理解を深める。
・心肺蘇生法などの応急手当の技能を高め,適切な手当が実践できる。
・安全で安心な社会づくりへの理解を深めるとともに,地域の安全に関する活動や災害時のボランティア活動等に積極的に参加する。

　学校での安全教育は,「生活安全」「交通安全」「災害安全」とする3つの領域があります。学校では,交通安全教室や避難訓練などの学校行事を通して,安全に関する知識や対応などを身につけさせています。学校で指導する一般的な項目を次に示します。

1) 生活安全
　　登下校時の安全,校内での安全,家庭生活での安全,地域や社会生活での安全。
2) 交通安全
　　道路の歩行と横断及び交通機関の利用,自転車の安全な利用と点検・整備,自動二輪車・自動車の特性と心得,交通事故防止と安全な生活。
3) 災害安全
　　火災時の安全,地震災害時の安全,火山災害時の安全,気象災害時の安全,原子力災害時の安全,避難所の役割と貢献,災害への備えと安全な生活。

13-6-3　危機管理

先に示した安全教育の災害安全に関して，より具体的なことについて述べます。近年，地震・火山噴火・台風等の風水害など，全国各地に被害をもたらしました。特に，平成7年兵庫県南部地震（阪神淡路大震災：1995年），平成23年東北地方太平洋沖地震（東日本大震災：2011年），平成28年熊本地震（2016年），平成30年7月豪雨（2018年），平成30年北海道胆振東部地震（2018年）は，記憶に残るものです。どのような災害が起こっても，学校の管理下において，生徒の生命及び身体の安全は確保しなければなりません。そのためには，避難訓練や事前準備を普段から行うなど，いざ危機が起こったときに適切な行動ができるように，危機管理の体制づくりが重要です。

東日本大震災などの大規模な災害や毎年全国各地に被害をもたらす台風などの風水害の発生を踏まえて，平成26年1月，高等学校学習指導要領解説「地理歴史編」の一部改訂が行われ，以下の内容が付加されました。

> 　自然災害については，防災対策にとどまらず，災害時の対応や復旧，復興を見据えた視点からの取扱いも大切である。その際，消防，警察，海上保安庁，自衛隊をはじめとする国や地方公共団体の諸機関や担当部局，地域の人々やボランティアなどが連携して，災害情報の提供，被災者への救援や救助，緊急避難場所の設営などを行い，地域の人々の生命や安全の確保のために活動していることなどにも触れることが必要である。
>
> 　　　　　　　　　　　　　　　　　　　高等学校学習指導要領解説「地理歴史編」

東京都教育委員会では，「学校危機管理マニュアル」を作成し，校長の指導のもと，教職員が協力し，学校として組織的に対応するように求めています。自然災害の被害状況によっては，帰宅が困難になった場合，生徒を校内で保護することになります。また，登下校途中に発災したときの対応や学校が地域住民の一時避難場所として開設された場合の管理運営などの体制づくりが必要となります。また，学校関係者以外（不審者）が学校へ立ち入ったときの対応についても考えておく必要があります。

◆　**学校の管理下における災害時の対応**

発災時　　校長は，発災時に被害状況を把握し，生徒・教職員の避難指示を行うとともに，関係機関（消防・警察など）及び教育委員会に連絡を

とり，その後の対応にあたります。

避難誘導　生徒の避難誘導にあたっては，教職員は，生徒の安全確保を第一とし，日頃から避難訓練で行っている避難場所や避難経路の状況を確認し，最善の避難経路を選択し，避難場所に避難させます。お・か・し・も（「押さない」，「かけない」，「しゃべらない」，「戻らない」）を合言葉に避難誘導するとよいでしょう。

生徒の確認　避難後ただちに生徒の点呼確認を行います。点呼時に確認できない生徒がいた場合，捜索を行うことになります。その際，校舎破壊等の確認を行いながら2人以上で当該生徒の捜索・安否確認を行います。

校内の消火　生徒を安全に避難させた後に，延焼を最小限に食い止めるためには，できるだけ多くの教職員がただちに初期消火にあたることが重要です。その際，二次災害に遭わないように，生命・身体の安全に十分に配慮する必要があります。

救護活動　生徒の安全が確認された後，負傷者への応急処置を行います。その際，救護活動に参加可能な生徒に対しては，救護の補助をさせます。

搬出活動　避難が完了し，安全が確保されてから定めてある非常持出品等について，校長の指示のもと，搬出担当者，搬出場所に基づいた搬出活動を行います。

◆　**避難所の役割**

大震災等の災害発生時には，学校を避難所・一時滞在施設・災害時帰宅支援ステーションとして利用することになります。避難所等となる学校は，あらかじめ学校危機管理計画において定めてある避難所等の支援に関する運営計画に基づき，避難所等の開設・運営に協力・支援し，防災市民組織，避難者自治組織，ボランティアとの連携を密にして円滑な運営に努めます。発災時刻や学校の状況によっては，少人数で避難所等の運営業務に従事しなければならない場合も考えられます。

発災時の状況にもよりますが，校長は，正確な交通機関の運行状況，学校周辺の被災状況等の情報収集に努め，生徒が安全に帰宅できるかを判断します。帰宅困難となった生徒は，学校で保護することになります。その場合には，生徒の安全を確保するため，避難住民や帰宅困難者等とスペー

スを分離し，混乱を避けるために動線を切り分けます。生徒個人の保護者への連絡は，校長の指示に従い，教職員がその任にあたります。

避難住民や帰宅困難者に対しては，避難場所の割り振り，立入禁止区域，トイレ，ごみ集積場所等を明示するとともに，避難者名簿の整理，被災状況等を知るための情報提供（テレビ・ラジオ・掲示板の活用），備蓄物資の配給，関係機関との連絡など，多岐の業務を校長の指示により行うことになります。

なお，交通機関等が回復し，生徒が帰宅し，避難住民や帰宅困難者が不在となったら，校長の判断で関係機関に連絡をとり，避難所等を閉鎖します。

◆ 学校関係者以外（不審者）が学校へ立ち入ったときの対応

学校は，生徒が安心して学び，教職員が安心して教育活動を行う安全な場所でなければなりません。しかし，時として学校の安全を脅かす事故・事件が発生する場合があります。学校に不審者が侵入した場合は，まず，生徒や教職員の命を守ることが重要です。来訪者で挙動が不審な場合は，ただちに校長に連絡し，指示を仰ぎ，適切な対応をとります。

図4は，不審者が学校へ立ち入ったときの学校の対応例を示したものです。

不審者が学校へ立ち入ったときの学校の対応については，校門・通用門が電子錠か，来訪者用インターホンや防犯カメラは設置されているかなどの防犯機能によって対応は変わってきます。

一般的な学校の取り組みとしては，始業時刻前から生徒の登校時に校門・通用門での指導が行われています。始業時刻とともにすべての門を施錠し，終業時刻まで開錠しません。遅刻した生徒は，校門横の通用口から入るように指導し，部外者が入ってこないように周囲の状況を確認させます。授業中や昼休みにおいても，可能な限り教職員の当番表により校内を巡視することも大切です。そして，来訪者等と廊下で出会った場合は，挨拶を積極的にすることや訪問先を確認することなどの声かけも大切なことになります。また，来訪者との区別を図るため，教職員は校内で必ず名札を着用し，学校の教職員であることを誰でもがわかるように工夫することも必要です。

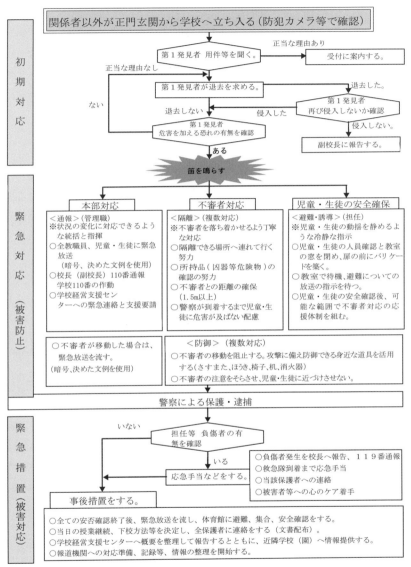

出典：東京都教育委員会ウェブサイト
http://www.kyoiku.metro.tokyo.jp/school/document/safety/crisis_management_manual.html

図4　不審者侵入時の対応例

13-6-4　いじめ

「いじめは，人権侵害である」といわれるように，いじめは絶対に許されるものではありません。生徒と関わる教員や保護者，地域や関係機関などが情報交換を行って連携し，いじめに対して継続的・組織的に対応していくことが重要です。「いじめは，どこの学校にも起こりうる」という認識のもと，日頃から未然防止に取り組むことが最も大切なことです。もし，いじめを発見した場合には，速やかに解決する必要があります。

◆　いじめの態様

いじめの主な態様としては，「いたずら」「ふざけ」「嫌がらせ」「からかい」「いびり」「意地悪」「除け者」「喧嘩」「パソコンや携帯電話による誹謗中傷」などがあります。いじめを認知したきっかけでは，「被害を受けた本人からの直接の訴え」「学級担任が発見」「被害を受けた本人の保護者からの訴え」が最も多いようです。

いじめを認知するためには，アンケートの定期的な実施やいじめの兆候に対する教員の鋭敏な感覚と組織的な対応，保護者と早期から情報を共有することなど，さまざまな手段によるいじめの情報把握が必要です。また，被害を受けた本人以外の生徒からの情報を得やすい学校づくりも大切なことです。図5は，文部科学省の平成28年度「児童生徒の問題行動・不登校等生徒指導上の諸課題に関する調査」による学年別いじめの認知件数（国公私立）を示したものです。

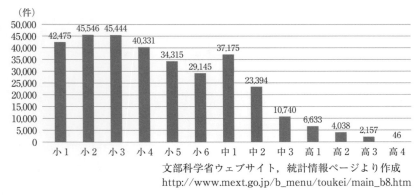

文部科学省ウェブサイト，統計情報ページより作成
http://www.mext.go.jp/b_menu/toukei/main_b8.htm

図5　学年別いじめの認知件数（国公私立）

◆ いじめの定義

> （定義）第2条
> 「いじめ」とは，児童等に対して，当該児童等が在籍する学校に在籍している等当該児童等と一定の人的関係にある他の児童等が行う心理的又は物理的な影響を与える行為（インターネットを通じて行われるものを含む。）であって，当該行為の対象となった児童等が心身の苦痛を感じているものをいう。
> いじめ防止対策推進法（平成25年6月）

◆ スクールカウンセラーの活用

スクールカウンセラーが配置されている学校においては，「被害・加害児童・生徒を対象としたカウンセリング」，「希望する児童・生徒を対象としたカウンセリング」，「学級担任への助言・援助」などがあります。また，スクールカウンセラーが日常的に「授業参観や校内の見回り」を行い，児童・生徒のきめ細かい実態把握を行うなど，スクールカウンセラーが必要に応じて機動的に対応できるような仕組みも必要です。

13-6-5 発達障害の生徒理解

発達障害のある児童・生徒は，個別的な場面よりも通常の学級の集団生活の中でつまずきや困難を示している場合が多くみられ，「わがまま」「努力不足」「やる気がない」などと受け止められがちです。発達障害のある児童・生徒は，物事の見方，とらえ方，感じ方などに他の児童・生徒とは少し違う特性があります。高等学校学習指導要領第5款「生徒の発達の支援」において，「特別な配慮を必要とする生徒への指導」について示されており，ここではその一部を示します。

> 　障害のある生徒などについては，家庭，地域及び医療や福祉，保健，労働等の業務を行う関係機関との連携を図り，長期的な視点で生徒への教育的支援を行うために，個別の教育支援計画を作成し活用することに努めるとともに，各教科・科目等の指導に当たって，個々の生徒の実態を的確に把握し，個別の指導計画を作成し活用することに努めるものとする。特に，通級による指導を受ける生徒については，個々の生徒の障害の状態等の実態を的確に把握し，個別の教育支援計画や個別の指導計画を作成し，効果的に活用するものとする。

発達障害者支援法(平成17年)では，「自閉症，アスペルガー症候群その他の広汎性発達障害，学習障害，注意欠陥多動性障害その他これに類する脳機能の障害であってその症状が通常低年齢において発現するものとして政令で定めるもの」と発達障害の定義が示されています。また，文部科学省の「今後の特別支援教育の在り方について(平成15年最終報告)」では，学習障害（LD），自閉症等と注意欠陥多動性障害（ADHD）及び高機能自閉症等の定義が示されています。

　学校生活のさまざまな場面で，支援を必要としている児童・生徒がいることに気づくことがあります。その原因が発達障害によるものかどうかすぐにはわかりません。たとえ小さなことであっても教員同士で情報交換することが大切です。東京都では，特別支援コーディネーターを中心に組織的に取り組む支援体制があります。

❖　**参考文献**　❖

1) 東京都教育委員会，学校問題解決のための手引，平成22年3月
2) 東京都教育委員会，安全教育プログラム（第9集），平成29年3月
3) 東京都教育委員会，学校危機管理マニュアル，平成25年3月
4) 東京都教育委員会，東京都教員人材育成基本方針，平成27年2月改訂
5) 東京都教職員研修センター，東京都若手教員育成研修 テキスト　平成27年度
6) 文部科学省，児童生徒の問題行動・不登校等生徒指導上の諸課題に関する調査　平成28年度

第14章　今後の工業教育

- 工業高校のニーズ
- 工業高校生の進路状況
- 新しい工業高校

　本章では，産業のグローバル化や情報通信技術の進展，少子高齢化による社会活力の低下，さらに産業構造の変化の中で，工業高校がどのように変化しているかを分析しつつ，工業高校の将来展望について考察したいと思います。

14-1　工業高校の現状について

14-1-1　工業高校のニーズ

　ものづくり白書によると日本のものづくりを支える人材育成は，表1のように大学（工学関係），高等専門学校，工業高等学校が担っています。現場のものづくりを支える技能の高さが，諸外国との大きな違いです。工業高校がわが国の産業を支える柱となっています。

表1　卒業者の職業別就職者数（平成27年度）
（　）内は割合

	高等学校工業に関する学科	高等専門学校	大学工学関係学科
就職者数	54,285	5,649	49,521
製造業就職者数	30,318 (55.8%)	2,916 (51.6%)	13,585 (27.4%)

文部科学省「学校基本調査」より作成

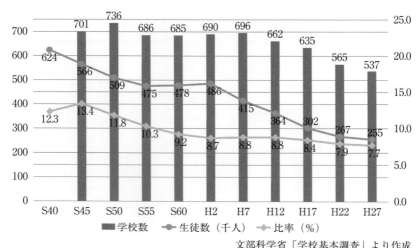

文部科学省「学校基本調査」より作成

図1　工業高校の生徒数及び学校数の推移

　少子化が進み，生徒数が減少する中で，各都道府県では公立高等学校の再編整備が進められてきました。工業高校数は昭和37年から急増し，昭和50年代から緩やかな減少期に入りました。昭和40年には約62万人の在籍がありました。これは現在の生徒数の約2.5倍になっています。

　平成27年度の工業高校生が全高等学校在学生徒数に占める割合は，7.7％となっています。この30年間，全高校生に占める割合は約8％とほぼ変化はない状況です。これは，少子化のために高校生全体の生徒数が減少する中でも，工業科の生徒数の割合が急激に変わっていないということです。地域産業を支える工業高校のニーズは，高いといえます。

14-1-2　工業高校生の進路状況

　平成14年度からの進路状況を表2に示します。平成28年度（平成29年3月卒業）の就職者の割合は67.3％で，54,540人が就職しました。

　平成20年9月のリーマンショックの影響により，平成21年度の就職者の割合は57.1％と落ち込みました。その後，平成22年度以降，60.4％，62.6％，63.3％と増加傾向にあります。平成28年度は景気回復を背景に67.3％と高い数値となりました。逆に大学進学者の割合は，平成21年度をピークに18.8％，17.2％，15.6％と減少傾向にあります。

14-1-3 工業高校生の就職の状況

平成28年度卒業生（平成29年3月卒業）は，54,540人（67.3%）が就職しています。平成29年3月末の就職率（就職者の就職希望者に対する割合）は99.4%となっています。職業別では，生産工程に従事する者が58.2%（31,767人）を占めています。産業別では，製造業に従事する者は55.7%（30,357人）を占めています。高校生全体で製造業に従事した者は73,593人，そのうちの41.2%が工業科の卒業生となっています。つまり，高校生全体の7.7%の工業科の卒業生が製造業を支えていることになります。

一方，グローバル化や国際競争の激化，技術革新・情報化の進展などから，職業人として必要とされる専門的な知識や技術の高度化，熟練技能者の高齢化や生産年齢人口の減少といったことが指摘されています。

このような中で，工業高校は，ものづくりに携わる有為な職業人を育成し，職業人として必要な豊かな人間性，生涯学び続ける力や社会の中で自らのキャリア形成を計画・実行できる力などを身につけていく教育機関として大きな役割を果たしています。

今後も日本が継続的発展を遂げるためには，生産技術を高度化するなど，技術開発で先頭に立つ必要があります。そのためには，製造現場で働く生産技術者は，知識，技術及び技能の高度化に対応する必要があります。実習等の指導時には地域産業を担う専門的職業人を育成するという視点を踏まえることが大切です。

表2 工業高校卒業者の進路先割合
（単位 %）

年度	就職者	大学等進学者	専修学校等進学者
平成14	68.4	8.6	19.0
平成15	55.3	14.7	22.1
平成16	54.0	16.9	23.0
平成17	57.6	16.5	20.8
平成18	60.1	16.8	18.9
平成19	62.7	17.2	16.6
平成20*	62.8	17.5	16.0
平成21	57.1	18.8	19.8
平成22	60.4	17.2	18.6
平成23	62.6	15.6	18.2
平成24	63.3	14.9	18.1
平成25	64.7	14.5	17.6
平成26	66.4	14.5	16.7
平成27	67.0	14.4	15.9
平成28	67.3	14.4	15.8

*は，リーマンショックの年。
文部科学省「学校基本調査」より作成

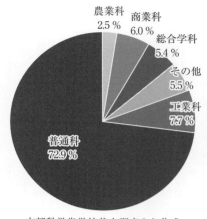

文部科学省学校基本調査より作成

図2　高等学校学科別生徒数比率（平成28年5月）

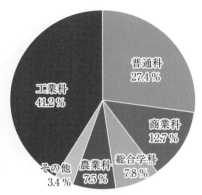

文部科学省学校基本調査より作成

図3　製造業に就職した割合（平成29年3月卒業）

14-1-4　工業高校生の離職率

全工協会の平成29年度調査によれば，高卒の卒業3年後の離職者の推移（入社年度）は，厚生労働省の調査による全国の高卒の離職率に比べると，工業高校卒の離職率は低く，定着率は高くなっています。

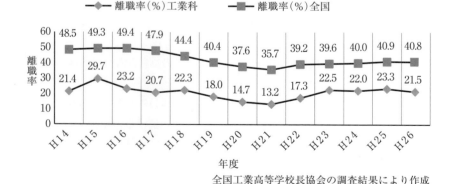

全国工業高等学校長協会の調査結果により作成

図4　離職率の推移

14-1-5　工業科に関する学科について

平成元年告示の高等学校学習指導要領には，表3に示す標準学科15学科が示されていました。また，設置者においては，必要がある場合には，

地域や学校の実態に応じて，情報科学科，産業技術科などの複数にまたがる学科を設置できるとしていました。しかし，現在の学習指導要領では標準的な学科名は示されていません。

表3　標準学科

平成元年改訂	昭和57年改訂
機械科，電子機械科，自動車科，電気科，電子科，情報技術科，建築科，設備工業科，土木科，化学工業科，材料技術科，セラミック科，繊維科，インテリア科，デザイン科	機械科，電子機械科，自動車科，電気科，電子科，情報技術科，建築科，設備工業科，土木科，化学工業科，金属工業科，窯業科，繊維科，インテリア科，デザイン科

表4に小学科の構成割合の推移を示します。過去20年間で機械関係の学科が減少しています。窯業，金属，計測は分類から消滅しました。代わって情報技術関係，その他（総合技術科，生命工学科，生活工学科，環境，電気情報科等）が増加しています。

14-2　新しい工業高校

近年の人口減少，少子高齢化の進展など高校教育を取り巻く社会環境は急速に変化し続けています。平成元年の全国の中学校卒業生は約207万人，平成34年には約110万人への減少が見込まれています。中学校卒業者の急激な減少は，学校の小規模化を招き，学校の活力の低下や生徒のニーズに応じた多様な選択肢の確保を困難にするなど，教育の質の低下につながることが懸念されています。このため，各都道府県教育委員会は第2期の再編計画を策定しています。

ここでは，平成11年頃から始まった第1期の再編計画で作られた学校について概観します。

これらの計画の基本的な方針は，①特色ある学校づくり，②開かれた学校づくり，③高校の規模と適正化の推進などをキーワードとして取り組まれています。

14-2-1　新しいタイプによる工業高校

近年,「工業高校」という名称から「工科高校」や「科学技術高校」という学校名に変更するケースがみられます。大別すると，表5のA〜Dのタイプになっています。

表4 小学科の構成割合の推移

	平成5年		平成15年		平成25年	
	学科数	割合	学科数	割合	学科数	割合
機械関係	800	28.4%	484	19.1%	389	19.9%
電子機械関係	0	0.0%	234	9.2%	180	9.2%
自動車関係	90	3.2%	80	3.2%	57	2.9%
造船関係	6	0.2%	4	0.2%	2	0.1%
電気関係	525	18.7%	440	17.4%	339	17.3%
電子関係	191	6.8%	139	5.5%	89	4.5%
情報技術関係	168	6.0%	196	7.7%	170	8.7%
建築関係	273	9.7%	258	10.2%	184	9.4%
設備工業関係	31	1.1%	39	1.5%	22	1.1%
土木関係	205	7.3%	194	7.6%	143	7.3%
地質工学関係	3	0.1%	1	0.0%	0	0.0%
化学工業関係	207	7.4%	159	6.3%	102	5.2%
化学工学関係	33	1.2%	14	0.6%	7	0.4%
材料技術関係	0	0.0%	24	0.9%	12	0.6%
セラミック関係	0	0.0%	9	0.4%	7	0.4%
色染化学関係	7	0.2%	2	0.1%	0	0.0%
繊維関係	37	1.3%	22	0.9%	14	0.7%
インテリア関係	67	2.4%	54	2.1%	32	1.6%
デザイン関係	65	2.3%	61	2.4%	49	2.5%
印刷関係	6	0.2%	6	0.2%	5	0.3%
薬業関係	7	0.2%	5	0.2%	3	0.2%
航空関係	2	0.1%	3	0.1%	2	0.1%
その他	45	1.6%	108	4.3%	149	7.6%
窯業関係	11	0.4%	0	0.0%	0	0.0%
金属関係	29	1.0%	0	0.0%	0	0.0%
計測関係	4	0.1%	0	0.0%	0	0.0%
合計	2,812		2,536		1,957	

文部科学省「学校基本調査」より作成

表5　工業高校の4タイプ例

タイプ	Aタイプ（類型選択校）	Bタイプ（総合技術校）
教育目標	従来型の工業高校として，基礎・基本の充実，専門性の強化から大学進学まで，生徒の興味・関心に応じた類型を設け，進路希望に応じた工業教育を行う。	小学科制をとらず，工業技術を幅広く学習した後，生徒の希望に応じたコースを選択し，進路希望に応じた工業教育を行う。
教育課程	・1年次は基礎・基本を充実し，進路選択の下地をつくる。 ・2年次より次の3つの類型を設ける。 (1) 専門強化型（スペシャリスト型） 　学科の専門性を深め，将来のスペシャリストを目指す。 (2) 工業標準型（ゼネラリスト型） 　幅広く工業に関する知識・技術を身につけオールラウンドな工業人を目指す。 (3) 進学強化型（カレッジ型） 　大学等への進学を目的として，基礎科目の充実を図る。	・従来の小学科の枠を取り払って一括募集を行う。 ・1年次は共通履修とし，工業に共通する基礎・基本の充実を図る。 ・2年次より生徒の希望や適性を考慮してコース（従来の小学科に相当）を選択し，幅広い技術を習得し，就職や進学に対応する。
特徴	・大学，専攻科への進学対応が可能であるとともに，高校，大学の一貫教育をうたい，効果的な専門教育が可能となっている。 ・進路目的に合った学習体系を選択でき，多様なニーズに対応できる。	・1年次の体験に基づいて，専門分野を選択し深化させることができる。 ・ミックスホームルーム，単位制等柔軟に対応できる。

タイプ	Cタイプ（総合学科校）	Dタイプ（科学技術校）
教育目標	多様な生徒に対応するため，工業系の総合学科として生徒の主体的な選択により学習し，豊かな個性を身につけ，社会に貢献する生徒を育成する。	科学と技術の視点から総合的な思考力，自主性と創造力を育み，理工系を中心とする大学，大学院への継続教育体系の基礎教育を行う。
教育課程	・総合選択科目群の例 (1) 情報科学系列 (2) 土木系列 (3) メカトロニクス系列 (4) 環境科学系列 (5) 生産技術系列 等を設置し，単位制の導入により柔軟なカリキュラム編成を行う。	・科学技術科として一括募集を行う。 ・1年次は共通履修とし理数科学教育，技術教育の充実を図る。 ・2年次より生徒の希望による大講座を中心に学習し，課題研究を中心に学習し，関連実習，関連科目を選択する。 大講座例 (1) 機械システム講座 (2) 電気電子講座 (3) 応用化学講座 (4) 建築デザイン講座 (5) 土木講座
特徴	・幅広く開設された普通科目と専門科目の中から，学びたい科目を自由に選び学習する。 ・ミックスホームルーム，単位制等を最大限柔軟に対応できる。	・大学進学への道を大きく開くことができる。 ・科学と技術の視点から人材育成を行う。

次に工業高校の設置例を紹介します。
(1) 類型選択校例

大阪市立東淀工業高校（平成11年改編）
・2年次から興味・関心・進路希望に応じたコース制を採用している。
・自由選択科目を設置し，学科・コースを超えて学習する科目を選ぶことができる。
設置学科：機械工学科（機械システム，メカトロニクス，英数）
　　　　　電気工学科（電気エネルギー，マルチメディア，英数）
　　　　　理工学科（バイオ・環境，科学工学，理数工学）

(2) 総合技術校例

神奈川県立川崎工科高校（平成22年開校）
・入学年度は基礎科目等を共通履修，2年次より興味・関心・適性等に応じて機械系（機械エンジニアコース，ロボットシステムコース）電気系（電気テクノロジーコース，情報メディアコース）環境化学系（環境エンジニアコース，食品サイエンスコース）に分かれて専門性を高める学習を展開する。
設置学科：総合技術科

(3) 総合学科校例

山梨県立甲府城西高校（平成9年開校・機山工業高校，第一商業高校）
・幅広い選択科目と自分で作る時間割，単位制による教育課程と少人数教育，きめ細かなガイダンスと充実の進路指導を特色としている。
・選択した8系列によりかなりの専門科目を履修することができる。
・自然科学，人文社会，メカトロニクス，エレクトロニクス，ビジネス会計，情報管理，福祉生活科学，スポーツ健康
設置学科：総合学科

(4) 科学技術校例

東京工業大学附属科学技術高校（平成17年校名変更，改編）
・科学・技術について広い視点から見ることができる生徒を育成。
・工業科のカリキュラムを基本とし，共通教科と専門教科担当者が相互に連携した教育を展開している。
・専門教育は科学技術系の共通科目を増やし，理数科学ならびに技術教育の充実を図っている。2年次以降は5分野（情報・コンピュータサイエンス分野，エレクトロニクス・エネルギー・通信分野，材料科学・環境科学・バイオ技術分野，システムデザイン・ロボット分野，立体造形・ディジタルデザイン分野）に分かれる。
設置学科：科学・技術科

14-2-2 新しい学科を設置している学校の例

工業の小学科の構成割合は前節で述べたとおりです。ここでは，従来の小学科の分類に当てはまらない複合的な学科や地域の特色を生かした学科を紹介します。

・岩手県立種市高校
　海洋開発科：潜水と土木分野を履修できるよう教育課程を編成した全国唯一の学科である。
・山形県立長井工業高校
　福祉生産システム科：社会福祉や工業におけるものづくりに必要な基本的な知識や技術・技能を学び，生活支援技術や情報処理システムの理解を深める。
・岐阜県立岐阜工業高校
　航空機械工学科：航空・機械について幅広く学び，機械の設置・製造やメカトロニクス等に関する知識と技能を習得する。
・愛知県立瀬戸窯業高校
　セラミック科：陶磁器，ガラス，セメントなどのセラミック（窯業）について幅広く学習する。
・愛媛県立今治工業高校
　繊維デザイン科：繊維のことを学びながら，デザイン力を身につけ，ものづくりを通して，地場産業を支える工業技術者を育成する。

- **香川県立高松工芸高校**
  工芸科：金属工芸，漆芸，木工など伝統的産業を学ぶとともに幅広い造形力を身につけ，多方面で活躍できるクリエイターを育成する。
- **富山県立富山北部高校**
  くすり・バイオ科：富山の地場産業であるくすりや，最新の技術であるバイオテクノロジーについての技術を学習する。

14-3　今後の工業教育

21世紀におけるわが国のあるべき姿は，平成7年の「科学技術基本法」の制定により，工業立国から科学技術創造立国へと明示されました。

現在の社会は知識基盤社会であり，新しい知識・情報・技術をめぐる変化が加速度的に速くなっています。

今後の工業教育には，変化する社会に的確に対応し，豊かな人間性の成長発達を保障する教育が求められています。これまでの知識量を競う教育から，主体的な人間の形成を目指し，世界的な視野をもち，人・社会・自然・環境などに寛容な精神をもちつつ，独創的な創造力，創造的探求力，問題解決力の育成に目を向け，学習のプロセスを重視した教育への転換が重要となります。

14-3-1　成長期に合わせた工業教育

今後の工業教育で育成すべき基礎能力は，知識，技術，技能，技術的活動を統制・調整する自己調整能力です。これらの能力は別々に獲得されるわけではなく，課題研究，実験実習などの具体的な問題解決の場で統合されて獲得されるものです。一流のピアニストは，幼少よりの訓練によって育成されるのと同様に，将来の工業系技術者への道を歩むには，感受性の鋭い中学生から18歳までの時期に，問題解決を通じて自己調整能力を獲得させること，汗して働くことをいとわない習慣をもたせることが大切です。

14-3-2　課題研究と実験・実習及びキャリア教育との関連

課題研究と実験・実習の展開については，問題解決，体験的な学習を重視し，感動を覚え，疑問を感じ，推論するなどの学習の過程を大切にする必要があります。試行錯誤を繰り返し，観察や実験で試し，体験の積み上げによって，「発見する喜び」，「創る喜び」を育てることを目標にします。

評価にあたっては，生徒の成長発達を評価し，問題の答えは一つではないという方向性が大切です。

指導にあたっては，「職業とは何か」，「どのような職業に価値を見いだすか」等幅広い意味での工業に対する動機づけがキャリア教育の視点からも重要です。

14-3-3　情報活用能力の育成

第四次産業革命ともいわれる，進化した人工知能がさまざまな判断をしたり，身近な物の働きがインターネット経由で最適化されたりする時代の到来が社会や生活を大きく変えていくとの予測がなされています。このような情報社会に続く超スマート社会の中で，IoT（モノのインターネット）や製造現場などで人と協調する自動化システム（人工知能等）の開発が加速するなど，新たな産業形成が指摘されています。

このような時代に求められる情報活用能力は，情報や情報技術を受け身でとらえるのではなく，手段として活用していく力です。情報を主体的にとらえながら，何が重要かを主体的に考え，見いだした情報を活用しながら他者と協働し，新たな価値の創造に挑んでいくことが大切です。具体的には，技術の変化に対応し，身につけた知識・技術を活用しながら，たとえば，コンピュータにおける技術革新やその活用等に関する諸課題を主体的に発見し，協働して実践的に解決する能力と態度を育成することが重要です。

14-3-4　工業高校の使命

わが国の製造業は，GDPの2割程度を占める重要な基幹産業であり，就職者数に占める製造業比率についても2割弱を占め，国内雇用を支えています。わが国の競争力を支えているものづくりの次代を担う人材を育成するためには，ものづくりに関する教育を充実させることが重要です。

工業高校の目指すべき学校像として，専門性を深めて就職するスペシャリスト型，ものづくりを幅広く学び，地域産業の発展に貢献するために就職するゼネラリスト型，より高度なものづくりを学習するため高等教育機関に進学する人材を育成するカレッジ型に大別されます。いずれの学校も，「どのようなものをいかにつくるか」について学ぶ態度を大切にしています。

経済のグローバル化や国際競争の激化，情報化の進展など急速な変化の

中で，日本がこれからも世界の先頭に立ち続けるためには，地域産業を担う専門的職業人の育成が不可欠です。わが国の強みである，高い技術力や高度な現場力を生かし，現場を熟知する知見に裏づけられた臨機応変な課題解決力のある人材を育成することが工業高校の使命です。このことを工業教育に携わる者は大切にする必要があります。

　文部科学省は，平成26年度からスタートした「スーパー・プロフェッショナル・ハイスクール（SPH）」事業の指定校において，ものづくり産業の発展に寄与し，第一線で活躍できる専門的職業人を育成する事業に取り組んでいます。産学官の連携を図り，工業に関する諸課題を解決するための高いレベルの研究指導や技術指導により，生徒が主体的，協働的に学習し，ものづくりの高度な知識や技術及び技能を身につけることにつながる学習プログラムの開発に取り組んでいます。

14-3-5　工業教育の充実に向けて

　新しい時代に相応しい工業教育は，常に，生徒の発想を尊重し，引き出すことで，生徒自身が主体的に学び続ける好奇心を育てていく必要があります。私たち教員は，工業科の生徒がそれぞれの道を究め，プロフェッショナルとなる道を大切にしなければいけないと思います。

　多くの仕事，職種がAIとロボットにとって代わられるなか，創造力を必要とする仕事はむしろ価値が上がるとされています。今後の工業教育は日本の伝統的な経験や人が伝えるカンやコツを生かすものづくりに加え，科学技術の知見をバランスよく加えていく必要があります。今後，求められる教育課題として，次の7点を指摘します。

① 言語活動の充実が図られた授業となっているか。形骸化されたものでなく思考力・判断力・表現力を育成する取り組みとなっているか。

② 実験・実習において，結果を予測して，実験・実習に取り組み，予測した結果に関しては，「なぜ，そうなったのか」について討論するなどの展開が図られているか。

③ 法令遵守や技術者倫理を高めるための，産業現場での事故や事件に関する事例を活用した協議や振り返りによる学びになっているか。

④ 「課題研究」は，単なるものづくりだけでなく，課題の発見と解決に向けて主体的・協働的な深い学びの指導になっているか。

⑤ 学び続ける教員として，技術・技能を身につけるだけではなく，指

導方法の工夫・改善，評価手法の工夫・改善に取り組んでいるか。
⑥ 社会の変化や産業等の動向に対応した，高度な知識・技能を身につけ，社会の第一線で活躍できる専門的職業人を育成する教育課程になっているか。
⑦ 各小学科の目標を達成するための教育課程になっているか。

《 資料編 》

第1章　専門学校

　専門学校の概略については，第3章の参考資料の項でも触れましたが，補足して説明します。

1-1　専門学校と専修学校制度

1-1-1　専修学校とは

　専修学校は，昭和51年に新しい学校制度として創設され，「職業若しくは実際生活に必要な能力を育成し，又は教養の向上を図る」ことを目的としています。そして，専修学校は，学校教育法の第124条に規定される専修学校制度に基づく学校です。

　注1：学校教育法第124条には，第1条に掲げるもの以外の教育施設で，職業若しくは実際生活に必要な能力を育成し，又は教養の向上を図ることを目的として次の各号に該当する組織的な教育を行うものと規定されています。
　　　1．修業年限が1年以上であること
　　　2．授業時数が文部科学大臣の定める授業時数以上であること
　　　3．教育を受ける者が常時40人以上であること
　注2：第1条に掲げるものとは，学校教育法第1条に定める学校（幼稚園，小学校，中学校，義務教育学校，高等学校，中等教育学校，特別支援学校，大学，高等専門学校）のことで，このことからこれらの学校は，1条校とも呼ばれることがあります。

日本の学校教育制度（学校教育システム）は，昭和51年から，6・3・3・4制の基本的な学校教育制度に加えて，専修学校制度，各種学校制度の3つの学校制度をもつことになりました。

1-1-2　専門学校と専修学校の課程

専修学校には，図1にみるように，中卒者・中等教育学校前期課程卒者を入学の対象とする高等課程と，高卒者・中等教育学校卒者・専修学校高等課程卒者を対象とする専門課程，学歴を限定しない一般課程の3課程があり，高等課程を置く専修学校を高等専修学校，専門課程を置く専修学校を専門学校と称することができる（学校教育法第126条）と定められています。

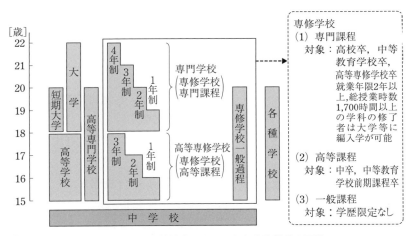

図1　日本の学校教育のシステムと専修学校の区分

1-1-3　高等教育機関としての専門学校

この専修学校の専門課程，専門学校が，昭和51年の創設以後，めざましい発展を遂げ，今や大学に次ぐ第2の高等教育機関，技術・技能の学習を中心とする高等教育機関となりました。

専門学校は，国立は文部科学大臣，公立は都道府県教育委員会，私立は都道府県知事によって設置が認可されます。そして，学校名に専門学校とつけることができるのは，認可校だけです。

専門学校としての主な要件は，次の3点です。

① 修業年限1年以上
② 年間授業時数800時間以上（夜間の学科は年間450時間以上）
③ 学生数40人以上

そして，文部科学大臣が認めた次の要件を満たす学科の修了者には，「専門士」「高度専門士」の称号が与えられます。

「専門士」
① 修業年限2年以上
② 総授業時数1,700時間以上
③ 試験等により成績評価を行い，課程修了の認定を行っていること

「高度専門士」
① 修業年限4年以上
② 総授業時数3,400時間以上
③ 体系的に教育課程が編成されていること
④ 試験等により成績評価を行い，その評価に基づいて課程修了の認定を行っていること

平成28年の専修学校の各課程と，各種学校の学生数・学校数を文部科学省の統計から比較してみると，表1のようです。

「専門士」は，短大修了者（短期大学士）と同等な称号であり，卒業後

表1 専修学校・各種学校の学生数・学校数（平成28年）

	計	国立	公立	私立	私立の割合
専修学校学生数	656,649	414	25,762	630,473	
（学校数）	(3,183)	(9)	(189)	(2,985)	93.8%
高等課程学生数	38,962	17	501	38,444	
（学校数）	(424)	(1)	(6)	(417)	98.3%
専門課程学生数	589,050	309	25,251	563,490	
（学校数）	(2,817)	(9)	(186)	(2,622)	93.1%
一般課程学生数	28,637	88	10	28,539	
各種学校生徒数	120,629	—	560	120,069	
（学校数）	(1,200)	—	(6)	(1,194)	99.5%
修業　1年未満	41,662	—	141	41,521	
年限　1年以上	78,967	—	419	78,548	

注：各種学校は以前に比べると，学生数・学校数ともに少なくなっています。ちなみに，各種学校で高卒以上を入学資格とする学校の学生数は，29,362人，その他が91,267人となっています。

の処遇も短大卒と同等に扱われますが，最近は大学への編入学，大学とのダブルスクール，単位認定，短大とのダブルスクール，単位認定，さらには「高度専門士」の称号を付与された者は，大学院への入学資格が与えられます。専門学校は，高等教育機関としての地歩を着々と固めています。

1-1-4 職業実践専門課程

平成25年8月に専修学校の専門課程における職業実践専門課程の認定に関する規程が公布・施行されました。この規程により専門学校に新しい専門課程である「職業実践専門課程」が創設されるようになりました。

「職業実践専門課程」とは，従来の都道府県ごとではなく，文部科学大臣が認定を行う制度で，「職業に必要な実践的かつ専門的な能力を育成する」ことを目的としています。専門分野における実務に関する知識，技術及び技能について組織的に教育を行うこととしています。卒業後は「専門士」または「高度専門士」の称号が与えられます。

「職業実践専門課程」に認定される要件を次に示します。

① 修業年限が2年以上であること
② 専攻分野に関する企業，団体等との連携体制を確保して，授業科目の開設その他の教育課程の編成を行っていること
③ 企業等と連携して，実習，実技，実験又は演習の授業を行っていること
④ 全課程の修了に必要な総授業時数が1,700時間以上であること
⑤ 企業と連携して教員に対し，専攻分野における実務に関する研修を組織的に行っていること
⑥ 企業等の役員又は職員を参画させて学校評価を行い，その結果を公表していること
⑦ 学校の教育活動その他の学校運営の状況に関する情報を提供していること

1-2 専門学校の教育内容

1-2-1 専門学校の8つの分野

専門学校の教育の内容は，大変広範囲にわたることから，専修学校設置基準では，これを表2のような8つの分野に区分して示しています。

表2　専門学校の8分野と主な学科の内容

分野	主な学科の内容
工業関係	建築，測量，土木，製図，電気・電子，機械，情報処理，IT，Web，自動車整備，音響技術　ほか
農業関係	バイオテクノロジー
医療関係	看護，臨床検査，診療放射線，臨床工学，理学療法，作業療法，歯科技工，歯科衛生，鍼灸，あん摩マッサージ指圧，柔道整復　ほか
衛生関係	栄養，調理，製菓，製パン，理容，美容，エステ，メイク，ネイル　ほか
教育・社会福祉関係	幼児教育，保育，介護福祉，社会福祉，精神保健福祉　ほか
商業実務関係	経理，簿記，税務，経営，ビジネス，情報処理，IT，観光，ホテル，交通，運輸，医療事務　ほか
服飾・家政関係	ファッションデザイン，ファッションビジネス，アパレル，テキスタイル，スタイリスト，洋裁，和裁，きもの　ほか
文化・教養関係	語学，デザイン，美術，写真，映画，演劇，声優，アニメ，音楽，ダンス，放送，出版，スポーツ，法律，公務員，動物　ほか

1-2-2　専門学校の躍進と現状

　専門学校は，資格取得や就職など，現実的でわかりやすい目標の設定や，専門性の高い実学的なカリキュラムと，柔軟で特色ある教育の手法が，若者の感覚にマッチしたためか，昭和51年の発足以後に急速な発展を遂げ，昭和63年には入学者数が短大を超え，大学に次ぐ第2の規模の高等教育機関となりました。

　そして，今や学校数3,183，学生数656,649人（図2）を数えるまでにいたっています。専門学校は高校卒・中等教育学校卒・専修学校高等課程卒の入学者が目立っています（平成28年は，17,066人の高等教育機関からの入学者数）。

　また，留学生の数も少なくありません（平成27年で約38,654人の留学生数）。

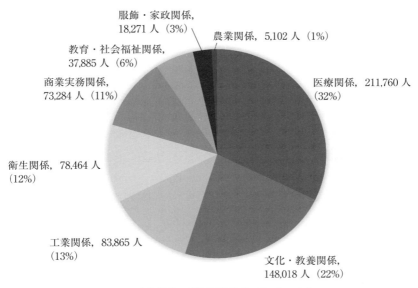

図2 専修学校の分野別生徒数（平成28年）

1-3 専門学校の工業分野

1-3-1 工業分野の一般的状況

工業分野は，工業を支える多様な学科が設置されているところから，専門学校発足の昭和51年から8分野中最多の学生数を誇り，ピーク時の平成4年には約203,000人を数えました。

その後の情報処理科の減少，バブルの崩壊に伴う建築・土木業界をはじめとする経済不況の影響から，徐々に学生数を減らし，現在は医療分野，文化・教養分野を下回る学生数（平成28年で約84,000人）となっています。

工業分野は，将来も科学技術創造立国を目指す日本の技術・技能者の育成機関として重要な位置にあることに疑いはありません。今後も，十分な充実が図られるべき分野であるといえます。

1-3-2 工業分野の特色と教育内容

工業分野は，工業国日本の技術・技能者の育成を目標とする教育機関であることから，工業全般の広い範囲の技術・技能についての学科が設置さ

れています。

　すなわち，工業分野は，エレクトロニクス・機械工業を中心とする製造業を担う人材から，コンピュータ・IT 産業への人材，最近は Web やゲームソフトの制作，あるいはメカトロニクスの業界などの工業の広い範囲への実践的技術者，技術・技能者の供給にあたっています。

　また，専門学校には大学では設置しにくい専門性の高い学科，実践的内容の学科が設置されていることや，大学に比べて学科の改編等に柔軟に対応できる態勢にあることから，技術の動向に機敏に対処できることも専門学校の特色の一つといえます。

　このような諸条件から，現在の専門学校の工業分野には，表3にみるように，従来からのオーソドックスな学科から，新しい先端的な分野の学科までが多数設置されています。

表3　専門学校の工業分野における設置学科の例

CG 映像科	IT スペシャリスト科	建築学科
グラフィックデザイン科	情報処理科	建築設計科
Web クリエイター科	パソコン・ネットワーク科	土木・造園科
インテリアデザイン科	ロボット科	機械設計科
プロダクトデザイン科	電子・電気科	
音響芸術科	自動車整備科	

1-3-3　専門学校教育の特徴

　専門学校の教育の特徴を，カリキュラムからみてみましょう。

　専門学校の授業科目については，専修学校設置基準の第8条第2項に，「専修学校の専門課程においては，高等学校における教育の基礎の上に，深く専門的な程度において専修学校の教育を施すにふさわしい授業科目を開設しなければならない。」と示されており，専門科目が占める比率の高い実学的なカリキュラムをもつ専門学校が多くなっています。

　大学の教養課程に相当する一般教養の部分が少ない反面，専門の履修については，大学の専門課程に勝る内容の充実が図られています。特に注目すべきは，実習・製図・実務研修といった実践的な科目の時数が多いことです。また，次に掲げる例のように，最近の技術の進歩・発展に即応し，充実した専門教育を目指す専門学校も増えています。

　今後の技術・技能者の後継者不足，技術・技能の伝承の困難が危惧され

ていますが，大学・大学院の授業はますますアカデミズム志向の色彩を強めています。専門学校の実学志向，実技重視の教育は，今後の日本の技術・技能者の育成機関として極めて重要な存在といわざるを得ません。

また一方では，最近は大学との相互の編入学，短大を含めてのダブルスクール・単位認定，大学院への進学など，専門学校からの継続教育の幅の拡がり，進学してさらに勉強を続けたいという学生の希望にも，十分に対応できる道がひらかれています。

さて，専門学校が，「即戦力としての人材育成」の教育機関という言葉で表現されることがあります。しかし，専門学校の教育を"就職に有利"，"即戦力"といった皮相的な表現のみで捉えることは，教育の立場からは必ずしも適当ではないと思います。専門学校に学ぶ学生のためにも，今後の日本のためにも，専門学校は，技術・技能を愛し，その修得・研修に喜びを感じる学生が集う学校であるべきだと思います。

表4に示す専門学校の伝統的な学科と，表5に示す先進的な学科のカリキュラムから，専門学校教育の特色すなわち，実学的教育の姿を見ていただきたいと思います。

表4　専門学校　建築学科のカリキュラム例

の必修選別	教科区分		教科目	合計授業時数	の必修選別	教科区分		教科目	合計授業時数
必修科目	一般科目		数学	57	選択必修科目	設計専攻	専門科目	設計実務	18
			ビジネスマナー	18				設計原論	18
			合宿研修	(108)				建築史特論	18
			実務研修	【80】				設計演習	117
	専門科目		建築計画	78				構造演習	63
			環境工学	78				施工演習	54
			建築史	18				専攻概論	117
			建築設備	78			実習科目	設計専攻実習	648
			建築法規	96				施工管理実習（内装）	(48)
			構造力学	78		施工専攻	専門科目	施工管理	(36)
			構造設計	78				施工積算	(42)
			建築一般構造	78				仮設力学演習	(21)
			建築材料	36				設計演習	(63)
			建築材料実験	42				構造演習	(108)
			建築施工	78				専攻概論	(117)
			建築積算	78			実習科目	施工専攻実習	(666)
			建築透視図	63				施工管理実習（基礎躯体）	(48)
			建築計画演習	54		設備専攻	専門科目	建築設備実験実習	(54)
			CAD演習	99				リフォーム	(54)
			プレゼンテーション	117				建築設備特論	(126)
		前期選択科目	インテリア設計	54 (1科目選択)				設計演習	(54)
			建築意匠デザイン					構造演習	(54)
			ツーバイフォー演習					施工演習	(63)
			構造デザイン					専攻概論	(117)
			ディティール演習					CAD製図	(63)
			ビジネスコンピュータ演習				実習科目	設備専攻実習	(468)
		後期選択科目	インテリア設計	63 (1科目選択)				施工管理実習（設備）	(48)
			ディティール演習		選択科目	研修科目		国内建築研修	《36》
			木造建築演習					海外建築研修	《72》
			建築設備演習			特別選択科目		施工管理実習	《48》
			構造計算演習		週授業時数				27
			BIM演習		週数（年間39週）				117
	実習科目		設計製図	882	総授業時数				3,276 【80】
			総合建設実習（建築共通）	(60)					

注：（　）は特別授業，専攻別選択
　　《　》は任意選択
　　【　】は実務研修

表5　専門学校　ロボット科のカリキュラム例

(1年次)

区分	科目	必/選	履修時間
一般科目	ビジネススキル1	必	30
一般科目	ビジネススキル2	必	30
一般科目	パソコン実習	必	60
一般科目	キャリアデザイン1	選	30
一般科目	スポーツ実習1	選	30
専門科目	ロボット入門	必	30
専門科目	エレクトロニクス1	必	30
専門科目	エレクトロニクス2	必	30
専門科目	デジタル回路	必	30
専門科目	メカニクス1	必	30
専門科目	メカニクス2	必	30
専門科目	プログラミング1	必	30
専門科目	マイコン1	必	30
専門科目	機械製図	必	60
専門科目	3D-CAD実習1	必	60
専門科目	テクノロジー実習1	必	90
専門科目	テクノロジー実習2	必	90
専門科目	ロボット製作実習1	必	90
専門科目	ロボット制御実習1	必	90
専門科目	ロボット応用実習1	選	30
専門科目	ロボット応用実習2	選	30

卒業時に必修科目1,500時間（63単位），選択科目210時間（7単位）以上取得し，合計1,710時間（75単位）以上取得すること。

区分	科目	必/選	履修時間
一般科目	プレゼンテーション1	必	30
一般科目	プレゼンテーション2	必	30
一般科目	キャリアデザイン2	選	30
一般科目	スポーツ実習2	選	30
専門科目	二足歩行ロボット1	選	30
専門科目	二足歩行ロボット2	選	30
専門科目	ロボット技術1	必	30
専門科目	ロボット技術2	必	30
専門科目	メカニクス3	選	30
専門科目	バイオロボティクス	選	30
専門科目	ロボット制御1	必	30
専門科目	ロボット制御2	必	30
専門科目	プログラミング2	必	30
専門科目	マイコン2	必	30
専門科目	人工知能	選	30
専門科目	パーソナルロボット	選	30
専門科目	ロボット製作実習2	必	90
専門科目	ロボット製作実習3	必	90
専門科目	ロボット制御実習2	必	90
専門科目	ロボット制御実習3	必	90
専門科目	3D-CAD実習2	必	60
専門科目	ロボットコンテスト	選	30
専門科目	ロボット応用実習3	選	30
専門科目	ロボット応用実習4	選	30

❖　参考文献　❖

1) 東京都専門学校概要　2018年度版，私立専門学校振興会
2) 2018年学校案内，学校法人専門学校中央工学校
3) 2018年版カリキュラムブック，日本工学院八王子専門学校

第2章 工学系短期大学及び厚生労働省所管の大学校・短期大学校

2-1 法律上の学校とその他の教育機関

　第2章で示しているとおり，現在の日本の「学校」は，幼稚園，小学校，中学校，義務教育学校，高等学校，中等教育学校，特別支援学校，大学及び高等専門学校です。したがって，前章の「○○専門学校」のほか，「○○大学校」，「外国人学校」と呼ばれる教育施設は，専修学校や各種学校に位置づけられ，学校教育法上では学校に含まれていません。ただし，一定の条件を満たしたカリキュラムを構成しているこれらの教育施設（職業訓練施設を含む）にあっては，高等学校や短期大学，大学の卒業と同等の資格が得られる場合があります。

　また一般的に，幼稚園（保育園を除く）から大学（大学院を含む）までの教育を初等教育，中等教育，高等教育と3段階に分類しています。諸外国においても共通で，この3段階の各年齢が若干異なる場合もありますが，基本的には同じように分類されています。

　本書で主として取り上げている工業高校は，中等教育に該当します。この中等教育は中学校及び高等学校（中高一貫教育校を含む）を指し，さらに前期中等教育（中学校），後期中等教育（高等学校）に分類できます。その前後にある初等教育は幼稚園・小学校を，高等教育は大学（短期大学及び大学院を含む）や高等専門学校を指します。

　ここでは，工業高校からの接続という観点から，よく取り上げられる工学系4年制大学を除き，工学系の短期大学，工学系の教育を展開する厚生労働省所管の大学校に焦点を当てます。

2-2 工学系短期大学

　短期大学は，上記の「学校」における高等教育機関に当たります。地域の身近な高等教育機関として，高等教育の普及や実践的職業教育などの面で重要な役割を果たしています。2017年度現在，短期大学は公私立を合わせ339校あり，さまざまな特色ある学科が各短期大学で設置されていま

す。短期大学卒業者には「短期大学士」の学位が授与され，これは日本の大学教育課程を修了した知識・能力を証明するものとして，国際的な通用性についても確保されているものです。しかしながら，近年の少子化の影響，4年制大学へ改組する短期大学が増加したことなどから，学校数は大幅な減少の傾向にあります。

短期大学は，日本の高等教育を担うのと同時に，特定の職業資格の取得に特化している側面をもちます。代表的な資格に，幼稚園教諭，保育士，自動車整備士などがあげられます。工学系短期大学に限定すると，職業資格という観点から自動車整備士養成課程をもつ短期大学（全国に7校）が多く，このほかには，専門学科である機械工学科や電気電子工学科等をもつ短期大学，食品工業を専門に学ぶ短期大学などがあげられます。ここでは，自動車整備士養成課程をもつ短期大学について触れます。

自動車工学に関連する学科（以降「自動車工学科」と記す）は，自動車工学の研究及び自動車整備技術者の育成を目的として設置され，多くの技術者を社会に輩出しています。実際にその多くは整備士として出身地の自動車販売店に就職しますが，中には自動車メーカーの設計開発系職種に就職する卒業生もいます。

表1に，A短期大学自動車工学科の卒業要件単位を示します。65単位の卒業要件に対し，教養科目は5単位以上，専門科目は52単位以上の修得が必要で，専門科目の割合が非常に高くなっています。4年制大学と同様で一般的に教室での座学形式の科目では90分×15週をもって2単位，実験・実習の科目の場合は1単位と設定されており，実験・実習が多い自動車工学系短期大学では，過密なカリキュラムが組まれている現状にあります。なお，短期大学の卒業に必要な最低修得単位数は62単位です。自動車工学科で学ぶ学生の多くは，短期大学卒業（短期大学士の学位取得）

表1　A短期大学自動車工学科の卒業要件単位

授業科目	必要単位数			開設科目の例
	必修	選択	合計	
教養科目		5以上	5以上	情報処理法，英語，ビジネススキル等
専門科目	52		52以上	エンジン，電装，シャシ，自動車検査等
合計	52	13以上	65以上	

とともに，自動車整備士（ガソリン及びジーゼル２級整備士）の国家資格取得を目指しています。この国家資格は，国土交通省所管のもと，学科及び実技講習を受講し，これを修了した者に，国家試験の学科及び実技試験のうち実技試験の免除が与えられるものです。必然的にほとんどの学生が受講しますが，２年間の正規の教育課程とは別にこの学科及び実技講習の受講が約半年間にわたって実施されます。

2-3　厚生労働省所管の大学校等

2-3-1　文部科学省以外の教育機関の位置づけ

学校教育法上の「学校」とは別に，国や各省庁所管の独立行政法人等が設置する大学校と呼ばれる教育訓練施設があります。たとえば，防衛大学校は防衛省，海上保安大学校は海上保安庁，職業能力開発総合大学校は厚生労働省所管の教育訓練施設です。国が設置する防衛大学校，防衛医科大学校，航空保安大学校，気象大学校，海上保安大学校は，入学の段階で学生でありながら身分が国家公務員となり，授業料は無料，給与も支給されるという特徴ある大学校です。また大学と同等の教育カリキュラムをもつ大学校は，卒業と同時に学士の学位を取得することもできます。

> 注：「大学校＝大学」ではありません。大学校という呼称は規定されていないため，さまざまな教育施設がこの呼称を用いています。最近では専修学校（いわゆる専門学校）が「○○大学校」という呼称を用いている場合もよく見受けられます。上記のように，卒業と同時に学位が得られる大学校もありますが，基本的には高等教育機関に当たらないため，学位は得られません。

ここでは，多くの工業高校卒業生の進学先の一つである，職業能力開発総合大学校１校（東京都小平市）及び各地域にある職業能力開発大学校25校（付属の短期大学校を含む），各都道府県が設置者である工学系職業能力開発短期大学校に焦点を当てます。

2-3-2　職業能力開発総合大学校

職業能力開発総合大学校は東京都小平市にあり，職業訓練の中核機関として職業訓練指導員（国家資格）の養成・研修，及び職業能力開発に関する調査・研究を主に担っています。後に紹介する職業能力開発大学校（高度技能者養成が目的）との違いは，「職業訓練指導員の養成訓練」と「再

訓練（研修）」を目的に設置されている点です。職業訓練指導員養成の訓練は，長期養成課程と短期養成課程で構成されており，このうち長期養成課程は，大学卒業以上を対象とした2年間の課程で，課程修了後は職業訓練指導員として，職業能力開発施設を運営する機関への就職を目指します。一方，高校卒業段階での受け入れについては，4年制で学士（生産技術）の学位が得られる「総合課程」が設置されています。

　総合課程は機械，電気，電子情報，建築の4専攻が設置されており，各専攻の定員は20名です。少人数制による授業に加え，通常の工学系大学よりも多い授業（実習を含む）時間が設定されています。授業時間は50分を一つの単位とし，100分で1コマ（2時間分）の授業が組まれています。職業訓練（職業能力開発促進法に従う）に加え学位授与機構による課程認定を受けており，理工系大学と同等の教育を4年間で実施します。年間1,400時間，4年間で5,600時間の授業時間と，大学と比較すると非常に多いです（国立大学工学部の4年間の授業時間は3,000時間と試算[1]）。専攻により若干異なりますが，大学卒業に必要な最低履修単位124単位に対し，約200単位を履修するカリキュラムになっています。卒業生の多くは希望する民間企業，将来職業訓練施設の教員となる職業訓練指導員候補者として採用（長期養成課程への進学）されており，非常に高い就職率を毎年達成しています。

2-3-3　職業能力開発大学校

　職業能力開発大学校は，能開大やポリテクカレッジなどと呼ばれ，高度技能者の養成を目的とした職業訓練施設です。多くの工業高校卒業生が進学する進路先の一つとなっています。2017年現在，全国に25校（大学校10校，左記附属を含む短期大学校15校）あり，「専門課程」（短期大学校の教育課程に当たる）が2年間，この修了生等を対象とした「応用課程」が2年間あり，合計4年間のカリキュラムが構成されています。専門課程の修了をもって就職することも可能で，半数程度は専門課程修了時に就職しています。しかし，学位授与機構の課程認定は受けていないため，短期大学や大学等の卒業資格は得られません。上述の職業能力開発総合大学校の総合課程と授業時間（1コマ100分で展開）等は同じで，年間1,400時間を標準とした授業科目が組まれています。

2-4　都道府県立の職業能力開発短期大学校

　上記の職業能力開発大学校の専門課程（短期大学校の2年間の課程に当たる）をもつ都道府県立の職業能力開発大学校があります。2016年現在，全国に14校あり，○○県工科短期大学校，○○県産業技術短期大学校などという名称です。主に地元の高度技能者の養成を目的とした職業訓練施設です。授業時間（1コマ100分で展開）等は上記の職業能力開発大学校に準じて構成され，年間1,400時間を標準とした授業科目が組まれており，そのほとんどが専門科目です。しかし，職業能力開発大学校と同様に，学位授与機構の課程認定は受けていないため，短期大学の卒業資格は原則得られません。

2-5　民間企業による職業訓練施設

　上記のほか，職業訓練に関する授業や期間などについて，厚生労働省令で定める基準を満たしたカリキュラムを構成し，民間企業内に設置されている教育訓練施設があります。工学系の施設としては，下記が代表的です。
- ・デンソー学園（株式会社デンソー）
- ・マツダ工業技術短期大学校（マツダ株式会社）
- ・パナソニック電工工科短期大学校（パナソニック株式会社）
- ・日産テクニカルカレッジ（日産自動車株式会社）　など

　設置の目的はいずれも高度技能者の養成ですが，入学資格やカリキュラム構成はそれぞれに特徴があります。施設によっては中学校卒業者を対象とした課程（高校卒業資格の取得が可能）もあります。ほとんどの場合，社員の身分をもって入学するため，必然的に自社の技術者育成という視点が強く，給料が支払われる点も一つの特徴です。

❖　**参考文献**　❖

1) ポリテクカレッジウェブサイト，概要のページより，http://www.jeed.or.jp/js/kousotsusya/polytech_co/gaiyo/gaiyo.html

第3章　外国の技術・工業教育の紹介

　各国の職業教育は，その国の風土，歴史，国民性，政治体制，教育制度などに大きく関わっています。ベルリン技術大学のグラネイト教授は，世界の職業教育の形態として，図1のような分類を示しました[0-1]。

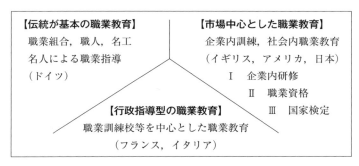

図1　職業教育と社会との関わり

　また，OECD（経済協力開発機構）の報告書によると「後期中等教育段階の特質」を次のように分類しています。

後期中等教育段階の特質

1. 見習期間（apprenticeship）優位型
　○50%以上の青少年が見習期間型訓練を受ける。
　○ドイツ，スイス

2. 混合型
　○20%以上50%以下の青少年が見習期間型訓練を受け，高校の普通科在籍率50%以下。
　○オーストリア，デンマーク，オランダ，ノルウェー

3. 高校職業学科優位型
　○50%以上の青少年が高校職業科に在籍し，見習期間型職業訓練の対象者は20%以下。
　○ベルギー，チェコ，フィンランド，フランス，ハンガリー，イタリア，ポーランド，スウェーデン，イギリス，台湾

4. 普通科高校優位型
○ 50％以上の青少年が高校普通科に在籍。
○ アメリカ，カナダ，ギリシャ，アイルランド，ポルトガル，スペイン，日本，韓国，オーストラリア，ニュージーランド

　技術教育は，その国の産業構造，工業の発達・技術の程度などにより大きく左右され，国情に合った方法で行われています。この章では，技術教育のみならず，広く教育制度を含めて，韓国，フィンランド，ドイツの教育制度について紹介します。

❖ 参考文献 ❖

0-1) 日本工業教育経営研究会，第3回ドイツ・イタリア教育視察・研修報告，p.18，2000年

A 韓国の教育

3A-1 韓国の学校系統図

図 A-1 に韓国の学校系統図を示します[A-1]。

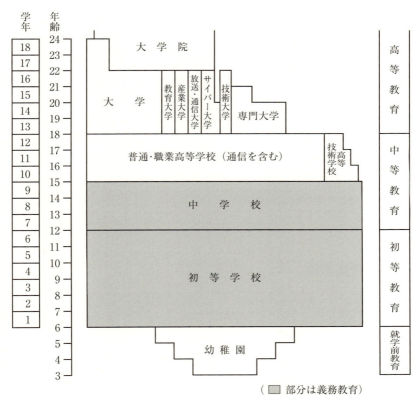

出典：文部科学省ウェブサイト，諸外国の教育統計ページ
http://www.mext.go.jp/b_menu/toukei/data/syogaikoku/1396544.htm

図 A-1 韓国の学校系統図

3A-2　教育制度

韓国は日本と同様に6・3・3・4制をとっており，初等教育及び前期中等教育に当たる初等学校及び中学校は義務教育です。学年度については，3月に始まり2月で終わるため，日本と比較すると1カ月の差異があります。また比較的夏季休暇が短く（7月下旬～8月中旬），冬季休暇（12月下旬～1月末）が長いのが特徴です。2学期制をとっており，一般的に3月から7月が1学期，8月から翌年2月が2学期です。

高校進学率，大学進学率は日本より高いのが特徴です。強い学歴社会であり，特に大学入試（日本のセンター試験に当たる修能試験がその代表）の受験競争は非常に激しいものとなっています。また，男子は徴兵制により，18歳以上になると約2年間の兵役義務が課されています。したがって，大学を6年かけて卒業する者が多い現状です。しかしながら，大学卒業時の就職率の低迷，学歴偏重の課題もしばしば指摘されており，近年では高校卒業段階での就職者の割合を高めることを目指し，高校新規卒業者が社会で活躍できる社会的政策を積極的に行っています。奨学金の拡充，現場研修プログラムの実施，企業と連携した卒業後の就職保証などがその例です[A-2]。

3A-3　技術教育

普通教育としての技術教育は，日本と同じ「技術・家庭科」という教科で，中学校を中心に高校（選択）でも展開されています。また小学校では「実科」という教科名で，技術教育が展開されています。日本でいう学習指導要領は，韓国において「教育課程」と呼ばれ，日本と同様に教科ごとにその目標や内容などが示されています。2015年改訂の中学校の教育課程と時間数を表A-1に示します。

中学校の場合，1単位時間の授業は45分です。年間34週を基準に時間数が設定されています。この表によると，教科（群）の枠の中に「科学／技術・家庭／情報」が一つの群として分類されており，その3教科を総合した時間数が示されています。このうち，情報は34時間と決まっていますが，科学と技術・家庭は明確に示されていません。近年の韓国の教育課程は，学校ごとに柔軟にカリキュラムを構成することが可能となっていま

表 A-1 韓国の中学校における各教科群の授業時間数（2015 教育課程）

区分		1～3 学年
教科（群）	国語	442
	社会（歴史含む）／道徳	510
	数学	374
	科学／技術・家庭／情報	680
	体育	272
	芸術（音楽／美術）	272
	英語	340
	選択	170
	計	3,060
創意的体験学習		306
総授業時間数		3,366

※数値は時間数（1 単位時間：45 分）

　す。

　韓国の A 中学校の例では，技術・家庭科に 238 時間，履修学年は 1 年生と 3 年生に設定されています（このような集中履修が可能）。日本とは比較が難しいですが，日本の場合，1 単位時間が 50 分，35 週とされ，1，2 年生各 70 時間，3 年生 35 時間（平成 29 年告示中学校学習指導要領）となっているため，単純な時間数としては 2 割程度韓国のほうが多い現状にあります。ただし，情報関係科目は技術・家庭科とは別に設定されていることも考慮しなければならず，その場合，さらに日本より多い時間数になります。

3A-4　工業教育

　上述の強い学歴社会といった社会的な背景を踏まえ，近年，韓国では専門人材育成を目指す特性化高校（日本でいう専門高校）が設置され，卒業後の就職を前提とした職業教育が行われています。特性化高校は，従前の職業高校（実業高校）を改革し，専門技能を有する就職に主眼をおく高校として 1998 年に 4 校が指定されて以来，徐々に設置されており，2010 年に

は 168 校, 2016 年では 497 校となっています。なお, 韓国の普通高校は, 2016 年現在 1,545 校となっています[A-3]。最近の特性化高校(従前の職業高校を含む)卒業生の就職率に着眼すると, 2012 年 37.5％から 2013 年 40.9％, 2014 年 44.2％, 2015 年 46.6％と増加の一途を辿っています。2014 年は 13 年ぶりに就職率が進学率を上回る結果となり, 韓国国内でも注目されました。

3A-4-1　韓国の工業高校の概要

韓国では機械系, 電気系, 建築系など, 工学系の学問を基礎とした小学科構成が日本と同様に設置されています。授業時間は通常一日 7 時限程度であり, 日本のように毎日行われる放課後の部活動はなく, 放課後は授業とは別に開講される補習授業等（期間を区切って開講される）を受ける生徒も多いということです。この補習授業は, 生徒の進路実現と, 保護者の私費教育（学校外での教育経費）の軽減のために実施されており, 原則自主参加で, 低額ですが受講料を徴収しています。内容は一般的に就職支援としての資格取得講座（工業に関係する専門分野）, また進学・就職支援（主に試験対策）として, 英語, 数学, 工業の専門科目（公務員や大企業受験者向け）などの各講座が設定されています。

3A-4-2　韓国の工業高校における履修単位

韓国の高校における 1 単位時間は 50 分, 17 週を 1 単位としています。日本では 1 単位時間 50 分, 35 週を標準とし, 1 単位としています。したがって, 韓国の 2 単位が日本の 1 単位とほぼ同等ととらえられます。

韓国の工業高校における卒業要件となる教科ごとの必要単位数を表 A-2 に示します。韓国では高等学校の卒業に必要な最低履修単位は 204 単位以上, 日本では 74 単位以上と定められています。これも比較は難しいですが, 単純な時間数を考えると, 日本の最低必要単位数は韓国より少ない現状にあることがわかります。ただし, これは最低単位数であり, 日本では一般的に全日制の場合, 各学校において 90〜100 単位が卒業要件として設定されているため, 各学校の標準に照らし合わせると, 大きな差異はないものと考えられます。なお韓国の場合は各学校の実際の卒業要件としては 204 単位＋α 単位程度であり, 日本のように最低単位数に対して大幅に多い単位数を卒業要件として設定していることはないようです。

専門科目の修得すべき割合は異なっていることがわかります。韓国で

表 A-2 韓国の工業高校における卒業要件単位数（2015 教育課程）

教科領域		教科（群）	必修履修単位	学校自律課程
普通教育	基礎	国語	25	生徒の適性と進路を考慮して編成（29）
		数学		
		英語		
	探求	社会（歴史／道徳を含む）	15	
		科学		
	体育・芸術	体育	10	
		芸術（音楽／美術）	5	
	生活・教養	技術・家庭／第2外国語／漢文／教養	10	
		計	65	
専門教科		工業	86	
創意的体験活動			24	
総履修単位			204	

※数値は単位数（1 単位：50 分×17 週）

　は，教科工業の科目の必要単位数が 86 単位であるのに対し，日本では，25 単位以上と設定されています。仮に，卒業に必要な最低の総修得単位数に対する割合を計算すると，韓国では教科工業の科目が 42％程度，日本は 35％程度を占めることとなり，韓国のほうが専門科目の割合が高く設定されています。これはあくまで最低修得単位数の議論であり，多くの日本の工業高校では，これを大きく上回る専門科目の履修ができる教育課程を構成していますが，これを加味しても，総修得単位数に対する教科工業の科目の割合は，韓国のほうが多く設定されていると考えられます。また 29 単位分は，各教科の科目について学校ごとに「学校自律課程」として自由に編成できる単位であり，学校ごとの自由度の高さが特徴としてあげられます。

3A-4-3　職業教育に着眼した韓国の工業高校における教育体制と進路について

　上述のとおり，近年の就職率は上昇しています。2014 年を例にとると，

約47％が就職，36％が進学しています。このほかの生徒については，兵役に就く者，就職活動中の者が主な内訳となり，日本と異なる状況があります。日本のように卒業年度明けに一斉入社するといったような習慣がないため，就職活動中の既卒者は，就職試験に合格し次第，随時年間を通して入社していく状況にあるといいます。

このほか，就職に向けた支援として以下のような取り組みに特徴があります。

① 専門教員・支援員の配置

地域の企業でキャリアを積んだ人材を専門の就職支援員として各工業高校に雇用配置し，生徒の進路実現に導く支援を展開しています。個別の進路相談をはじめ，履歴書作成，企業訪問，就職斡旋についての支援を行っています。また，教育課程に含まれる進路関係科目を専門に担当する教員も配置されています。日本ではこれらの内容は，担任業務や校務分掌（進路指導担当）として扱われている場合が多いです。

② 就職活動の状況と3年生における現場実習

韓国では通常，就職活動は日本と同様に2学期に当たる8月以降に活発に行われます。ただし大企業については1学期の段階で就職試験が始まります。3年生の2学期には，就職が内定した生徒にあっては，学校を離れて内定先の企業での現場実習が始まります。この現場実習期間はすべて企業に出勤し，賃金も支給され，この実習をもって高校の単位も認定されます。事情により企業の実習の受け入れが困難な場合には，工業高校内に設置されている共同実習所（専門の指導員が配置されている）での実習を受けるなどの措置もあります。また，日本では大学生に対して行われるような大規模な企業説明会（ホールなどを借り切って一斉に開催される）が，韓国では工業高校生を対象に行われている点も特徴的です。

❖ 参考文献 ❖

A-1) 文部科学省，諸外国の初等中等教育，明石書店，2016年
A-2) 労働政策研究・研修機構，政府，職業訓練高校を改革―学歴偏重の風潮是正へ，2012年
A-3) 韓国教育開発院（KEDI）教育統計より抜粋，http://eng.kedi.re.kr/khome/eng/webhome/Home.do（最終閲覧：2017年8月30日）

B フィンランドの教育

3B-1　フィンランドの学校系統図

図 B-1 にフィンランドの学校系統図を示します[B-1]。

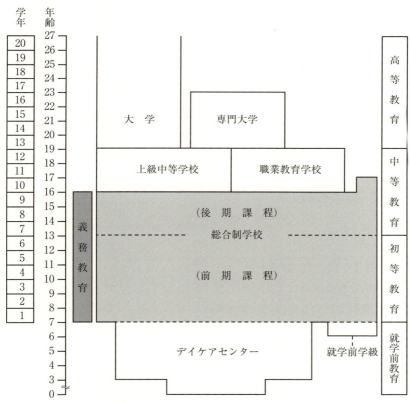

出典：文部科学省ウェブサイト，世界の学校体系ページ
http://www.mext.go.jp/b_menu/shuppan/sonota/attach/1396864.htm

図 B-1　フィンランドの学校系統図

3B-2　フィンランドの教育小史[B-2]

〈19 世紀末〜1993 年まで〉

フィンランドでは，19 世紀末から成人教育が始まり，その後も自然教

育や職業教育を通して児童・生徒一人一人の可能性を最大限に伸ばす教育が行われてきました。

〈1994年〜2014年まで〉

1990年当時，失業率が高く経済不況でした。そのような折，教育大臣を務めたオッリペ・ヘイノネンは，国を支える人々への教育が最も重要であると「世界に通用する高い資質・能力をもった人材の育成」を唱え，教育改革に取り組みました。その後，世界の15歳児を対象とした，経済協力開発機構（OECD）が3年ごとに行う学習到達度調査（PISA）で好成績を示しました。その教育を受けた年代の人々によって情報通信ネットワークを用いた新たな産業や企業が立ち上げられ，若者の雇用が回復しました。

〈2015年〜現在〉

2015年から新たな教育改革が始まり修学前教育が2016年度から義務化になりましたが，現在も教育改革は継続中です。

3B-3　国の教育方針[B-2)〜B-4)]

教育基本法に相当する内容は，日本の憲法第26条と教育基本法の前文とほぼ同じです。

3B-3-1　具体的な方針

具体的な教育方針は下記に示します。
① 戦後一貫して平等の教育を推進してきた。
② 教育費は，義務教育から大学まで無料。
③ 私立学校も無料。（宗教的なことから僅かに数校が存在する）
④ 学習指導要領は存在する。
⑤ 教科書の検定制度はない。教科書の選定は，教員自身が行う。
⑥ 教員の学歴は，修士以上とする。
⑦ 義務教育において年間数週間は「実践的学習」を取り入れる。
⑧ 教員が一方的に指導する在り方を変え，「生徒自身が授業計画」を作成する。
⑨ 義務教育で「協働作業」を取り入れた授業をより多くする。

3B-3-2　学年別授業時数[B-2)]

これらの方針のもとで作成された科目構成と学年別授業時数を表B-1

表 B-1　2016年における科目構成と授業時数

教科＼学年	1	2	3	4	5	6	7	8	9	10	合計
母国語		14			18				10		42
A 言語					9				7		16
B 言語					2				4		6
算数・数学		6			15				11		32
環境		4			10						
生物・地学								7			31
物理・化学								7			
健康教育								3			
宗教・倫理		2			5				3		10
歴史・社会					5				7		12
音楽		2			4				2		
美術		2			5				2		48
手工		4			5				2		
体育		4			9				7		
家庭									3		3
芸術系選択					6				5		11
キャリア教育									2		2
選択科目					9						9
最小授業時数	19	19	22	24	25	25	29	29	30		222

に示します。

3B-3-3　教育方法[B-4)]

- 小学校は，言葉を大切にして物語を聴いたり，語ったりすることを心がけている。
- 教員の態度は，子ども達が安心して教室に居られる雰囲気を心がけている。
- 教育リテラシーは世界一であるが，日本の百枡計算のような訓練はしない。
- 始業前，放課後に補習を十分している。しかも，担任以外の正規教員

が行っている。これは「底上げ」型教育であり，日本のような私立志向，中高一貫型のエリート育成型教育ではない。
> 注1：この意味は，教育で最も大切な「学力保証」をしています。理想的な教育改革の在り方を示すものでしょう。
> 注2：『受けてみたフィンランドの教育』[B-5]，及び『フィンランド豊かさのメソド』[B-6]によると，随所にデューイの唱える「児童中心主義」と，ブルーナーの唱える「教科中心主義」をバランスよく組み合わせた理想的な授業展開をしていることがわかりますが，これは，教員の力量と時間的な余裕があって可能で，日本のように部活などに追われる中では難しいことでしょう。

〈改革の結果〉

教育改革のたびに教育の自由裁量を拡大してきました。その結果，教育の質が高まってきました。
> 注：教育の自由裁量を拡大することは，教員の発想を豊かにし，教育活動が活発化することの証かと思います。

3B-4 教育に対する国民性について[B-3], [B-4]

- 約束事を大切に守る国民性がある。
- 教員は，給料は高くないが，社会的地位は高く，人気のある職業で教員の質も高い[B-2], [B-4]。
- 普通教育と職業教育の学生割合は50％，職業教育の女子の割合は50％，中等教育受講者は98％，学力格差は少ない。
- 教育・福祉関係の財源

  フィンランドの税金（所得税15～20％，消費税15～25％）は高いことで有名だが福祉や教育に家庭で支払う必要がないので，貯金の必要がない。また，生命保険に加入する必要もない。このようなことから国の予算を教育に多額に投資しても問題としない。
- 戦後教育改革はしてきたが，じっくり話し合いゆっくりとした速度で改革してきた。政権が変わっても考え方は引き継がれており，「教育問題を政争の具にしない」ということは不文律として踏襲されてきた。
- 徹底した平等教育こそ，教育の質を高める。

- play to learning で時にはファンタジーの世界に誘う。
- 父親は午後 4:30 には帰宅し，子どもに物語りを聴かせる役目がある。
- 家庭では「勉強しなさい」とは言わない。「本を読みなさい」とは言う。

3B-5　その他

- 教員の異動は極めて少ない。同じ学校で長年勤務するため，地域の方々と親密度が高く，教員と住民との間は信頼関係が厚く良好な関係が築かれている。
- 大学入試は，統一試験と各大学での試験があるが，競争ではない。その大学で学ぶのに必要な基礎知識があるかどうかの試験であり，受験競争は起こらない。

❖　参考文献　❖

B-1)　文部科学省，諸外国の初等中等教育，明石書店，2016 年
B-2)　石坂政俊，フィンランド教育視察～幼児技術教育・産業遺産の活用，平成 28 年度　日本工業教育経営研究会・日本工業技術教育学会，pp.1～15，2016 年 11 月 3 日
B-3)　庄井良信，中嶋博，フィンランドに学ぶ教育と学力，明石書店，2006 年 4 月 1 日
B-4)　佐藤隆，講演会，演題「『学力』世界一フィンランドに学び教育基本法を考えるつどい」，2006 年 9 月 18 日
B-5)　実川真由，実川元子，受けてみたフィンランドの教育，文藝春秋，2007 年 9 月 15 日
B-6)　堀内都喜子，フィンランド豊かさのメソド，集英社新書，2008 年 10 月 7 日

C　ドイツの教育

3C-1　ドイツの学校系統図

図 C-1 にドイツの学校系統図[C-1]を示します。

3C-2　ドイツの教育制度の概要

第二次世界大戦に敗れた後，「日本は天皇制を維持し，ドイツは教育制度を維持した」といわれましたが，ドイツの技術教育は，中世のギルドの

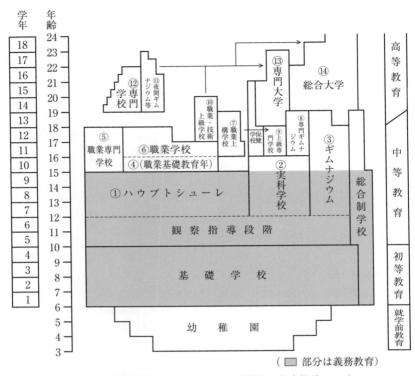

図 C-1 ドイツの学校系統図

制度から始まり，19世紀のマイスター制度の発足など，長い伝統がありました。さらに時代に適応した制度を設置してきため，ドイツの教育者自身が「ジャングルのようである」と表現するほど複雑な制度になっています。

3C-2-1 教育制度
(1) 初等教育
初等教育は，基礎学校において4年間（一部では6年間）行われます。10歳で，ギムナジウム，実科学校，ハウプトシューレ（基幹学校）に分かれますが，2年間はオリエンテーション期間で，変更が可能です。

(2) 中等教育（普通教育系）

普通教育を提供する学校[C-2]としては，ハウプトシューレ（基幹学校），実科学校，ギムナジウムがあります。

① ハウプトシューレ

ハウプトシューレ（Hauptschule）は基本的な普通教育を行う学校種であり，修了後に企業の職業訓練生として職業訓練を受けつつ職業学校にも通うという二元制の職業教育訓練，すなわち「デュアルシステム」に入る者が主として就学します。通常，第5～9学年の5年制ですが，第10学年までフルタイムの就学義務を課している州では，第10学年までカバーしています。修了者には，企業での職業訓練に入るための基礎要件となるハウプトシューレ修了資格が与えられます。また，成績優秀な修了者には，州により，第10学年の課程に進級して実科学校（中等教育）修了資格や，全日制の職業教育機関である職業専門学校への進学を可能とする上級のハウプトシューレ修了資格（Erweiterte Hauptschulabschluss）を取得する機会が開かれています。

② 実科学校

実科学校（Realschule）はハウプトシューレよりもレベルの高い普通教育を行う学校種であり，修了後に上級専門学校などの全日制の職業教育学校に進学する者や中級の職に就く者が主として就学します。通常，第5～10学年の6年制で，同学校種を修了すれば中等教育を修了したこととなります。修了者には，上級専門学校や専門ギムナジウムへの進学要件となる実科学校（中等教育）修了資格が与えられます。

③ ギムナジウム

ギムナジウム（Gymnasium）は深化させた普通教育を提供する，いわゆる中高一貫制の学校種で，大学進学希望者が主として就学します。通常，第5～12学年または第5～13学年（基礎学校が6年制の場合は，第7～12学年または第7～13学年）の8年制または9年制で，後期中等教育段階を構成するギムナジウム上級段階（Gymnasiale Oberstufe）と呼ばれる3年の課程（8年制，9年制の場合）または2年の課程（8年制の場合）を修了した者には，一般大学入学資格であるアビトゥアが与えられます。

なお，ギムナジウム上級段階が設置されていれば，総合制学校に限らず他の学校種でもアビトゥアが取得可能ですが，ギムナジウムの場合は8

年，それ以外の学校種では9年で取得にいたるのが一般的です。ただし，ギムナジウムを9年制としている州や，9年制ギムナジウムと8年制ギムナジウムを併設している州もあります。

(3) 中等教育（職業教育系）

ドイツの教育制度は複雑ですが，図C-1に示した教育制度の名称で説明します。

④ 職業基礎教育年

ハウプトシューレ卒業者を対象に，基礎的な職業教育・訓練を全日制の形態で各種の職業学校において1年間行う課程です。この課程を卒業すると，義務教育が10年の州では義務教育が修了します。学科は金属工学，電子工学など13の分野が設けられています。また，デュアルシステム（二元制）の職業教育・訓練学校においては，最初の1年を済ませたものとして扱われます。

⑤ 職業専門学校（1～2年制）

全日制の職業教育学校で，基幹学校か実科学校を修了していることが入学の条件で，修業年限は1年以上です。取得できる資格により2年生まであり，夜間は3年生まであります。分野は多様で，商業，家政，社会福祉，芸術，保健，外国語などです。教育内容は，それぞれの専門の実技と理論です。卒業後は，上級専門学校に進む割合が高くなっています。

⑥ 職業学校

ハウプトシューレ修了資格及び実科学校修了資格を取得した者は一般に職業学校修学義務が課せられ，いわゆるデュアルシステムで職業訓練を受けます。学校では，普通教育（ドイツ語，社会，経済，宗教，体育）が通常週4時間，職業関係の授業が週8時間行われます。一方，企業での職業訓練は，企業からの給与を受けながらメンターと呼ばれる指導員のもとで実務に従事します。訓練期間は職種により異なりますが，2～3年で，3年が一般的です。

⑦ 職業上構学校

職業基礎教育年に半年以上在学していたことが入学の条件です。職業基礎教育年修了者や職業訓練中の者を対象とし，普通教育，職業教育の拡大及び深化を図ることを目的とした学校です。修了後は，実科学校修了証を取得できます。全日制と定時制があり，教育年限は，全日制で1年～1年

半，定時制で1年～3年半です。分野は，技術，経済，家政・社会福祉，農業などです。

　⑧　**職業・専門ギムナジウム**

実科学校修了を入学条件とする全日3年制の学校です。職業に関連した特定分野（経済，電子工学，金属工学，建築工学など）を重点的に学習します。ギムナジウムを卒業しなくても，修了者は大学受験資格が得られます。また，夜間の制度もあります。

　⑨　**上級専門学校**

　　ア　実科学校修了者が通う場合

全日2年制の学校で，実科学校修了証を取得していることが入学の条件です。分野は技術，経済・管理，栄養・家政，農業，社会福祉，デザイン，航海などがあります。修了すると高等専門学校入学資格が得られます。なお，最初の1年（第11学年）は，週4日間の専門実務的な教育を行うほか，週8時間の授業が行われます。第12学年では，普通教育と専門教育に関する必修教科（ドイツ語，社会，数学，自然科学，外国語，体育）が週に最低30時間（必修教科の合計）行われます。

　　イ　職業訓練修了者が通う場合

職業訓練修了者（例：職業専門学校を1年以上修了者）は，第12学年に編入することができます。

　⑩　**職業・技術上級学校**

バイエルン州，ニーダーザクセン州などの一部の州に設置されている制度です。

　⑪　**夜間ギムナジウム**

夜間に開講されるギムナジウムです。

　⑫　**専門学校**

昼間2年制，夜間4年制の学校で職業訓練を修了した者（2年間）に，より深い職業専門教育を行うことを目的としています。分野は電子工学，機械工学，建築工学，経営学などがあります。修了時に試験が行われ，合格すると「国家認定技術者」「国家認定経営士」などの資格が得られます。また，アビトゥアに合格すれば，高等専門大学を受験する資格が得られます。

(4) 高等教育

大学：大学には2種類あります。1つが4年制の専門大学でもう1つが5年制の総合大学です。専門大学は，新しい大学です。入学条件は，両方の大学とも，①「アビトゥア」という大学入学試験に合格すること，②医学，情報系以外の学部は，企業などでの就業経験が必要です。なお，職業学校卒業者は，就業経験は必要ありません。

⑬ **専門大学（4年制大学）**

1969年以降に設置された新しい大学です。教育は，デュアルシステムを組んでおり，在学中大学での教育が2年半，企業での教育が1年半です。最近は，専門大学卒業生のほうが企業からは好評で，この種の大学は近年増加しています。卒業試験に合格すれば，デプローム（学士）の資格が得られます。

⑭ **総合大学（5年制大学）**

ウニバジティといわれている1969年以前からあった大学で，修士，博士課程を備えています。

各学校を卒業する際に「修了証」を取得しなくてはなりません。「修了証」は卒業すれば得られるものではなく，難しい試験に合格しないと取得できません。卒業試験は，日本のようなペーパー試験でなく，面接試験が基本です。試験期間が数日から半月に及ぶものもあります。

図C-1のようにドイツでは，多種の職業学校がありますが，その在籍割合を図C-2に示します。

3C-3　教育制度の特徴[C-3]

3C-3-1　デュアルシステム（二元教育）の徹底化

二元教育とは，「学校」と「職場」の両方で教育するシステムで，15歳から大学生まで導入されています。日本では，入社してから社員教育で人材育成を図るのに対して，ドイツでは就職する前に社会全体で若者の職業教育を行い，職業資格を取得させてから就職させるシステムです。これは，ドイツ語圏を除いた他のヨーロッパにおいてはないシステムです。

3C-3-2　職業資格の徹底化

商工会議所が定める多くの資格があり，職業に就く場合その職業に関する資格が必要です。資格をもっていない場合には給与の低い職業に就くこ

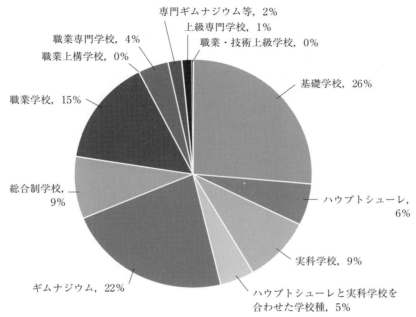

出典：文部科学省ウェブサイト，諸外国の教育統計ページ
http://www.mext.go.jp/b_menu/toukei/data/syogaikoku/1396544.htm

図 C-2　16歳年齢層の在学状況（2014年）

としかできません。

3C-3-3　マイスター制度

　マイスターの歴史は，古くは中世のギルドに起源をもつといわれていますが，鉄血宰相ビスマルクが1869年に確立した制度で，経済界の自治組織（商工会議所）が運営にあたります。「マイスター」の下に「徒弟」「職人」という職種があります。しかし，近年ドイツ政府はマイスター制度の改革に乗り出し，対象職種の約70％について事実上廃止する法案を2004年5月28日に閣議決定しました。

　マイスターには，大きく分けて，① 伝統的産業（大工，パン職人，調理職人，床屋など）と，② 近代工業のマイスターの2種類があります。かつては，近代工業のマイスターは，ドイツ産業の中心的な技術者であり，時代とともに各種のマイスターが必要になり，商工会議所で制度化してきました。また，1945年以前のマイスターは，大学教授と同等の社会的地

位が与えられていましたが，その役割も次第に少なくなっています。

(1) 近代的マイスターの職種とその割合

金属系（63％），電気系（13％），印刷系（11％），化学系（7％），その他（6％）この6％だけでも36種類の職種があります。

(2) 近代的産業のマイスターの仕事内容

1979年に決められた仕事内容は，指導，製造・製作，修理などでしたが1992年の調査では，この関係の仕事は55％になり，これに代わり，計画，資材購入，安全面などの仕事が増えてきています。

(3) マイスターへの道（近代工業のマイスター）

マイスターになるには，徒弟（lehring），職人（geselle）の教育をデュアルシステムで受け，かつ，試験に合格し，さらにマイスターの試験に合格しなくてはなりません。

(4) マイスター資格試験

① マイスターの試験には12～18種類の試験があり，筆記試験だけでも4～5日かかります。

② 試験問題は商工会議所で作成しますが，枠組みは企業の組合と話し合い，どの分野からどのような比率で出題されるかは受験生にあらかじめ知らされ，試験は全国一斉です。

3C-3-4　その他

① ドイツの教育行政は，18歳までの中等教育までは州に教育行政権があり，文部省は大学教育を統括するだけです。したがって，州により多少異なります。

② 基本的には上記のような複雑な教育制度のために，日本のような偏差値的な現象は現われませんが，10歳で基礎学校から進路を分けることには問題も出ています。

一方，2016年1月のベルテルスマン財団の発表によると，6～16歳の7人に1人は何らかの「学校外の補習」を受けています。その3分の1が，ドイツ語，数学，外国語ですでに十分な成績を収めているにもかかわらず，より高い成績を取るためでした[C-2]。

3C-4　デュアルシステムの実態

職業教育現場の事例[C-3]

1　企業内における二元教育の実際

「生産事務資格」取得の場合

　大規模な企業（例：シーメンス）では，企業の中に職業訓練校を設置し，企業外の学校と同じように企業内の現場とで二元教育を構築している場合がありました。企業内で職業資格を取得しても日本のようにその企業に就職することを前提としたものではありません。

例：シーメンス内における二元教育の実態

資格名：生産事務資格

　　　　主な教育内容　① 生産工程，② 材料，③ 人事管理，④ 営業，⑤ 経理
　　　　1,000 時間の講義と 1,000 時間の実習を修了後受験資格が得られる。
　　　　合格率は 40％程度とのこと。

2　専門学校（テクニシャン養成）

　デュイスブルク市の専門学校機械開発技術科の場合

　テクニシャン養成を主とし，マイスターよりエンジニアに近く研究，開発，プランニングに近い。（職業専門学校卒業者が入る，さらに高等教育を受ける者もいる。）

入学条件：基幹学校＋職業訓練修了＋実務経験 2 年

学習条件：昼間 2 年フルタイム（週 32 時間）または夜間 4 年（週 12 時間）

カリキュラム：

　共通科目 360 時間：企業経済，英語，コミュニケーション・情報，人事・
　　　　　　　　　　社会学・政治

　専門科目 1,200 時間：開発方法，開発技術，機械製造，情報技術・CAD，
　　　　　　　　　　　組立技術，生産計画・制御，品質管理，製造技術，
　　　　　　　　　　　生産の論理学，資金調達技術

　プロジェクト 120 時間：

　選択科目 240 時間：ロボット技術，CAD・設計，NC プログラミング，
　　　　　　　　　　SPS

❖　**参考文献**　❖

C-1)　文部科学省，諸外国の初等中等教育，明石書店，2016 年
C-2)　文部科学省，諸外国の教育動向　平成 28（2016）年版，p.145
C-3)　日本工業経営研究会，第 1 回ドイツ教育視察団報告書，1995 年

資料1　共通教科・科目一覧表

教科	科目	標準単位数	必履修科目	教科	科目	標準単位数	必履修科目
国語	現代の国語	2	○	保健体育	体育	7〜8	○
	言語文化	2	○		保健	2	○
	論理国語	4		芸術	音楽Ⅰ	2	○（音楽Ⅰ・美術Ⅰ・工芸Ⅰ・書道Ⅰから1科目）
	文学国語	4			音楽Ⅱ	2	
	国語表現	4			音楽Ⅲ	2	
	古典探究	4			美術Ⅰ	2	
地理歴史	地理総合	2	○		美術Ⅱ	2	
	地理探究	3			美術Ⅲ	2	
	歴史総合	2	○		工芸Ⅰ	2	
	日本史探究	3			工芸Ⅱ	2	
	世界史探究	3			工芸Ⅲ	2	
公民	公共	2	○		書道Ⅰ	2	
	倫理	2			書道Ⅱ	2	
	政治・経済	2			書道Ⅲ	2	
数学	数学Ⅰ	3	○2単位まで減可	外国語	英語コミュニケーションⅠ	3	○2単位まで減可
	数学Ⅱ	4			英語コミュニケーションⅡ	4	
	数学Ⅲ	3			英語コミュニケーションⅢ	4	
	数学A	2			論理・表現Ⅰ	2	
	数学B	2			論理・表現Ⅱ	2	
	数学C	2			論理・表現Ⅲ	2	
理科	科学と人間生活	2	「科学と人間生活」を含む2科目又は基礎を付した科目を3科目	家庭	家庭基礎	2	○
	物理基礎	2			家庭総合	4	
	物理	4		情報	情報Ⅰ	2	○
	化学基礎	2			情報Ⅱ	2	
	化学	4		理数	理数探究基礎	1	
	生物基礎	2			理数探究	2〜5	
	生物	4		総合的な探究の時間		3〜6	○2単位まで減可
	地学基礎	2					
	地学	4					

資料2　工業教科における科目の標準単位数

科　目	標準単位	科　目	標準単位
各学科において共通に履修させる科目		29　建築構造	2～6
1　工業技術基礎	2～4	30　建築計画	3～8
2　課題研究	2～4	31　建築構造設計	3～8
各学科において共通な基礎科目		32　建築施工	2～6
3　実習	6～12	33　建築法規	2～4
4　製図	2～8	34　設備計画	2～6
5　工業情報数理	2～4	35　空気調和設備	2～8
各学科において選択的な基礎科目		36　衛生・防災設備	2～8
6　工業材料技術	2～4	37　測量	3～6
7　工業技術英語	2～4	38　土木基盤力学	2～6
8　工業管理技術	2～8	39　土木構造設計	2～8
9　工業環境技術	2～4	40　土木施工	3～6
工業分野に関する科目		41　社会基盤工学	2～4
10　機械工作	4～8	42　工業化学	6～8
11　機械設計	4～8	43　化学工学	3～6
12　原動機	2～4	44　地球環境化学	2～6
13　電子機械	4～8	45　材料製造技術	4～6
14　生産技術	2～6	46　材料工学	4～6
15　自動車工学	4～8	47　材料加工	4～6
16　自動車整備	4～8	48　セラミック化学	2～6
17　船舶工学	2～18	49　セラミック技術	2～6
18　電気回路	4～6	50　セラミック工業	2～6
19　電気機器	4～6	51　繊維製品	4～6
20　電力技術	4～6	52　繊維・染色技術	4～6
21　電子技術	4～6	53　染織デザイン	2～6
22　電子回路	4～6	54　インテリア計画	4～6
23　電子計測制御	4～6	55　インテリア装備	4～6
24　通信技術	2～6	56　インテリアエレメント生産	4～6
25　プログラミング技術	2～8	57　デザイン実践	2～4
26　ハードウェア技術	2～8	58　デザイン材料	2～4
27　ソフトウェア技術	2～8	59　デザイン史	2～4
28　コンピュータシステム技術	2～8		

資料3 学科別 学校数・学級数・生徒数・教員数

国公立

NO	学科系列名	学校数	全日制								定時制					
			学級数	男生徒	女生徒	生徒計	専門	助手	学校数	学級数	男生徒	女生徒	生徒計	専門	助手
1	機械	354	1,536	52,059	1,639	53,698	2,536	862	73	286	3,663	217	3,880	346	111
2	自動車	25	79	2,823	82	2,905	147	52	2	5	53	8	61	12	0
3	電子機械	136	441	15,481	584	16,065	782	291	6	20	325	18	343	29	10
4	情報	118	353	10,719	2,061	12,780	629	203	2	13	241	157	398	9	4
5	化学	119	349	10,009	2,559	12,568	581	204							
6	電気	296	1,056	36,024	1,352	37,376	1,841	565	38	147	1,276	50	1,326	173	57
7	電子	82	275	8,521	730	9,251	444	155							
8	窯業（セラミック）	7	24	479	359	838	47	17	1	3	20	11	31	4	2
9	建築	156	495	13,628	3,646	17,274	816	297	25	91	610	82	692	93	28
10	土木	108	352	10,062	1,087	11,149	529	193	3	31	302	351	653	12	2
11	設備	20	57	1,831	225	2,056	103	34	2	8	36	3	39	11	4
12	インテリア	11	32	825	1,418	2,243	108	37	4	16	97	64	161	15	5
13	繊維	11	32	185	979	1,164	49	20							
14	デザイン	49	155	1,253	4,496	5,749	256	72	3	11	53	67	120	12	4
15	その他	79	336	8,953	2,710	11,663	582	149	21	91	1,135	350	1,485	116	37
16	総合学科	41	438	7,092	6,538	13,630	511	66	15	84	1,287	399	1,686	98	13
17	一括・くくり	93	484	15,186	1,842	17,028	357	99	18	88	1,592	117	1,709	127	29

私立

NO	学科系列名	学校数	全日制								定時制					
			学級数	男生徒	女生徒	生徒計	専門	助手	学校数	学級数	男生徒	女生徒	生徒計	専門	助手
1	機械	36	244	8,606	62	8,668	326	46							
2	自動車	27	123	3,835	48	3,883	148	41							
3	電子機械	7	27	864	12	876	41	8							
4	情報	13	66	1,671	516	2,187	73	1							
5	化学					0									
6	電気	29	145	4,554	176	4,730	172	20							
7	電子	9	57	1,517	127	1,644	52	4							
8	窯業（セラミック）														
9	建築	10	28	934	51	985	36	5							
10	土木	6	23	673	20	693	22	2							
11	設備														
12	インテリア														
13	繊維														
14	デザイン	2	7	64	136	200	10	0							
15	その他	9	56	2,614	628	3,242	34	6							
16	総合学科	6	61	1,522	469	1,991	115	5							
17	一括・くくり	24	184	5,565	241	5,806	141	31							

平成29年度全工協会資料より作成

資料4　工業高等学校　進路状況

	進路別分類（％）				進学者分類（％）			就職者分類（％）			
	就職	就職進学	進学	その他	大学	短大高専別科	専修各種	技術技能	公務員	営業サービス	その他
平成元年3月卒	78.8	0.6	17.2	3.4	27.8	9.8	62.4	80.0	3.1	14.3	2.6
平成2年3月卒	79.2	0.5	17.1	3.2	26.0	10.3	63.7	80.7	3.0	12.7	3.6
平成3年3月卒	78.8	0.5	17.6	3.2	23.4	10.2	66.4	80.4	3.2	12.4	4.0
平成4年3月卒	77.7	0.5	18.6	3.3	21.9	10.4	67.7	82.1	3.6	10.8	3.5
平成5年3月卒	74.4	0.4	21.0	4.2	21.2	10.7	68.2	80.8	4.4	11.7	3.1
平成6年3月卒	70.6	0.4	23.7	5.3	20.9	11.1	68.0	80.0	4.1	13.0	2.9
平成7年3月卒	68.3	0.5	25.5	5.7	21.6	10.7	62.9	81.4	3.3	12.9	2.4
平成8年3月卒	66.7	0.7	27.8	4.8	22.4	10.6	62.1	81.4	3.2	13.1	2.3
平成9年3月卒	64.8	0.4	28.1	6.7	23.8	11.1	60.6	81.0	3.2	13.4	2.4
平成10年3月卒	63.6	0.3	29.4	6.7	26.1	10.7	58.5	81.8	3.1	12.7	2.4
平成11年3月卒	58.8	0.3	32.1	8.8	27.2	10.0	57.7	80.7	2.9	13.9	2.5
平成12年3月卒	55.8	0.3	34.8	9.0	30.9	9.3	54.6	79.3	2.8	15.2	2.7
平成13年3月卒	55.8	0.2	35.7	8.3	34.5	8.0	53.0	80.8	3.0	14.1	2.1
平成14年3月卒	52.8	0.2	37.7	9.4	36.1	7.6	51.6	77.5	3.9	16.4	2.2
平成15年3月卒	50.2	0.1	43.2	6.8	34.8	8.2	51.9	77.6	4.0	14.6	3.8
平成16年3月卒	52.5	0.4	40.1	7.7	35.1	7.7	52.0	79.0	3.6	13.3	4.1
平成17年3月卒	54.8	0.2	40.8	6.6	34.8	8.1	52.1	81.2	3.0	12.1	3.7
平成18年3月卒	58.0	0.1	38.6	5.3	38.3	7.4	49.7	84.0	2.9	10.1	2.9
平成19年3月卒	60.7	0.1	36.5	2.9	40.4	7.6	46.8	85.8	2.9	8.4	2.8
平成20年3月卒	59.5	1.7	36.1	2.5	45.1	7.6	42.3	87.2	2.7	6.9	3.3
平成21年3月卒	60.0	3.1	34.2	2.7	47.8	6.8	40.2	88.5	2.6	6.0	3.0
平成22年3月卒	58.1	0.5	39.2	3.2	43.0	6.7	44.3	86.6	2.3	7.2	3.9
平成23年3月卒	60.7	0.1	36.6	2.8	43.1	6.0	45.4	87.1	2.4	7.0	3.5
平成24年3月卒	62.6	0.2	34.9	2.6	41.0	6.6	46.6	87.3	2.4	6.8	3.5
平成25年3月卒	63.0	0.1	34.4	2.6	39.9	7.1	47.7	85.5	2.9	7.6	4.1
平成26年3月卒	63.6	0.4	34.8	2.3	42.9	7.4	45.1	83.9	3.5	8.5	4.2
平成27年3月卒	59.3	0.08	34.8	1.7	44.6	8.1	45.1	85.0	3.3	7.4	4.3
平成28年3月卒	63.9	0.07	34.0	2.0	44.6	8.1	45.1	86.1	3.2	7.3	3.4
平成29年3月卒	66.5	0.06	31.7	1.8	44.0	5.9	45.1	84.7	3.7	7.2	4.3

平成29年9月全工協会資料より作成

資料5　工業高等学校　国家資格受検状況

国家資格名	合計 受験者数	合計 合格者数	機械系 受験者数	機械系 合格者数	電気電子系 受験者数	電気電子系 合格者数	建築土木系 受験者数	建築土木系 合格者数	化学系 受験者数	化学系 合格者数	情報系 受験者数	情報系 合格者数	その他 受験者数	その他 合格者数
車両系建設機械運転技能者	5,720	5,710	1,409	1,405	562	561	3,272	3,268	95	95	155	154	227	227
建築施工管理技術2級	3,185	1,229	23	7	0	0	3,120	1,220	0	0	0	0	42	2
管工事施工管理技術2級	192	76	0	0	0	0	192	76	0	0	0	0	0	0
土木施工管理技術2級	3,293	1,095	11	7	1	0	3,269	1,080	0	0	0	0	12	8
測量士補	2,452	643	6	6	2	2	2,437	630	3	1	0	0	4	4
危険物取扱者　甲種	953	325	230	85	126	28	138	83	431	118	4	2	24	9
危険物取扱者　乙種1類	4,454	2,598	1,882	1,043	928	557	255	148	1,049	638	121	61	219	151
危険物取扱者　乙種4類	48,748	9,972	22,265	4,074	9,905	2,189	4,169	798	7,305	1,793	1,715	420	3,389	698
消防設備士　乙種7類	532	291	1	1	528	288	0	0	0	0	0	0	3	2
電気工事士1種	5,635	2,837	111	53	5,340	2,685	47	26	1	1	56	18	80	54
電気工事士2種	23,394	14,149	3,060	1,800	18,234	11,204	418	252	125	60	782	473	775	360
電気主任技術者第3種	682	33	4	0	673	33	0	0	0	0	0	0	5	0
工事担任者 AI第3種	780	613	26	20	631	486	0	0	0	0	112	96	11	11
工事担任者 DD第3種	4,849	2,648	144	72	3,817	2,092	1	0	1	1	820	448	66	35
基本情報技術者	723	203	4	3	165	33	0	0	0	0	548	162	6	5
ITパスポート	2,020	776	116	24	433	180	2	2	12	4	1,344	532	113	34
自動車整備士3級ガソリン	990	602	890	533	0	0	0	0	0	0	0	0	100	69
技能士3級(機械加工・普通旋盤)	2,576	2,003	2,503	1,935	31	28	1	1	0	0	4	3	37	36
ボイラー技士2級	3,139	1,479	2,170	986	306	130	109	71	364	170	6	5	184	117

平成28年度全工協会調査資料より作成

資料6 ジュニアマイスター顕彰に係る資格・検定等の区分表 （全工協会ウェブサイト（平成29年度後期区分表）より作成）

番号	競技会・発表会	実施団体名	資格・検定等の区分記号及び点数							備考
			S 30	A 20	B 12	C 7	D 4	E 2	F 1	
1	高校生ものづくりコンテスト	(公社)全国工業高等学校長協会	1位大臣賞	2・3位	ブロック優勝	ブロック入賞 地区優勝	地区入賞			
2	全国日本ロボット相撲大会（高校生の部）	(公社)全国工業高等学校長協会		全国優勝大臣賞	全国入賞	地区優勝	地区入賞			操作者のみ申請一般の部もここで申請
3	高校生ロボットアメリカンフットボール大会	(公社)全国工業高等学校長協会		優勝大臣賞	入賞	特別賞				
4	ジャパンマイコンカーラリー	(公社)全国工業高等学校長協会			全国入賞	地区優勝	地区入賞			団体費は申請不可
5	ジャパンマイコンカーラリーベーシック部門	(公社)全国工業高等学校長協会			全国優勝	全国入賞		地区 2・3位		団体費は申請不可
6	技能五輪全国大会	中央職業能力開発協会	金頭銅大臣賞	都道府県代表						
7	若年ものづくり競技大会	中央職業能力開発協会（後援：全工協会）		優勝大臣賞	2・3位	各賞				
8	全国高校生プログラミングコンテスト	全国情報教育研究会（後援：全工協会）		優勝大臣賞	入賞					
9	全国高等学校パソコンコンクール（パソコン甲子園）	パソコンコンクール実行委員会（後援：全工協会）		グランプリ	入賞					
10	全国高等学校ロボット・簿記選手権（IT部門のみ）	学校法人立志舎								本戦のみ該当
11	全国高等学校ロボット競技大会	文部科学省、関係団体		優勝大臣賞	入賞	地区優勝	地区入賞	地区入賞		
12	マイクロロボコン高校生大会	日本工業大学（後援：全工協会）				優勝	入賞			
13	アイディアロボット大会	関係団体主催		世界大会入賞	全国優勝	全国入賞	地区優勝	地区入賞		
14	ロボカップジャパンオープン	関係団体主催		世界大会入賞	全国優勝	全国入賞	地区優勝	地区入賞		
15	全国ソーラージュニアカーコンテストin白山	全国ソーラージュニアカーコンテスト実行委員会（後援：全工協会）					優勝	入賞		
16	WRO Japan	(特非)WRO Japan			全国優勝	地区優勝	地区入賞	地区入賞		
17	溶接競技大会	関係団体主催			全国優勝	ブロック優勝 全国入賞	ブロック入賞 県大会優勝	県大会入賞		ブロックとは全工協会9ブロック以上の範囲
18	高校生ものづくりコンテストロボスタークール	(公社)全国工業高等学校長協会		最優秀	最優秀	最優秀	優秀	佳作		
19	全国製図コンクール	(公社)全国工業高等学校長協会		特別賞	優秀	特別賞		佳作		
20	高校生技術・アイデアコンテスト全国大会	(公社)全国工業高等学校長協会			最優秀	最優秀				
21	機関誌工業教育（表紙デザイン）	(公社)全国工業高等学校長協会（工業教育編集委員会）				最優秀		優秀		

番号	競技会・発表会	実施団体名	S 30	A 20	B 12	C 7	D 4	E 2	F 1	備考
22	創立100周年記念ロゴマークデザイン募集	（公社）全国工業高等学校長協会			最優秀	優秀			最優秀	
23	工高生デザインコンクール	（一社）日本建築協会	最優秀		優秀	入選				
24	日本建築学会設計競技	（一社）日本建築協会	1位	2・3位		入選				
25	全国高校生建築製図コンクール課題3又は5	東北日本建築教育研究会		金賞	銀賞	銅賞	銅賞	入選		
26	全国高校生建築製図コンクール課題2又は4	東東日本建築教育研究会			金賞	銀賞	金賞	銀銅賞	入選	
27	全国高等学校インテリア科教育研究会	全国高等学校インテリア科教育研究会		最優秀	優勝	優秀	優良			
28	高校生もののデザインコンテスト	日本工業大学		1等	2・3等		佳良			
29	日本工業大学建築設計競技	日本工業大学		最優秀		優秀賞	佳作・奨励			
30	全国高等学校デザイン選手権大会	東北芸術工科大学			文部大臣賞	2・3位	入選	特別賞	奨励賞	
31	高校生住宅設計コンクール	道都大学			最優秀	優秀	佳作	奨励賞	奨励賞	
32	建築系高校生対象コンペティション	中央工学校			最優秀	最優秀	佳作	優秀賞	入賞	
33	3D-CADプロダクトデザインコンテスト	日本工業大学（後援：全工協会）				最優秀	特別審査委員			
34	高校生の「建築甲子園」	（公社）日本建築士会連合会 都道府県建築士会（後援：全工協会）	総理大臣賞		優勝	準優勝	ベスト8	特別賞・奨励賞	地方入賞	
35	全国高校生科学賞	読売新聞	恩賜記念賞		入賞	1等	2・3等			
36	全日本学生児童発明くふう展	（社）発明協会（協賛：全工協会）			特別賞	奨励賞	地区入賞			
37	パテントコンテスト	（独法）工業所有権情報・研修館				特許出願支援対象者				
38	デザインパテントコンテスト	（独法）工業所有権情報・研修館				特許出願支援対象者				
39	エネルギー利用技術作品コンテスト	日本産業技術教育学会		大臣賞	大臣賞		特別賞理事長賞		奨励賞入選	
40	全国高等学校デザインインテリア作品展	（一財）大川インテリア振興センター			文部大臣賞	2・3位	各賞	入賞		デザイン甲子園
41	明るい選挙啓発ポスター	（公財）明るい選挙推進協会			大臣賞	全国優秀	全国入賞	地方最優秀	地方優秀	
42	ワールドエコノムーブグランプリ協議会	ワールドエコノムーブグランプリ協議会				最優秀	入賞	優秀賞		
43	エコデンレース	全自研（後援：全工協会）					充電池入賞			
44	Ene-1GP	（株）モビリティランド			バッテリー優勝	バッテリー充電池優勝	優勝			
45	高等学校エコカーレース総合大会	エコカーチャンピオンシップ運営委員会					優勝			
46	Honda エコマイレッジ全国大会会場（茨木）	本田技研工業（協力：全工協会）			優勝	入賞			入賞	
47	全日本ゼロハン大会	全国自動車教育研究会西日本地区					優勝			グループⅡのみ該当
48	大学等が実施した各種コンテスト・競技等（1）	各大学等				最優秀		入賞	入選	入賞：3位（参加100名未満），6位（参加100名以上）※申請可能な項目は全工協会ホームページに掲載
49	大学等が実施した各種コンテスト・競技等（2）	各大学等			優勝	最優秀		入賞	入賞	

番号	競技会・発表会	実施団体名	S 30	A 20	B 12	C 7	D 4	E 2	F 1	備考
51	全日本製造業コマ大戦	全日本製造業コマ大戦協会					G1 優勝	G1 入賞 G2 優勝	G2 入賞	G3及び特別場所は申請不可
52	中高生国際Rubyプログラミングコンテスト	中高生国際Rubyプログラミングコンテスト実行委員会						最優秀	入賞	
53	スターリングラリー	スターリングラリー技術委員会			金賞	入賞				ノーマル・宙返り耐久クラスのみ該当
54	日本情報オリンピック	(特非)情報オリンピック日本委員会		世界大会入賞	金銀銅賞	優秀賞	Aランク			
55	高校生科学技術チャレンジ(JSEC)	朝日新聞社・テレビ朝日			グランドアワード	各науч入賞	優等賞			
56	大学等が実施した各種ロボットコンテスト・競技会・コンペ等(1)	各大学等主催または省庁主催			大臣賞	最優秀		入賞		入賞:3位(参加100名以上)、6位(参加100名未満)申請可能な項目は全工協会ウェブページ参照
57	大学等が実施した各種ロボットコンテスト・競技会・コンペ等(2)	各大学等主催または省庁主催				最優秀		入賞		
58	大学等が実施した各種ロボットコンテスト・競技会・コンペ等(3)	各大学等主催または省庁主催			大臣賞	最優秀		入賞		
59	高校環境化学賞	(一社)日本環境化学会				全国入賞	理事長賞	地区入賞		
60	全日本高校デザイン・イラスト展	全国美術デザイン専門学校教育振興会			大臣賞	優秀賞	佳作			
61	パソコン甲子園(いちまいの絵CG部門)	パソコンコンクール実行委員会(後援:全工協会)								

番号	資格・検定の名称	実施団体名	S 30	A 20	B 12	C 7	D 4	E 2	F 1	備考
1	計算技術検定	(公社)全国工業高等学校長協会		1級		2級		3級	4級	
2	情報技術検定	(公社)全国工業高等学校長協会		特別表彰	1級		2級	3級		
3	基礎製図検定	(公社)全国工業高等学校長協会						○		
4	機械製図検定	(公社)全国工業高等学校長協会			特別賞			○		
5	パソコン利用技術検定	(公社)全国工業高等学校長協会				1級		2級	3級	
6	リスニング英語検定	(公社)全国工業高等学校長協会			1級	2級	3級	3級		
7	初級CAD検定	(公社)全国工業高等学校長協会						○		
8	グラフィックデザイン検定	(公社)全国工業高等学校長協会		1級	準1級	2級	3級		3級	
9	実用英語技能検定	(公財)日本英語検定協会		1級・準1級		2級	準2級			
10	TOEIC	(一財)国際ビジネスコミュニケーション協会	785以上		550以上	225以上	120以上			いずれか1つ
11	TOEIC Bridge	(一財)国際ビジネスコミュニケーション協会			170以上	134以上	92以上			
12	GTEC for students	(株)ベネッセコーポレーション			675以上	485以上	290以上			

番号	資格・検定の名称	実施団体名	S 30	A 20	B 12	C 7	D 4	E 2	F 1	備考
13	工業英語能力検定	(公社)日本工業英語協会			1級	2級	3級	4級		
14	日本漢字能力検定	(公社)日本漢字能力検定協会			1級	準1級	2級	準2級	3級	
15	実用数学技能検定	(公財)日本数学検定協会			1級	準1級	2級	準2級	3級	
16	技能士 (1)			2級	3級					
17	技能士 (1)-2【同一検定職種で合格】	厚生労働省(中央職業能力開発協会)			2級	3級				全体で3種類まで申請可 そのうち1職種に限り3つの作業を申請可
18	技能士 (1)-3【同一検定職種で合格】				2級	3級				
19	技能士 (2)			2級	3級					
20	技能士 (3)			2級	3級					
21	情報配線施工技能検定	厚生労働省(特非)高度情報通信推進協議会			2級	3級				
22	知的財産管理技能検定	厚生労働省(一社)知的財産教育協会			2級	3級				
23	ウェブデザイン技能検定	厚生労働省(特非)インターネットスキル認定普及協会			2級	3級				
24	機械保全技能検定	厚生労働省((公社)日本プラントメンテナンス協会)			2級	3級				機械系保全作業と電気系保全作業の両方取得した場合のみ25を申請
25	機械保全技能検定【24と異なる作業】	厚生労働省((公社)日本プラントメンテナンス協会)			2級	3級	3級			
26	各種技能講習 (1~3日程度) (1)	関係各機関							○	3種類まで申請可 ※申請可能な項目は全工協会ウェブページに掲載
27	各種技能講習 (1~3日程度) (2)	関係各機関							○	
28	各種技能講習 (1~3日程度) (3)	関係各機関							○	
29	各種特別教育 (1)	関係各機関							○	3種類まで申請可 ※申請可能な項目は全工協会ウェブページに掲載
30	各種特別教育 (2)	関係各機関							○	
31	各種特別教育 (3)	関係各機関							○	
32	ボイラー技士	厚生労働省((公財)安全衛生技術試験協会)		1級学科		2級 免許取得				2級学科試験合格のみ申請可
33	JIS溶接技能評価試験 (1)	(一社)日本溶接協会		専門級	基本級					3種類まで申請可
34	JIS溶接技能評価試験【他の種類の複数申請】(2)	(一社)日本溶接協会			専門級	基本級				
35	JIS溶接技能評価試験【他の種類の複数申請】(3)	(一社)日本溶接協会			専門級	基本級				
36	自動車整備士	国土交通省				3級				3種類まで申請可
37	自動車整備士【他の種類の複数申請】(2)	国土交通省				3級				
38	自動車整備士【他の種類の複数申請】(3)	国土交通省				3級				
39	三次元CAD認定技術者試験	ソリッドワークス・ジャパン(株)				CSWP	CSWA			
40	電気主任技術者	経済産業省((一財)電気技術者試験センター)	3種							科目合格は申請不可
41	電気工事士	経済産業省((一財)電気技術者試験センター)		1種 技能合格	2種					筆記のみの合格は申請不可
42	ラジオ・音響技能検定	(公財)国際文化カレッジ				1級	2級		3級	
43	色彩士技能検定	(特非)全国美術デザイン専門学校教育振興会		1級		2級	3級			
44	カラーコーディネーター検定	東京商工会議所				2級	3級			

番号	資格・検定の名称	実施団体名	資格・検定等の区分記号及び点数						備考
			S 30	A 20	B 12	C 7	D 4	E 2	F 1	
45	色彩検定	(公社)色彩検定協会			1級	2級		3級		
46	織物設計検定	日本繊維工業教育研究会					2級	3級		
47	建設機械施工技術検定	国土交通省((一社)日本建設機械施工協会)		2級 学科合格						いずれか1つ
48	土木施工管理技術検定	国土交通省((一財)全国建設研修センター)		2級 学科合格						
49	建築施工管理技術検定	国土交通省((一財)建設業振興基金)		2級 学科合格						
50	電気工事施工管理技術検定	国土交通省((一財)建設業振興基金)		2級 学科合格						
51	管工事施工管理技術検定	国土交通省((一財)全国建設研修センター)		2級 学科合格						
52	造園施工管理技術検定	国土交通省((一財)全国建設研修センター)		○						
53	インテリアコーディネータ資格試験	(公社)インテリア産業協会		測量士補						
54	測量士・測量士補	国土交通省(国土地理院)	測量士							
55	インテリア設計士	(一財)日本インテリア設計士協会		準1級	2級		3級	4級		
56	建築CAD検定	(一社)全国建築CAD連盟				1級	2級	3級	4級	
57	トレース技能検定	(一財)中央工学校生涯学習センター		1級						
58	レタリング技能検定	(一財)国際文化カレッジ				2級	3級		4級	
59	福祉住環境コーディネーター検定試験	東京商工会議所								
60	危険物取扱者甲種	総務省((一財)消防試験研究センター)					乙種4類	丙種		甲種は60で申請、甲種を申請する場合はすべての乙種について申請不可
61	危険物取扱者(乙種1類)	総務省((一財)消防試験研究センター)					乙種	○		
62	危険物取扱者(乙種2類)	総務省((一財)消防試験研究センター)					乙種	○		
63	危険物取扱者(乙種3類)	総務省((一財)消防試験研究センター)					乙種	○		
64	危険物取扱者(乙種5類)	総務省((一財)消防試験研究センター)					乙種	○		
65	危険物取扱者(乙種6類)	総務省((一財)消防試験研究センター)					乙種	○		
66	消防設備士(1類)	総務省((一財)消防試験研究センター)			甲種		乙種			
67	消防設備士(2類)	総務省((一財)消防試験研究センター)			甲種		乙種			
68	消防設備士(3類)	総務省((一財)消防試験研究センター)			甲種		乙種			
69	消防設備士(4類)	総務省((一財)消防試験研究センター)			甲種		乙種			
70	消防設備士(5類)	総務省((一財)消防試験研究センター)				乙種	乙種			
71	消防設備士(6類)	総務省((一財)消防試験研究センター)					乙種			
72	消防設備士(7類)	総務省((一財)消防試験研究センター)					乙種			
73	公害防止管理者(ダイオキシン)	(一社)産業環境管理協会	○							

番号	資格・検定の名称	実施団体名	S 30	A 20	B 12	C 7	D 4	E 2	F 1	備考
74	公害防止管理者（大気・水質）	（一社）産業環境管理協会	1種・3種	2種	4種					
75	公害防止管理者（騒音・振動・特定粉塵・一般粉塵）	（一社）産業環境管理協会			試験合格					
76	毒物劇物取扱責任者	各都道府県				○※1				
77	eco検定試験（環境社会検定）	東京商工会議所			○					
78	エックス線作業主任者	厚生労働省（公財）安全衛生技術試験協会			甲種	乙種				
79	火薬類取扱保安責任者	経済産業省（公社）全国火薬類保安協会					○			
80	環境管理士検定	（特非）日本環境管理機構	応用	基本						いずれか1つ
81	情報処理技術者試験（応用・基本）	（独法）情報処理推進機構								いずれか1つ
82	情報処理技術者試験（ITパスポート）	（独法）情報処理推進機構								
83	情報処理技術者試験（情報セキュリティマネジメント）	（独法）情報処理推進機構		総合種	1種	2種・3種				
84	工事担任者（AI種）	総務省（一財）日本データ通信協会		総合種	1種	2種・3種				
85	工事担任者（DD種）	総務省（一財）日本データ通信協会				第一級	第二級	第三級		
86	陸上特殊無線技士	総務省（公財）日本無線協会				第一級	第二級	第三級		
87	海上特殊無線技士	総務省（公財）日本無線協会				○				
88	航空特殊無線技士	総務省（公財）日本無線協会				第一級	第二級	第三級	第四級	
89	アマチュア無線技士	総務省（公財）日本無線協会	第一級	第二級	第三級	第四級				
90	総合無線通信士	総務省（公財）日本無線協会	第一級	第二級						
91	海上無線通信士	総務省（公財）日本無線協会	第一級	第二級						
92	航空無線通信士	総務省（公財）日本無線協会		○						
93	陸上無線通信技術士	総務省（公財）日本無線協会	第一級	第二級						
94	電気通信主任技術者（伝送交換・線路）	総務省（一財）日本データ通信協会	○							いずれか1つ
95	品質管理検定（QC検定）	（財）日本規格協会			2級		3級	4級		
96	高圧ガス販売主任者	経済産業省（高圧ガス保安協会）					第2種			
97	高圧ガス製造保安責任者（冷凍機械）	経済産業省（高圧ガス保安協会）		2種	3種					
98	高圧ガス製造保安責任者丙種（化学・液石・特別科目）	経済産業省（高圧ガス保安協会）				○				3種類まで申請可
99	高圧ガス製造保安責任者（化学・機械）	経済産業省（高圧ガス保安協会）	甲種	乙種						
100	エネルギー管理士（熱・電気分野）	（一財）省エネルギーセンター			○					
101	非破壊試験技術者レベル2	（一社）日本非破壊検査協会								
102	ITストラテジスト試験	（独法）情報処理推進機構	○							102〜111のうちいずれか1つ
103	システムアーキテクト試験	（独法）情報処理推進機構	○							
104	プロジェクトマネージャ試験	（独法）情報処理推進機構	○							
105	ネットワークスペシャリスト試験	（独法）情報処理推進機構	○							

番号	資格・検定の名称	実施団体名	S 30	A 20	B 12	C 7	D 4	E 2	F 1	備考
106	データベーススペシャリスト試験	(独法)情報処理推進機構	○							102～111のうちいずれか1つ
107	エンベデッドシステムスペシャリスト試験	(独法)情報処理推進機構	○							
108	ITサービスマネージャ試験	(独法)情報処理推進機構	○							
109	システム監査技術者試験	(独法)情報処理推進機構	○							
110	情報処理安全確保支援士試験	(独法)情報処理推進機構	○							
111	情報セキュリティスペシャリスト試験	(独法)情報処理推進機構	○							
112	コンピュータサービス技能評価試験ワープロ部門	中央職業能力開発協会					1級	2級	3級	
113	Microsoft Office Specialist Word	(株)オデッセイコミュニケーションズ					上級	一般		いずれか1つ
114	日本語ワープロ検定	日本情報処理検定協会				初段	1級・準1級	2級・準2級	3級・4級	
115	文書デザイン検定	日本情報処理検定協会							3級・4級	
116	パソコンスピード認定試験	日本情報処理検定協会				初段・1級	2級	3級・4級		
117	コンピュータサービス技能評価試験表計算部門	中央職業能力開発協会					1級	2級	3級	
118	Microsoft Office Specialist Excel	(株)オデッセイコミュニケーションズ					上級	一般		いずれか1つ
119	情報処理技能検定(表計算)	日本情報処理検定協会				初段	1級	準1級・2級	準2級	
120	情報処理技能検定(データベース)	日本情報処理検定協会					1級	2級	3級・4級	
121	DTP検定	(株)ワークスコーポレーション				2種	3種			
122	CGエンジニア検定	(公財)CG-ARTS協会				エキスパート		ベーシック		
123	CGクリエイター検定	(公財)CG-ARTS協会				エキスパート		ベーシック		いずれか1つ
124	マルチメディア検定	(公財)CG-ARTS協会				エキスパート		ベーシック		
125	Webデザイナー検定	(公財)CG-ARTS協会						○電卓		
126	POP広告クリエイター技能審査試験	(一社)公開経営指導協会							3級	
127	C言語プログラム能力認定試験	(株)サーティファイ					1級	一般(共通)		
128	Microsoft Office Specialist PowerPoint	(株)オデッセイコミュニケーションズ					1級	2級	3級・4級	
129	ホームページ作成検定	日本情報処理検定協会					1級	2級	3級・4級	
130	プレゼンテーション作成検定	日本情報処理検定協会						2級	準4級	
131	パソコン技能検定II種試験	ICTプロフィシエンシー検定協会				2級	準2級・3級	4級		
132	ICTプロフィシエンシー検定試験(P検)	(財)全国情報学習振興協会			1級・準1級					
133	ディジタル技術検定(情報部門)	(公財)国際文化カレッジ			1級		2級	3級	4級	
134	ディジタル技術検定(制御部門)	(公財)国際文化カレッジ					2級	3級	4級	
135	ディジタル技術検定(情報・制御部門)	(公財)国際文化カレッジ					2級	3級	4級	
136	情報検定(J検・情報活用試験)	(公財)職業教育・キャリア教育財団				1級		2級	3級	
137	CAD利用技術者 2次元CAD利用技術活用者	(一社)コンピュータソフトウェア協会 (一社)コンピュータ教育振興協会							基礎	137～139のうちいずれか1つ

番号	資格・検定の名称	実施団体名	資格・検定等の区分記号及び点数							備考
			S 30	A 20	B 12	C 7	D 4	E 2	F 1	
138	3次元CAD利用技術者	(一社)コンピュータ教育振興協会				1級	準1級	2級		137～139のうちいずれか1つ
139	CADトレース技能審査	中央職業能力開発協会					上級	中級	初級	
140	日本語検定	(特非)日本語検定委員会			1級	準1級	2級	準2級	3級	
141	建設業経理事務士	(一財)建設業振興基金					3級		4級	
142	建設業経理士	(一財)建設業振興基金			2級					
143	宅地建物取引士	国土交通省((一財)不動産適正取引推進機構)			○					
144	陶磁器能力検定	全国セラミック教育研究会						○		
145	セラミック能力検定	全国セラミック教育研究会						○		
146	機械設計技術者試験	(一社)日本機械設計工業会		3級						
147	染色検定	日本繊維工業教育研究会					2級	3級		
148	エクステリアプランナー	(公社)日本エクステリア建設業協会					1級	2級		
149	シスコ技術者認定	シスコ	CCNP	CCNA		CCENT				
150	全国統一陶芸技能検定	全国セラミック教育研究会					上級	中級	初級	
151	潜水士	(公財)安全衛生技術試験協会						○		
152	計量士国家試験	経済産業省	○							
153	ジーンズソムリエ資格認定試験	岡山県アパレル工業組合							○	
154	モバイル技術基礎検定	MCPC (後援:総務省)							○	いずれか1つ
155	モバイルシステム技術検定	MCPC (後援:総務省)				2級				

資料7　生徒が参加できる大会

　生徒が参加できる大会を下記に記載しました。日時，場所は各ウェブサイトで確認してください。

項　目	事　項
大会名 主催者等 ウェブサイト等	高校生ロボット相撲大会 （公社）全国工業高等学校長協会 https://zenkoukyo.or.jp/
大会名 主催者等 ウェブサイト等	○○県高等学校工業科生徒研究成果発表会 ○○県高等学校工業科主催 各都道府県工業高校の委員会で主催していることが多い。
大会名 主催者等 ウェブサイト等	日本学生科学賞 全日本科学教育振興委員会，読売新聞社 https://event.yomiuri.co.jp/jssa/
大会名 主催者等 ウェブサイト等	高校生科学技術チャレンジ（JSEC） 朝日新聞社 http://manabu.asahi.com/jsec/
大会名 主催者等 ウェブサイト等	スターリングテクノラリー スターリングテクノラリー技術会 http://www.stirling.jpn.org/
大会名 主催者等 ウェブサイト等	化学クラブ研究発表会 日本化学会関東支部 https://kanto.csj.jp/index.php?page_id=164
大会名 主催者等 ウェブサイト等	かわさきロボット競技大会 川崎市産業振興財団 https://www.kawasaki-net.ne.jp/robo/
大会名 主催者等 ウェブサイト等	日本工業大学建築設計競技 日本工業大学建築学部建築学科建築コース http://nit-kenchiku.jp/activities/
大会名 主催者等 ウェブサイト等	スーパーコンピューティングコンテスト 東京工業大学学術国際情報センター，大阪大学サイバーメディアセンター http://www.gsic.titech.ac.jp/supercon/main/attwiki/
大会名 主催者等 ウェブサイト等	電子ロボと遊ぶアイデアコンテスト 神奈川工科大学 https://www.kait.jp/gwy_neigh/community/scienceevent.html
大会名 主催者等 ウェブサイト等	高校生ものづくりコンテスト全国大会 （公社）全国工業高等学校長協会 https://zenkoukyo.or.jp/index_contest/mono_index/
大会名 主催者等 ウェブサイト等	神奈川大学全国高校生理科・科学論文大賞 神奈川大学 http://sp.kanagawa-u.ac.jp/community/essay/
大会名 主催者等 ウェブサイト等	Honda エコマイレッジチャレンジ 本田技研工業株式会社 https://www.honda.co.jp/Racing/emc/

資料8　工業教育関係の主な学会・団体

学会・研究会名	機関誌・備考
日本工業技術教育学会， 日本工業教育経営研究会	機関誌：工業技術教育研究 備考：国内唯一の工業高校系の研究会・学会。 　　　http://www2e.biglobe.ne.jp/~ume_home/gaiyou-1/gaiyou-1.html
(公社)全国工業高等学校長協会	機関誌：工業教育 備考：https://zenkoukyo.or.jp/
日本産業教育学会	機関誌：産業教育学研究 備考：教育学部技術課の報告と職業訓練大学校，職業教育機関の報告。 　　　http://www.jssvte.org/
技術教育研究会	機関誌：技術教育研究 備考：中学の技術系の報告と工業高校の報告。 　　　http://gikyouken.com/main/
(公社)日本工学教育協会	機関誌：工学教育 備考：工学部の教育研究及びメーカーの教育研究・教育研修の報告。 　　　https://www.jsee.or.jp/
日本産業技術教育学会	機関誌：日本産業技術教育学会誌 備考：http://www.jste.jp/main/
日本情報科教育学会	機関誌：日本情報科教育学会誌 備考：http://jaeis.org/
(公財)産業教育振興中央会	機関誌：産業と教育 備考：http://www.sansinchuoukai.or.jp/

索　引

【あ】

IoT	229
ICT	174
アクティブ・ラーニング	155, 165
アメリカにおける20世紀後半の教育改革	149
アルゴリズム学習	152
安全教育	209

【い】

生き方の教育	176
いじめ	216
インターンシップ	10, 17, 91

【え】

S-P表分析法	111
演示	127
エンジニア	18

【お】

横断化	108
OJT	147, 153
オペレーション法	147, 153

【か】

カウンセリング	181
カウンセリングの方法	182
科学技術校	227
科学技術高校	223
学士	244
学習	145
学習指導案	121
学習指導要領	15, 24
学習評価	134
学問中心主義	149
課題研究	17, 18, 51, 54
課題研究を成功させるための条件	71
科長	195
学科	196
学科主任	195
学校運営	192
学校教育法	24, 28
学校教育法施行規則	24, 28
学校教育法施行令	24, 28
学校行事	106
学校設定科目	91
科目	50
カリキュラム	105, 116
カリキュラム・マネジメント	112
環境に配慮した技術	51
韓国の教育	249
完全習得学習	147, 154
観点別学習状況の評価	135

【き】

機械科	74
企画調整会議	197
机間指導	128
危機管理	212
技術者	18
技能オリンピック	12
技能者	18
キャリア	177
キャリア・アンカー	14
キャリア教育	176
教育	145
教育課程	105, 116
教育課程委員会	198

教育課程とカリキュラム	116	講義法	147, 153
教育課程の意義	104	工業化学科	84
教育課程の編成	106	工業学校	20, 48
教育課程の役割	105	工業管理技術	50
教育課程モデル	114	工業技術基礎	17, 51
教育基本法	24, 25	工業基礎学力テスト	143
教育行政	30	工業教育	3
教育実習	124	工業教育における進路指導	178
教育実習中の服務	126	工業教育の目標	15
教育実習の意義	124	工業教育の役割	9
教育と環境	204	工業高校の教育と評価方法	142
教育の構造化説	162	工業高校の使命	229
教育論の歴史的展開	147	工業高校発展の歴史と現状	32
教員作成テスト	142	工業情報数理	89
教科書の選定	113	工業に関する科目	50
教科中心主義	149	工業の教育研究会一覧	203
教具	121, 169	構造化	108
教材	169	校長	193
教材と教具の違い	169	高等学校学習指導要領解説「工業編」	16, 50
教授技術	127	高等学校設置基準	29
教頭	194	高等工業学校	20
興味検査・志向性検査	184	高等専門学校	47
教務部	195	高度専門士	234
勤労観	17	公務員の守秘義務	126
【け】		校務分掌組織	192
形式陶冶	148	個人理解	180
形成的評価	137	コース・オブ・スタディ	105
系統的学習	147, 152	【さ】	
啓発的経験とその活用	181	産業教育振興法	24, 29, 41
原則履修科目	51	産業現場等における実習	56
建築科	80	【し】	
【こ】		資格取得	93
工科高校	223	自学法	147, 153

思考陶冶説	147, 161	職業実践専門課程	235
資質・能力の三つの柱	158	職業適性・進路適性検査	184
実験・実習における教育機器の活用	172	職業能力開発総合大学校	244
実質陶冶	148	職業能力開発大学校	245
実習	73	シラバス	107, 109
指導案	121	審議会	30
指導教諭	194	診断的評価	137
児童中心主義	148	進路実現の援助と追指導	182
若年からの工業教育の意義	10	進路指導	176
就業体験	91	進路指導委員会	179, 198
就業体験学習	10, 17	進路指導と諸テスト	183
縦断化	108	進路指導の計画例	185
主幹教諭	194	進路指導部	196
授業	146	進路情報の収集と活用	180
授業改善	123, 127	進路相談	181
授業形態	147	【す】	
授業構造	120	スクールカウンセラー	217
授業の進行	121	school-to-work	150
授業分析	111	スピリット	14
授業方法	146	【せ】	
主体的・対話的で深い学び	156	性格検査	184
受動的な学び	155	性格スキル	15
ジュニアマイスター顕彰制度	201	生産技術	50
主任	194	静止画及び動画使用の長所と短所	172
小学科の構成割合の推移	224	製図	87
小単元	107	生徒会活動	106
情報機器	173	生徒指導部	195
情報技術科	85	絶対評価	141
昭和初期の工業教育	37	全国工業高等学校長協会	14, 143
職員会議	197	専修学校	48, 232
職業観	17	センス	13
職業教育と社会との関わり	247	線結び式授業内容分析表	133
職業資格の取得	56	専門学校	48, 233

専門士	234	土木科	82
【そ】		ドリル法	147, 154
総括的評価	137	**【に】**	
総合学科校	226	日本国憲法	24, 25
総合技術校	226	認知スキル	15
総合的な探究の時間	18	**【ね】**	
創造性教育	60	年間指導計画	107, 109, 117
相対評価	141	年次計画	107, 108
【た】		**【の】**	
大学校	244	能動的な学習	155
大正期の工業教育	37	**【は】**	
短期大学	242	発見学習	147, 153
短期大学士	243	発達障害	217
単元	107, 110	話し方	127
単元学習	161	板書	127
単元計画	107	**【ひ】**	
単元指導計画	110	PTA	202
【ち】		避難誘導	213
地域と工業高校	198	評価	143
中央教育審議会	30	評価の視点	57
【て】		標準テスト	142
適正年齢・適正教育	10	評定	135, 143
テクニシャン	18	**【ふ】**	
テクノロジスト	18	フィンランドの教育	255
デュアルシステム	264	副校長	193
電気科	77	不審者	214
【と】		Plan-Do-Check-Action	59
ドイツの教育	259	プログラム学習	152, 154
動画の活用	172	プログラム学習法	147
討議法	147, 153	プロジェクト学習	147
陶冶	148	プロジェクト・メソッド	152
特別活動	105	**【ほ】**	
特許申請した例	69	保護者対応	208

補助教材	127	モノのインターネット	229
ホームルーム	106	問題解決型学習	17, 147, 152
【ま】		【ゆ】	
マイスター制度	265	ゆとり教育	151
マナー	13	【ら】	
マンダラート	184	らせん形カリキュラム	163
【み】		【り】	
魅力ある自作教具	170	倫理観	17
民間企業による職業訓練施設	246	【る】	
【め】		類型選択校	226
明治期の工業教育	34	ルーブリック	137
【も】			
ものに触れ，ものから学ぶ	13		

● 人名

浅田武夫	20	立石一真	20
井上　毅	39	ツィラー	152
梅田弘幸	20	手島精一	38
大田善彦	20	デューイ	17, 61, 147, 152, 160
加藤忠一	19	ドラッカー	18, 61
カント	145	バークベック	39
キルパトリック	152	ブルーナー	61, 162
クライツ	177	ブルーム	137, 154
クラウダー	154	フロム	61
コメニウス	147, 158	ペスタロッチ	147, 159
斎藤浩志	148	ヘルバルト	145, 160
佐和隆光	20	ホイト	177
シャイン	14	モリソン	161
スキナー	154	ライン	152
スーパー	183	ルソー	147, 159
ダイアー	10, 38	ロジャース	182
田浦武雄	61	ワグナー	38
高野鎮雄	20		

■執筆

中村豊久(なかむらとよひさ)
　元　東京工業大学非常勤講師
　元　東京工業大学工学部附属工業高等学校副校長
　工学博士

島田和典(しまだかずのり)
　東京学芸大学教育学部准教授
　元　大分大学教育学部准教授
　博士（学校教育学）

豊田善敬(とよだよしのり)
　静岡大学非常勤講師，東京電機大学非常勤講師，
　東京海洋大学非常勤講師，東京学芸大学非常勤講師，日本大学非常勤講師
　元　東京都立蔵前工業高等学校長

棟方克夫(むなかたかつお)
　日本大学工学部教授
　元　神奈川県立磯子工業高等学校長

●表紙デザイン──難波邦夫

新しい観点と実践に基づく

工業科教育法の研究　改訂版

2019年2月12日　初版第1刷発行

- ●執筆者　中村豊久　ほか3名
- ●発行者　戸塚雄弐
- ●印刷所　中央印刷株式会社
- ●発行所　実教出版株式会社
　〒102-8377
　東京都千代田区五番町5番地
　電話［営　　業］(03)3238-7765
　　　［企画開発］(03)3238-7751
　　　［総　　務］(03)3238-7700
　http://www.jikkyo.co.jp/

無断複写・転載を禁ず

©T.Nakamura, K.Shimada, Y.Toyoda, K.Munakata

ISBN 978-4-407-34771-5　C3037　　　　Printed in Japan